AF368627

ABRÉGÉ

DU

COURS ÉLÉMENTAIRE

DU DROIT

DE LA NATURE ET DES GENS.

PARIS,

DE L'IMPRIMERIE DE PLASSAN, RUE DE VAUGIRARD, N 15.

ABRÉGÉ

DU

COURS ÉLÉMENTAIRE

DU DROIT

DE LA NATURE ET DES GENS,

PAR DEMANDES ET PAR RÉPONSES;

Par M. COTELLE,

PROFESSEUR DE CE COURS POUR LA PREMIÈRE SECTION
DE LA FACULTÉ DE DROIT DE PARIS.

———————

A PARIS,

Chez
M. GOBELET, Libraire, rue Soufflot, n° 4;
COTELLE et JANET, Libraires, rue des Petits-Champs, n° 17;
Louis JANET, Libraire, rue Saint-Jacques, n° 59;
KLEFFER, Libraire, rue d'Enfer Saint-Michel, n° 2.

M. DCCC. XX.

ANNONCE

DE

L'OBJET DE CET ABRÉGÉ,

CONTENANT

L'EXPOSÉ DES TROISIÈME ET QUATRIÈME PARTIES
DU COURS.

AUX ÉTUDIANS.

Jeunes gens studieux,

En me nommant à l'une des chaires nouvellement créées, du droit de la nature et des gens, la
commission royale d'instruction publique m'a
donné, comme je l'ai déjà exprimé, la double
tâche de vous offrir la connaissance des principes

universels, où se fonde la véritable étude des lois;
de faire dériver d'abord cette étude de sa source
la plus pure, qui est la science de tous nos devoirs,
surtout de ce feu sacré de l'amour de la vertu, le
seul ornement de la vie, l'unique appui du bonheur; et en même temps de déployer devant
vous non-seulement ce qui sort de ces premières
bases du gouvernement humain, mais aussi toutes
les causes, tous les motifs des établissemens si va-
riés des sociétés civiles : ce qui en appartient à la
nature ou qui s'éloigne de ses lois, et surtout l'accord de l'un et de l'autre, par lequel seul l'ensemble peut convenir à la raison, qui est notre souverain guide. C'est donc un tableau d'une bien vaste
étendue que je me suis engagé à dérouler devant
vous, pour que vous y preniez les raisons de juger
vous-mêmes ce qui doit faire l'objet de votre constante application. Je n'ai pas à vous dire jusqu'à
quel point j'ai pu mettre en moi-même la confiance
que j'y marcherais d'un pas bien assuré; mais
j'ai au moins pris l'engagement d'y consacrer tous
mes efforts; c'est uniquement de ces efforts sincères que j'ai à rendre compte.

Mon premier soin a été de jeter le plan de cette
grande entreprise; mais je n'ai pu dans le com-

mencement, et par rapport à vous et par rapport à moi-même, vous donner qu'une idée sommaire de ce plan; le tiers en est rempli : nous sommes au tiers de l'année scolaire (1), sur laquelle j'ai dû mesurer l'étendue de mon travail; il consiste dans deux premières parties de ma division, savoir : l'établissement de la certitude de la morale et du droit naturel, et l'application des règles de ce droit à l'homme dans les différens états de la vie, qui forme comme le type de la morale universelle.

Je vous produis ici le précis des leçons écrites sur ces deux premières parties, pour vous donner la facilité de vous rappeler les développemens qu'elles ont reçus dans mes leçons orales. Je l'ai rédigé par demandes et réponses, parce que cette forme me semble donner plus de vie aux vérités expliquées que le discours continu, et plus de facilité pour les recommander à la mémoire : c'est pour votre utilité particulière que je me suis livré à cette rédaction.

S'il s'agissait d'une science qui eût sa base uniforme dans des règles positives, ce soin m'aurait

____

(1) Ceci a été écrit au mois de février.

paru à moi-même inutile; les règles positives se
gravent dans l'esprit par leur nécessité sentie, et
la facilité que l'on a de se la remettre à tous instans
sous les yeux.

Mais il n'en est pas de même d'une science que
le seul raisonnement a formée, et qu'il n'a pu sans
doute fixer que par la réunion des maximes certaines qui la constituent, mais qu'il a fixée avec
autant de diversité qu'il y en a dans les esprits que cette science a occupés. On ne pouvait
lui trouver l'apparence d'une science positive qu'en
s'arrêtant à quelque ouvrage universellement ap-
prouvé : ce ne pouvait être qu'un ouvrage élé-
mentaire, mais il fallait aussi qu'il eût une étendue
suffisante pour représenter l'universalité de la
science même; c'est là où j'ai trouvé une première
et une grande difficulté.

Mais une autre difficulté, et plus grave, s'est présentée : c'est que cette science toute moderne, non
en elle-même, mais dans la forme que ses documens ont reçue, n'est née dans ces derniers siècles
qu'en donnant ouverture à des systèmes qui se
sont combattus : il y en a qui se sont accommodés
aux mouvemens politiques, qui en ont fait rechercher les principes; d'autres sont nés du besoin

qu'il a semblé que ces mouvemens faisaient sentir. Il est facile de concevoir que des systèmes nés dans de telles conjonctures peuvent ne pas se borner à ce que la science a d'essentiel : il faut donc s'en défier.

Quant aux documens de la science en elle-même, les uns les ont tirés des saintes Écritures, qu'ils ont regardées comme suffisantes pour tous les ressorts du gouvernement, tant de la société générale que de celle civile en particulier; d'autres les ont trouvés plus universellement déduits dans les anciens législateurs et les philosóphes, et aussi pour ce qui regarde les détails du fondement des lois civiles dans les conceptions des jurisconsultes, dont les recueils de Justinien nous ont conservé les doctrines avec leurs additions presque innombrables; mais il n'y a point qui aient songé à tout réunir en un seul corps, où toutes ces sources eussent également contribué, autant qu'elles pouvaient le faire.

J'ai dit que la science, comme séparée du droit civil, est moderne, au moins dans la forme que ses documens ont reçue dans les deux derniers siècles. J'ai expliqué ce point dans une de mes leçons orales; mais comme cette explication incidente pourrait

vous avoir paru fugitive, son importance m'engage
à vous la retracer ici.

C'est le partage de l'Allemagne en états héréditaires et villes libres confédérées, ce sont aussi les divisions nées de l'établissement des doctrines de Lu-
ther en une profession religieuse, qui en ont été
l'occasion. Un savant remarqua que de même que
le droit civil règne sur les intérêts et les difficultés entre les citoyens, de même il devait y avoir
un droit propre à régler les intérêts divisés des
empires et des républiques, enfin de tous les états
politiques, les uns à l'égard des autres; que, n'ayant
aucune puissance humaine pour juger et composer leurs différens, il y avait d'autant plus d'intérêt à proclamer la loi immuable de la justice naturelle et divine, qui est au-dessus d'eux tous.

C'est donc en partant de cette observation que
ce savant, le célèbre Grotius, composa, sous le
titre *de Jure Pacis et Belli*, un traité méthodique
de la jurisprudence naturelle, séparée des règles
de la justice civile. On sait avec quel intérêt il fut
accueilli, intérêt bientôt marqué par l'établissement des chaires du droit de la nature et des gens,
dont les universités d'Allemagne ont été successi-
vement augmentées.

Mais l'auteur n'ayant embrassé, dans cette séparation du droit naturel et des gens d'avec le droit civil, que ce qui regardait le droit public des nations, la science aurait pu s'en tenir à ce rapport; mais on observa aussi, d'un côté, que le gouvernement civil avait ses règles indépendantes des lois positives et propres à fixer les droits respectifs des souverains et des peuples, point de vue qui avait fixé les Platon, les Aristote, Cicéron lui-même : d'un autre côté, que souvent les lois civiles s'écartaient de la justice naturelle, soit parce qu'elles ne pouvaient reposer que sur les circonstances manifestes, les seules que la justice humaine puisse atteindre, soit en dérogeant à ses règles par des considérations de nécessité ou d'utilité publiques : comme il est du devoir de chacun de se conformer à l'équité, qui est toujours la règle de la véritable justice, il était nécessaire, pour le premier objet, de retracer les règles de la politique des gouvernemens fondée sur les vues des lois naturelles, et, pour le second, de dégager le droit de toutes les causes qui tendent à le dénaturer dans l'ordre civil, et de tracer à chacun la ligne de ses devoirs dans le commerce de la vie.

C'est ce nouveau point de vue qui a animé le

baron de Puffendorf, dans la composition de son *Traité du Droit de la Nature et des Gens;* il a généralisé davantage cette recherche des lois naturelles ouverte par Grotius. Mais on ne peut disconvenir que les vues mêmes qu'il a embrassées ont répandu dans ce nouvel essai de la science, de la diffusion qui souvent y naît même du vide des abstractions; l'ouvrage n'en a pas moins été bien reçu, et l'auteur semble avoir voulu le ramener à sa véritable utilité, en donnant sous le titre : *des Devoirs de l'Homme et du Citoyen,* un précis où ses documens, plus resserrés et plus élémentaires, seraient plus propres à porter à cette nouvelle étude.

Cet utile résumé a peut-être plus contribué que son grand Traité à le faire mettre au rang des fondateurs de cette nouvelle école; mais, au reste, l'un et l'autre ont été éclaircis par les notes lumineuses du savant Barbeyrac, qui a, en quelque sorte, illustré les travaux de ses maîtres, et leur a donné une nouvelle vie, tant par les notes qu'il a mises sur tous leurs ouvrages, que par la version qu'il a faite de tous leurs écrits dans notre langue.

Ces travaux n'ont pas borné là les documens de cette branche de l'étude des lois; plusieurs philosophes jurisconsultes y ont ajouté, les uns en travaillant à fixer les idées sur la certitude et la sanction des lois nouvelles : c'est ce que s'est proposé le docteur Cumberland dans son livre *des Lois de la Nature*, où il réfute les élémens de la morale et de la politique de Hobbes; les autres, en étendant les élémens de la science à toutes les parties de la politique comme à la morale, ainsi que l'a fait Wolf dans le *Jus Naturæ methodo scientificâ pertractatum*, avec les explications de Vattel, mais l'un et l'autre n'ont pas été sans y mêler de nouvelles doctrines propres à jeter de l'embarras et de la controverse dans leurs principes du droit public.

Enfin, Burlamaqui a comme mis la dernière main à cette fondation d'une école de droit naturel et de droit public; d'abord, par les principes du droit naturel, où il a parfaitement développé tous les fondemens de la certitude morale; ensuite, par ses élémens du droit naturel et des gens, et ses principes du droit politique, tant relatif aux sociétés civiles, qu'à l'égard des états étrangers.

Cette branche de l'étude du droit n'a point été aussi répandue en France. Ce n'est pas que l'on ne s'y soit pas occupé de rechercher les fondemens du droit public : le célèbre Bossuet a démontré dans son livre de la politique tirée des propres paroles de l'Écriture sainte, qu'il a composé pour l'instruction du dauphin, fils de Louis XIV, son auguste élève, que non-seulement tout le gouvernement public y trouve des règles sûres et suffisantes, mais encore que les principes qui se forment par ces maximes sont fort éloignés d'être opposés à la liberté civile, que l'on a recherchée avec tant d'ardeur.

L'auteur des lois civiles a aussi composé un Traité de droit public principalement appuyé sur les mêmes bases; mais ni l'un ni l'autre ne sont entrés dans toutes les vues des publicistes qui avaient donné le jour à cette nouvelle branche du savoir en la séparant du droit positif et civil; aussi cette nouvelle branche de l'enseignement n'a point été embrassée par nos anciennes universités.

Cependant, lorsque Louis XIV ajouta à son royaume la ville et le territoire de Strasbourg, ou la province d'Alsace, il laissa cette ville jouir de cet enseignement qui avait été adopté par son université, comme par toutes celles des villes libres et impériales, dont elle avait fait partie. Ce qui montre que le gouvernement trouva de l'utilité à cet enseignement, c'est l'établissement qui fut fait d'une chaire semblable dans le Collége royal de France, où elle subsiste encore sous l'égide d'un professeur titulaire aussi distingué par ses profondes connaissances et ses hauts talens, surtout dans cette partie de la science des lois, que par la dignité à laquelle il a été élevé. C'est donc en suivant ces erremens d'utilité publique, que la commission royale d'instruction publique a établi cette même chaire dans la faculté de Paris, comme l'initiative nécessaire de l'étude du droit, et en même temps comme devant mettre sur la voie de faire marcher l'étude du droit public de front avec celle du droit civil, dont on était uniquement et presque exclusivement occupé jusqu'ici.

Cet établissement embrasse cette nouvelle branche dans tout son ensemble; il est destiné à former vos idées sur le tout, d'abord en fortifiant les principes de haute morale dont votre éducation et vos études premières vous ont donné les principales notions. Cette première partie se trouve accomplie dans celles du cours dont je vous donne ici le précis, et dont vous avez entendu les développemens dans mes leçons orales. En suite, en vous fixant sur tous les élémens de la science du droit qui contient l'étude des lois naturelles, car c'est à elle qu'appartient toute la conduite du gouvernement des hommes, soit dans les sociétés civiles, ou les états particuliers; soit dans la société universelle, ou les rapports des états entre eux.

Dans les sociétés civiles, en vous montrant, d'un côté, les vrais fondemens de leur établissement et la marche des pouvoirs et des ressorts qui les régissent; d'un autre côté, la source de toutes les parties du réglement des intérêts privés des citoyens.

Dans la société universelle, en vous montrant ce qui règle ces rapports des états dans la paix et la guerre, et les relations tant d'amitié que de commerce.

Ces deux dernières parties sont ce qui nous reste pour nos lectures ultérieures; je ne vous ai présenté encore, comme je vous l'ai déjà observé, que la division du cours en quatre parties principales; le cahier que je vous donne aujourd'hui, et dont vous avez suivi les explications, montre toute l'étendue que j'ai assignée à ces deux premières parties. Il n'est pas, je crois, hors de propos de saisir cette occasion pour vous faire connaître le plan et la conduite des deux parties qui nous restent.

La société civile est née du sein de la société universelle, qui est l'état primitif du genre humain. Le premier élément de la société civile fut l'établissement des propriétés des choses que nous avons pour notre utilité, ou la distinction du tien et du mien; sa première cause fut le besoin que chacun sentit d'une garantie de sa sûreté et de la jouissance paisible des choses qui lui étaient acquises : ainsi le premier objet de nos méditations, c'est la formation même des sociétés, ce qui dut en être l'occasion et le moyen; en même temps l'établissement de la propriété et la distinction du tien et du mien.

Mais cette garantie, qui a son principe dans la formation même des sociétés civiles, ne pouvait être efficace sans un lien commun qui, en y attachant tous les individus, forçât chacun à en respecter l'ordre; ce lien, c'est la souveraineté : c'est par elle que chaque nation a l'existence d'un être moral, d'un corps capable d'agir et de se défendre. Où réside ce lien? quels sont ses rapports avec les droits de tous? C'est un troisième objet de notre étude.

Non-seulement il faut bien reconnaître la nature du droit de la souveraineté, mais le gouvernement public qui en émane se divise en différentes espèces; nous avons donc à nous rendre compte, 1°. des diverses formes de gouvernement qui existent; 2°. de la monarchie, et quelles différentes modifications elle a reçues, qui la partagent en autant d'espèces différentes; 3°. de la république et des différentes sortes de républiques; 4°. du gouvernement mixte, c'est-à-dire de celui qui rassemble en soi les principes de presque tous les autres gouvernemens, de sa nature, de ses ressources et de ses dangers.

Le gouvernement pose sur trois principaux points qui en constituent l'action : le premier, le pouvoir de faire les lois; le second, le pouvoir de l'exécution et de l'administration générale; le troisième, le pouvoir de juger, qui constitue la juridiction, et par lequel s'établit l'ordre judiciaire : c'est de là que sortent les lois civiles, dont on explique l'autorité et les divers objets.

Le premier de ces objets, c'est la répression des crimes et délits; c'est donc l'occasion de considérer l'utilité des peines, et ce que le droit de vie et de mort peut être dans les lois naturelles; le second, c'est le règlement des intérêts et des droits des citoyens.

La première chose qui se considère dans ce règlement, c'est l'état des personnes : elles appartiennent à la famille ou à la cité; mais dans l'ordre civil on envisage d'abord le droit de cité en distinguant le citoyen de l'étranger, et en considérant ce qui fonde la distinction des actes du droit des gens qui sont communs à tous les hommes, et de ceux du droit civil réservés au citoyen; mais comment le citoyen perd-il les droits attachés à cet état, et est-il retranché de la société par la peine? C'est encore un objet d'une haute considération.

Vient ensuite l'état de famille qu'assurent les solennités du mariage, d'où naissent la filiation et la parenté : on l'envisage aussi dans les droits du mariage entre les époux, et dans ceux qui lient les pères et mères et les enfans.

Le droit civil comprend encore un état secondaire des personnes, qui résulte de leur état moral; il trouve le fondement de la capacité dans la plénitude de l'usage de la raison, d'où elle ne peut être que graduelle dans ceux au-dessous de l'âge auquel l'expérience la plus commune la fait reconnaître, et nullement dans ceux qu'une aliénation mentale en prive totalement: les uns et les autres sont donc mis sous la protection de la loi.

les derniers par l'interdiction, qui a aussi d'autres causes.

Après l'état des personnes, vient l'intérêt de l'accomplissement des obligations. Il faut considérer d'abord, comment la loi civile peut s'en saisir. Le premier fondement de toute obligation contractée est dans la promesse ; celle-ci dépend de la fidélité à la parole, et s'assure aussi par le serment.

Mais les obligations ont leur première cause formelle dans la convention et le contrat : il y a différentes espèces de contrats, dont la première est des contrats commutatifs ; l'échange en fut la source ; son insuffisance fit rechercher un moyen terme, qui se trouva dans l'invention de la monnaie ; elle fixa le prix des choses, et donna le fondement à la vente, au louage, à la société et à tous les autres actes de commerce, entre lesquels se trouve l'invention du change, négociation d'autant plus essentielle à étudier qu'elle devient un lien de commerce entre les états. Le gage vient aussi par la voie des contrats pour assurer les dettes.

Les contrats n'eurent pas toujours une cause certaine et un prix numérique : on trouva aussi leur élément dans une chance du hasard, qui étant réciproque, balança, ou la chose, ou le prix, ce qui donna le contrat aléatoire.

Il y eut encore des contrats dits de bienfaisance, parce que l'on peut s'engager par une vue de générosité ou d'officiosité gratuite, comme dans le mandat de dépôt, le prêt, tous actes gratuits de leur nature.

Cependant le prêt parut désirer un prix qui fût l'intérêt de la somme prêtée. Ce prix put-il être considéré comme une perception légitime, ou l'usure fut-elle une exaction toujours répréhensible? et même, dans la liberté de l'intérêt, n'y a-t-il pas encore un délit, une injustice, dans les excès de l'usure?

On peut être encore obligé par des actes ou des faits indépendans de la convention. La restitution due par celui qui a géré l'affaire d'autrui, l'indemnité de ses avances, la restitution de ce que l'on a reçu, quoique non dû, qui a été payé par erreur, la réparation des torts résultant des délits ou actes d'imprudence ou d'impéritie, tout cela est dans les devoirs de la justice dont la loi civile s'empare. Nous en avons expliqué le principe dans la deuxième partie; il revient ici comme cause civile.

Une troisième vue du règlement des intérêts et des droits des citoyens est dans toutes les conséquences de l'établissement de la propriété. Elle s'acquiert et elle se perd. Le premier moyen de l'acquisition est à titre onéreux, par le bénéfice des contrats et obligations : la loi en forme la règle précise.

Une deuxième voie pour acquérir est la transmission qui se fait par la succession, la donation et le testament. Ces moyens sont-ils nés du droit des gens, ou sont-ils propres à la loi civile? On aura aussi à examiner les principaux résultats de chacun d'eux.

En troisième lieu, on a admis la prescription comme un moyen d'acquérir, et aussi comme un moyen de se libérer des obligations. Il faut en examiner la nature et les effets.

Une quatrième sorte d'acquisition, qui doit entrer dans cet examen, c'est celle dérivée, qui est principalement l'accession : nous en suivrons les différentes espèces, soit de l'accession naturelle, qui sont la production des fruits, le croît des animaux, l'alluvion; soit de celles du fait de l'homme, savoir, l'inédification et l'implantation, l'incorporation et la commixtion.

On voit aussi dans les moyens d'acquérir, l'occupation et l'acte de la découverte, ou l'invention.

Les moyens de perdre les biens sont aussi le résultat de nos faits : d'abord la nécessité de satisfaire aux créanciers a fait établir la vente forcée, dont le prix se partage entre eux; ce qui amène l'occasion des droits de préférence qui naissent du gage ou de l'hypothèque ; on prévient la vente forcée, ou, en tous cas, on trouve un moyen d'apaiser les créanciers par l'abandon volontaire de ses biens, ou la cession en justice.

Les établissemens qui regardent la société civile ainsi expliqués, ou passe à la quatrième partie, qui embrasse le droit des gens proprement dit; c'est celui dont la nécessité démontrée a été l'occasion de la séparation de cette partie du droit, de celle des lois positives et civiles.

Il n'a pas manqué de se rencontrer des esprits disposés à nier l'empire du droit sur les souverains, pour mettre celui de la force à la place, non qu'ils aient méconnu le bras de Dieu qui gouverne le monde, mais, dans l'ignorance où nous sommes nécessairement de la profondeur des desseins de sa providence, ils ont été entraînés par tant d'exemples, dans lesquels on a vu le succès des armes usurper la place de la raison, même couronner l'injuste entreprise de dominer par la force : mais on a vu aussi que cela a été souvent réciproque ; et, comme tous les peuples ont eu à gémir tour à tour de cet abus inhumain, comme l'art de la guerre est presque devenu un jeu dont les chances se calculent, il a fallu céder à la raison qui s'est fait jour au milieu de ces difficultés, et il s'est réellement établi un droit commun dans la guerre, et, à plus forte raison, dans les actes de la paix.

On examinera donc aussi ce droit, en se rendant compte :

1°. Comment, par suite de la distinction des sociétés en corps de nation et de l'établissement de la propriété, chaque nation a étendu sa puissance sur le territoire qu'elle a occupé, s'il en est de même sur les mers, et si les droits de propriété et de souveraineté y peuvent régner ;

2°. Comment la propriété des nations est assurée, et quel est leur droit de défense légitime ;

3°. De l'usage de la force publique et du droit de la guerre ;

4°. Du droit de conquête et du pouvoir du vainqueur sur le vaincu :

5°. Des devoirs de l'humanité dans la guerre, et des ménagemens auxquels ils obligent;

6°. Des alliances , des neutralités et du droit de passage;

7°. Des moyens de terminer la guerre, et des congrès entre les puissances;

8°. Des traités et conventions pour la paix;

9°. Des moyens d'entretenir la paix établie, et des garanties;

10°. Du droit des ambassadeurs et autres délégations des souverains;

11°. Enfin, des traités de commerce entre les nations.

Vous voyez à combien d'objets nous avons encore à nous appliquer : vous ne serez pas étonnés, si, dans la plupart, je serai obligé de m'en tenir à de simples indications, qui vous mettront sur la voie d'une étude plus profonde.

C'est, en général, tout le but auquel l'enseignement peut tendre. L'année scolaire, à laquelle nous sommes bornés, ne permet pas davantage, quand l'objet enseigné est d'une aussi vaste étendue et renfermé dans ce court espace, devant recommencer chaque année. Le précis de ces élémens, dont je ne vous donne en ce moment qu'une partie, sera suivi des autres, à mesure qu'elles auront été expliquées : vous les y joindrez donc pour en composer un seul volume; le numérotage des pages sera, à cet effet, continué. Si je me suis déterminé à le donner ainsi par cahiers, c'est pour vous faciliter dans l'étude sur la préparation qui vous sera nécessaire pour l'épreuve qui doit avoir lieu à la fin de l'année. Je ne crois donc pas avoir besoin de le recommander à votre attention.

AVIS.

La Table des Chapitres et des Articles sera placée à la
suite de la quatrième Partie ; et les troisième et quatrième
Parties sont sous presse, et seront données de suite, la
troisième avant la mi-juin.

ABRÉGÉ

DU

COURS ÉLÉMENTAIRE

DU DROIT

DE LA NATURE ET DES GENS,

PAR DEMANDES ET PAR RÉPONSES.

CHAPITRE PRÉLIMINAIRE.

INTRODUCTION ET DIVISION DES MATIÈRES.

D. Qu'est-ce que la loi naturelle?

R. C'est la déclaration des devoirs de l'homme, et la règle du jugement de ses actions.

D. Comment la loi naturelle oblige-t-elle l'homme?

R. Elle l'oblige, soit envers lui-même, comme individu, soit dans ses rapports avec ses semblables, comme membre de la société, soit dans les rapports des sociétés entre elles.

1

D. Comment conçoit-on l'exposition de la loi naturelle?

R. 1°. On s'occupe de sa certitude ; ensuite on passe à ses diverses applications, comme elles viennent d'être indiquées, ce qui distingue ce cours en quatre parties, savoir :

La première, de la nécessité et de la certitude de la loi naturelle.

La deuxième, de son application aux devoirs de l'homme comme individu, qui est la morale.

La troisième, de son application aux devoirs et aux établissemens de la société civile, qui est le droit public général.

La quatrième, de son application aux rapports entre les sociétés civiles, ou états, ou souverains, qui est le droit des gens proprement dit.

PARTIE PREMIÈRE.

DE LA NÉCESSITÉ, DE LA CERTITUDE ET DE LA SANCTION
DE LA LOI NATURELLE.

D. Sur quoi est fondée la loi naturelle ?

R. Sur la nature de l'homme, c'est-à-dire, sur les qualités dont Dieu l'a doué, qui sont autant de conditions de la nature humaine ; c'est de ces qualités que dérive la reconnaissance des devoirs.

D. Où doit être le développement de cette explication ?

R. Premièrement, dans la démonstration de ces qualités qui distinguent la nature de l'homme, et le mettent en état de discerner la vérité et l'erreur.

En second lieu, en montrant quelles ont été les fins du Créateur dans la création de l'homme, comment ces fins sont accomplies, ce qui donne le principe de la liberté des actions.

En troisième lieu, dans la démonstration du ressort de la conscience, qui est le sceau de cette liberté, et qui établit en même temps la distinction des bonnes et des mauvaises actions.

En quatrième lieu, en rendant raison de la nature et des effets du droit, ou de la justice et de la loi, sur lesquels s'appuie cette distinction.

En cinquième et dernier lieu, en montrant où peut être la sanction de la loi naturelle.

CHAPITRE PREMIER.

De la nature de l'homme, et des qualités qui sont en lui le fondement de l'établissement du droit.

D. Où puise-t-on cette doctrine sur la nature de l'homme, et les conséquences qui s'en tirent?

R. Elle pourrait se fonder sur les vérités révélées; mais comme la révélation n'a pas été donnée d'abord à tous les peuples, il faut remonter à la création de l'homme. .

D. Qu'entendez-vous par la nature de l'homme, comme fondement de la loi naturelle?

R. On entend les qualités communes à tous les hommes, qui les distinguent des animaux ou autres créatures vivantes.

D. Tous les hommes ont-ils ces mêmes qualités?

R. Oui; il n'y a qu'une seule nature humaine, malgré les dissemblances remarquables dans la couleur ou quelques parties de la conformation, que l'on peut rapporter au climat; mais ces dissemblances sont des variétés qui n'empêchent pas que ces individus n'appartiennent à l'humanité.

et n'en aient tous les attributs. (Voir les *Études de la Nature,* où ce point est parfaitement éclairci et prouvé.)

D. L'homme est-il bien distingué des animaux comme créature vivante ?

R. Il y a non-seulement une différence, mais une distance immense de la nature de l'homme à celle des animaux.

Cette distance est marquée par l'entendement ; il se compose des facultés de percevoir, de comparer et de juger, par conséquent de connaître. L'entendement s'appelle aussi l'intelligence, ou la raison.

D. D'où procède l'intelligence, ou la raison?

R. Elle appartient à l'âme, dont l'union avec le corps fait tout l'homme : l'âme est un être distinct, qui se manifeste par les organes du corps, qui lui sert d'enveloppe dans tout le cours et dans les fonctions de la vie.

D. Mais les animaux n'ont-ils pas une sorte d'intelligence qui a quelque chose qui les rapproche de l'homme?

R. Les animaux ont le principe de vie qui tient bien par quelque apparence de la spiritualité ; mais cela est bien éloigné de la nature de l'âme, à laquelle on a voulu le comparer.

D. Sur quoi fondez-vous la différence?

R. La différence se fonde sur la liaison et la suite

des idées, par laquelle l'intelligence humaine se manifeste et qui constitue la pensée.

D. Qu'entendez-vous par les idées, et comment se forment-elles?

R. Les idées sont la première opération de l'esprit sur les choses dont il a la perception. Elles se forment d'abord par l'action des sens sur les êtres qui leur sont présens; ensuite par la mémoire et la comparaison sur ceux éloignés, ou même sur des choses abstraites et qui n'existent que dans l'imagination. La pensée serait un mystère inexplicable, si l'on n'y voyait pas l'opération de l'esprit, qui est un second nous et qui réside en nous. On ne pourrait se rendre raison de ce qui forme les idées générales, de celles composées ou celles abstraites, et de ce qui lie dans nos conceptions le présent au passé et à l'avenir.

D. Mais les animaux n'ont-ils pas aussi des idées, et cela n'est-il pas justifié par des actes même de rapport avec nous?

R. Les animaux n'ont d'apparences d'idées que dans ce qui se rapporte à la nécessité physique de leur existence ou de leur conservation; ils en ont encore qui tiennent à des liens de rapports que la nature a établis entre eux et nous, soit pour nous servir, soit pour nous éviter; mais ils n'ont point du tout d'idées du présent, du passé et encore moins de l'avenir.

D. Mais a-t-on pu dire avec quelque raison qu'il

n'y a pas plus de distance des brutes à l'homme, que de l'homme hébeté, sans instruction, à l'homme doué de talent et d'instruction?

R. C'est une réflexion futile et fausse : futile, en ce qu'elle repose sur l'effet de la culture de l'esprit, qui met une grande différence entre les hommes, tandis que nous ne parlons que de la nature de l'homme ou des attributs de l'humanité, en quoi nous prenons les hommes dans l'égalité qu'ils ont à cet égard de la nature. Elle est fausse : cela se démontre par les opérations les plus simples, communes à tous les hommes, dont ils ont su découvrir l'objet et l'utilité, comme d'exciter le feu et d'en faire usage, d'ouvrir la terre pour favoriser ses produits ou découvrir les richesses qu'elle recèle. Les animaux ne portent pas leurs idées au-delà de la recherche de ce qu'il faut pour leur existence.

D. Que résulte-t-il de cette différence, et que prouve l'entendement qui est propre à l'homme?

R. Il en résulte la preuve de l'existence de l'âme, qui est unie au corps, et qui est d'une nature distincte de celle du corps. Le corps est un composé, l'âme est une substance simple; d'où, tandis que le corps est périssable, l'âme est immortelle. C'est ce qui fait un point de croyance universelle.

D. Qu'est-ce qui montre que l'âme est une substance simple et différente du corps?

R. C'est le sentiment intérieur, la conscience de

notre être, qui ne peut s'expliquer autrement. Au reste, l'immortalité s'induit de la perfectibilité de l'âme, et de ses rapports avec Dieu qui la rendent nécessaire.

D. Quel est l'effet de l'entendement et de la faculté de juger?

R. C'est la faculté de connaître ou de pouvoir s'assurer de la vérité de ce que l'esprit embrasse.

D. Qu'est-ce que la vérité, et à quoi est-elle opposée?

R. La vérité est le rapport de notre jugement sur l'essence et la nature des choses, avec cette essence et cette nature mêmes ; elle est opposée à l'erreur.

D. Qu'est-ce que l'erreur?

R. C'est un faux rapport que nos sens font à notre esprit de cette même essence et de cette nature des choses que nous envisageons, ou que notre esprit se fait à lui-même de l'analogie de celles qu'il a perçues par ce procédé.

D. Pouvons-nous avoir une connaissance certaine de la vérité, ou l'erreur dans laquelle nos sens nous font tomber y est-elle un obstacle invincible?

R. Il faut tenir que la vérité a des caractères qui l'assurent et auxquels la faillibilité des sens ne saurait faire d'obstacle, puisque, sans cela, l'erreur serait toujours involontaire.

D. Comment ce point s'établit-il?

R. Il faut d'abord observer que nous n'entrons pas ici dans des distinctions sur l'erreur, qui sont du droit positif; il s'agit seulement de savoir si ce mot d'une ancienne secte de philosophes, que «nos sens sont toujours trompeurs, » a quelque justesse ; mais il ne faut que de la bonne foi pour en sentir la futilité.

Il ne faut pas nier la faillibilité des sens. Dieu a mis à nos sens comme à notre intelligence des bornes naturelles : mais, avertis que nos sens sont bornés, l'erreur ne peut venir que de ce que nous voulons juger des objets sans observer leur juste portée. En étudiant cette juste portée et l'observant, on peut éviter toute erreur sur les objets qui en dépendent.

D. Mais quelle assurance avons-nous de la vérité des choses dont la connaissance ne dépend pas immédiatement des sens?

R. Comme nous jugeons de ces choses par analogie, nous pouvons nous en assurer par ce même procédé, de ne juger des choses que par leurs rapports avec l'étendue de nos sens.

L'analogie résulte de certains rapports avec les choses sensibles qui en font la règle.

D. Il y a donc une vraie connaissance de la vérité?

R. Cela n'est pas douteux, et elle est en notre pouvoir par cela seul qu'il ne faut qu'une juste attention pour éviter l'erreur. Sans cette attention, l'erreur est volontaire et ne peut servir d'excuse.

CHAPITRE II.

Des fins que Dieu s'est proposées dans la création de l'homme, et comment elles sont remplies.

D. Comment considère-t-on les fins de la création, et peut-on s'en rendre compte?

R. On ne pourrait, sans nier les perfections de Dieu, admettre qu'il n'ait pas eu son dessein dans cette œuvre de la création de l'homme, comme dans la création même de l'univers.

On s'en rendra compte en considérant l'ordre de l'univers, et en reconnaissant que l'homme en fait partie et y est placé pour remplir des fonctions que sa nature indique.

D. Quelles sont ces fonctions indiquées par la nature de l'homme?

R. L'homme, étant doué de la raison, a la faculté de comprendre les lois de l'ordre auquel il est soumis, et que dans cet ordre il est le lien entre la terre et son Créateur; que par sa raison même il a des lois propres à observer: ces lois sont le seul objet qui exerce son entendement; leur reconnaissance en est la première fin.

D. Comment s'expliquent ces lois?

R. Dieu a créé l'univers pour qu'il existât et durât le temps arrêté dans sa sagesse. Cette durée est assurée par l'ordre et par la reproduction continuelle des êtres. L'homme périssable lui-même et sujet à cette même loi de la reproduction, est associé à ce grand dessein, en étant le gardien et le dépositaire de ce qui, dans cet ordre, se rapporte à lui, et la création de l'homme peut être regardée comme l'achèvement de la grande œuvre de la création du monde.

D. Sur quoi se fonde cette explication?

R. Sur ce que, par les attributs dont l'homme est doué, il est manifeste que Dieu a voulu avoir dans lui une créature intelligente, capable de recevoir ses bienfaits, d'y puiser la reconnaissance de son être souverain et de sa perfection, et enfin d'observer ses lois.

D. Qu'est-ce qui prouve ce dessein de Dieu?

R. Indépendamment de la révélation, qui suffirait seule, mais au moyen de ce qu'elle n'a pas été donnée à toute la terre, Dieu a mis dans le cœur de l'homme l'impression de toutes les notions naturelles que la révélation a divulguées; il l'a donc pourvu de tous les moyens de pratiquer ces lois morales, qui, en conséquence, ont véritablement précédé la révélation. C'est ce qui s'établit en considérant, d'un côté, la conformité des lois révélées avec celles naturelles; d'un autre côté, que ces lois naturelles, si conformes à celles révélées, sont répandues dans toute la terre, même dans ses parties qui ont été et sont restées les plus étrangères à la révélation.

D. Quelles sont ces dispositions de l'homme qui ont conduit à cette conclusion?

R. Elles résultent de la sensibilité éclairée dont il est doué, et du pouvoir qu'il a d'agir avec discernement, d'où sont nés, d'une part, l'amour de ses semblables, ou la bienveillance, et la sociabilité; d'une autre part, la volonté qui dirige les actions humaines, la spontanéité de leurs mouvemens, et la liberté de leur détermination.

D. Comment prouvons-nous que l'homme a cette qualité d'être sociable?

R. D'abord par ce penchant, cette bienveillance qui le rapproche de ses semblables, et aussi par l'usage de la parole pour exprimer ses besoins, ses désirs, et même ses pensées, qui s'étendent à tout, et qui n'ont point de bornes : cet usage est à lui seul, et aucune autre créature ne le partage avec lui; or, sans l'objet de le faire sociable, il aurait été entièrement inutile.

D. Comment s'établit la liberté des actions humaines?

R. Ce point ne peut être révoqué en doute; les moyens en sont dans la conscience, dont on parlera bientôt.

D. Mais n'y a-t-il pas dans la nature de l'homme même, quelque chose qui s'oppose à cette liberté?

R. On a parlé des passions et de l'intérêt qui en naît; les passions sont un ressort utile, mais elles cachent plus souvent de dangereux écueils.

D. Quelle est la source des passions?

R. Elles ont leur source dans les appétits, qui, dans les animaux, sont excités par les besoins et la vue des objets extérieurs propres à les satisfaire; ils sont dans les brutes un mobile étranger soumis à des lois purement physiques; mais chez l'homme, ces mêmes appétits, éclairés par la raison, se fortifient et s'accroissent, tantôt en lui procurant de justes avantages, tantôt en l'exposant au danger de l'irritation, selon les objets qui les excitent et auxquels ils se rapportent; leur première impulsion, c'est le désir, qui crée l'intérêt et les passions.

D. Qu'est-ce que l'intérêt?

R. C'est la vue d'une utilité que nous nous approprions, en voulant faire notre bonheur, qui est la fin de notre existence.

D. Qu'est-ce que les passions?

R. C'est la disposition de l'âme à vouloir avoir, avec une extrême ardeur, ce qui a excité nos désirs, soit que l'objet en soit conforme à la raison, soit qu'il y soit contraire.

D. Comment l'intérêt et les passions sont-ils opposés à la liberté des actions?

R. L'intérêt, parce qu'il a un caractère imposant, les passions par leur empire décidé; c'est ce qui a mis souvent les philosophes sur la voie du doute de la liberté de nos actions.

D. Mais n'y a-t-il point de moyen d'éviter l'injustice de l'intérêt, et de résister à la tyrannie des passions?

R. La nature y a pourvu, en donnant à l'intérêt des témoins de sa justice et de son injustice, et aux passions un frein. Ces témoins, ce frein, sont dans la conscience; elle les met en notre pouvoir : ce moyen sera expliqué.

D. Mais n'a-t-on pas tiré d'autres obstacles à la liberté, des dispositions de l'âme, modifiées par des causes qui ont une influence dont on ne peut se défendre?

R. On a allégué le plus ou moins de force de l'esprit, l'éducation, les mœurs, les habitudes : mais ces circonstances appartiennent à la société civile, tandis qu'ici il s'agit de l'homme sortant des mains de la nature et dégagé de toutes circonstances; il s'agit du résultat des seuls attributs de l'humanité, qui sont, comme on l'a dit, égaux pour tous les hommes. Au reste, ce qui résulte de l'éducation, des mœurs et des habitudes, par rapport aux dispositions de l'âme, n'empêche en rien les ressorts que notre conscience fait agir pour nous éclairer sur l'intérêt que nous embrassons, et nous avertir des écarts de nos passions.

D. Que concluez-vous de tout ce qui vient d'être exposé?

R. Qu'il faut avoir pour certain que nous avons la liberté de nos actions et la faculté du choix entre elles; que cette faculté est dans notre conscience.

CHAPITRE III.

De la conscience, de son influence sur nos actions, et de la distinction du bien et du mal, des bonnes et des mauvaises actions.

D. Qu'est-ce que la conscience?

R. C'est le sens intime ou le sentiment intérieur qui nous donne la connaissance intuitive de ce qu'il nous importe de savoir; c'est le flambeau de la raison qui agit en nous et sur nous, et indépendamment de notre volonté.

D. Comment peut-on s'en rendre compte?

R. C'est en distinguant, avec l'un des plus célèbres moralistes de l'antiquité, ce qui est en nous et qui nous appartient, comme nos sentimens, notre volonté; et les choses qui sont hors de nous, comme les biens, les objets qui nous offrent des jouissances : ces objets sont hors de nous, ne nous appartiennent pas, et ne nous touchent que par des rapports extérieurs.

D. Quelle est l'utilité de cette distinction pour l'objet dont on s'occupe?

R. C'est de faire entendre que la conscience ne s'exerce que sur les objets de la première nature; qu'elle nous avertit de notre existence; qu'elle nous instruit des biens que nous tenons de la nature de notre être, comme des facultés de penser, de juger et d'agir; enfin, que c'est aussi par elle que nous avons la connaissance des effets de nos actions. C'est ainsi qu'elle est la source de notre liberté.

D. Comment applique-t-on cette source de la liberté aux actions?

R. On doit envisager la conscience dans deux états : avant l'action, et après l'action; dans le premier état, nous délibérons, et elle nous représente le mérite ou le tort de l'action non encore commise.

D. Quel est le résultat de cette distinction?

R. Si nous suivons son avis, ce qu'elle nous dit après est une satisfaction qui nous rend heureux; si nous y avons résisté, c'est un cri de reproche qui nous obsède et nous tourmente selon l'étendue du tort; cela est attesté par l'expérience de chacun.

D. Qu'est-ce que ce cri de reproche, et ne peut-on pas l'arrêter?

R. C'est ce que l'on appelle le remords ; il ne peut dépendre de nous de le faire taire, il nous poursuit malgré nous.

D. Mais la force des passions ne peut-elle pas faire paraître l'action comme forcée?

R. L'on parle en vain de l'empire des passions pour récuser la liberté; celle-ci n'avait que ce temps de la délibération, et on l'a rejetée; si, au lieu de suivre le conseil de la conscience, on s'est livré au charme de l'illusion que la conscience s'est efforcée de détruire; ces reproches qui viennent après en sont la meilleure preuve.

D. Mais comment les actions se distinguent-elles en bonnes ou mauvaises?

R. Pour se faire une idée de cette distinction, et asseoir le fondement de la moralité des actions, il faut considérer l'amour du plaisir et l'aversion de la douleur comme la source de tout. La sensibilité éclairée dans l'homme, l'avertit que cet amour et cette aversion sont les mêmes dans ses semblables.

D. Quels sont les objets d'application de cette réflexion?

R. Le plaisir le plus fréquent, est la possession des choses nécessaires pour satisfaire à nos besoins; le mal le plus redouté, ce sont les actes de violence qui peuvent nous les arracher. Ainsi la rapine et la violence, et tout ce qui trouble notre paix, et même notre existence, sont le mal en opposition au plaisir de jouir tranquillement de ce qui nous est acquis, et de satisfaire en paix à nos besoins. Cette possession tranquille d'une part, et ces causes de trouble d'une autre part, sont le bien et le mal présens à notre conscience.

D. Est-ce à cela seul que se rapporte la distinction du bien et du mal?

R. Ce n'en est pas toute l'étendue, mais c'est la démonstration du principe de la moralité des actions que l'on a mis en axiome, en disant qu'il ne faut pas faire à autrui ce que nous ne voulons pas qui nous soit fait; à quoi il faut joindre cette règle de bienfaisance, de faire aux autres tout le bien en notre pouvoir que nous souhaiterions d'eux dans une semblable occurrence : il n'est personne qui n'ait senti en soi l'influence de ces pensées; ce sont les vérités de sentiment qui sont les plus certaines et les plus persuasives.

D. Que produisent encore ces sentimens et la possession des biens?

R. Il en naît les intérêts, qui forment les désirs et irritent les passions; mais c'est aux passions que la conscience oppose sa résistance et ses cris; le bien méprisé, le mal préféré, se représentent à nous avec le caractère de la vérité.

D. La conscience ne peut-elle pas être sujette à l'erreur?

R. On l'a dit, mais il n'en est rien; elle est trompée par notre aveuglement volontaire; s'il en était autrement, la distinction du bien et du mal serait sans fondement; mais comment cette distinction serait-elle susceptible de doute, puisqu'elle a son principe en nous-mêmes?

D. Quelle est la conséquence de cette résolution?

R. C'est que l'on ne peut se refuser à l'imputabilité des actions, c'est-à-dire, à ce qu'elles soient mises sur notre compte, comme des effets dont nous sommes causes.

D. Quelles sont donc les bonnes et les mauvaises actions?

R. Les bonnes, sont celles conformes au bien général ou particulier, qui importent à la paix de la société, ou au bonheur d'autrui; les mauvaises, celles au contraire qui nuisent à tous ou à quelques-uns en particulier; mais, dans l'un et l'autre cas, c'est autant qu'on a agi avec droit ou sans droit; ce qui résulte de la conformité de l'action avec le droit, ou la justice, ou la loi.

CHAPITRE IV.

Du droit, de la justice et de la loi.

D. Qu'entend-on en général par le droit?

R. Cette expression est la traduction du mot latin *rectum*, et présente l'analogie avec une ligne qui n'incline en aucun sens : en terme de science morale, le droit est ce qui est parfaitement conforme à une règle donnée sur ce qui doit être.

Mais comme science, le droit est la manière de connaître et déterminer ce qui est conforme aux règles du bien; les jurisconsultes l'ont définie *ars æqui et boni*.

D. Cette définition convient-elle au droit comme on l'entend ici?

R. On peut dire que le droit dont il s'agit ici, qui est le droit naturel, dépendant de règles gravées dans tous les cœurs, il semblerait ne pouvoir être dit un art; mais c'est aux conséquences qui se déduisent des premières règles et au développement de toutes, que cette définition convient.

D. Ne s'agit-il pas ici du droit dans un rapport plus restreint, et comme droit propre à l'homme? qu'est-il en ce sens?

R. En ce sens, c'est le rapport des faits humains ou des actions avec ce qui est prescrit par la droite raison; c'est l'idée de la justice qui découle de ce rapport; ainsi le droit et la justice, qui se confondent dans cette explication, sont l'accent même de la raison sur ce qui doit ou peut être, et ne pas être.

D. Est-ce là ce qu'entendent les jurisconsultes dans leur définition de la justice?

R. Les jurisconsultes, en définissant la justice, la volonté ferme et durable de rendre à chacun ce qui lui appartient, représentent la justice en action dans le cœur de l'homme probe, et dans les fonctions du magistrat.

D. Qu'est-ce que la loi?

R. La loi est le précepte qui détermine ce qui est ordonné, défendu ou permis; la loi naturelle est ce précepte gravé dans le cœur de l'homme; ce même précepte venant des hommes, est la loi positive.

D. Quelle est la fonction de la loi, et quel doit être son caractère?

R. La loi est ce qui forme le droit; il faut qu'elle soit constante, c'est-à-dire intimée à ceux qui y sont soumis, ou directement, ou par la promulgation.

D. Que recherchons-nous ici à cet égard?

R. Nous cherchons à nous assurer de ce qui caractérise la promulgation de la loi naturelle, ou son intimation à tous les hommes.

D. Que trouve-t-on établi sur ce point?

R. Ce discernement du bien et du mal, ces sentimens de l'aversion pour le mal qui sont gravés dans tous les cœurs, sont bien une véritable intimation de la loi naturelle à tous les hommes. Les philosophes et les jurisconsultes de Rome n'ont pensé, sans doute, qu'à établir la certitude de cette loi, dont la connaissance est dans nos propres sentimens, lorsqu'ils l'ont dite commune à l'homme et aux brutes : c'est une confusion à expliquer. Le droit, comme règle de la droite raison, ne peut être commun aux animaux qui en sont dépourvus. L'union des sexes, dont on a parlé comme exemple, n'est pas dans l'homme, comme dans les brutes, une simple conjonction; elle se nomme mariage, parce qu'elle a d'autres motifs et d'autres suites; l'éducation des enfans est aussi dans l'espèce humaine d'une tout autre nature. Ils se sont donc fixés simplement sur les premières causes de nos sentimens dont les actes sont communs aux animaux, pour montrer d'autant plus l'empire de la loi de nature, mais dont le résultat est différent pour celui des animaux qui est conduit par la raison, dont tous les autres sont dépourvus.

D. Quelle est la conclusion de ces observations?

R. Elle consiste à dire que c'est par la conformité à la loi naturelle, ou la désobéissance à ses préceptes, que les actions sont justes ou injustes; ce n'est pas le préjudice qui résulte d'une action qui la rend mauvaise, mais c'est l'injustice qui y a présidé, c'est le dommage causé contre tout droit, qui peut être imputé à celui qui en est l'auteur; l'action coupable est celle contraire à la loi, quand celui qui l'a commise a violé la loi sciemment.

D. Mais ne peut-on pas avoir violé la loi par erreur?

R. Ceci ramène les distinctions que l'on a faites sur l'erreur, dont on a déjà touché quelque chose: il faut y ajouter que l'on a distingué l'erreur de fait et celle de droit, celle essentielle et celle accidentelle, celle volontaire et celle involontaire; les deux premières distinctions sont plutôt du droit positif : on a montré, sur la troisième, que l'erreur ne peut jamais être involontaire, si l'on a porté toute l'attention nécessaire à l'objet de l'action.

D. Qu'est-ce qui détermine le fait de cette attention?

R. Cet examen, comme on l'a dit, est le fait de

la conscience, qu'il suffit d'écouter; elle a pour terme de son jugement l'horreur du mal qui est en nous, et qui a été et est la même chez tous les hommes de tous les temps et de toutes les parties du monde.

D. N'y a-t-il pas lieu d'opposer à cette dernière réponse la disparité des mœurs et des coutumes sur des actions les plus importantes pour l'ordre des sociétés, et qui sont dans le rapport le plus immédiat avec les premiers sentimens de la nature?

R. Ces variétés sont des déviations dues à des circonstances particulières.

On se représente aisément les fléaux dont la terre est souvent désolée; ils détruisent les sociétés, comme tout ce qui est dans la nature, où tout est périssable; leur suite, c'est la dispersion des membres, qui, long-temps isolés et frappés de stupeur, n'ont retenu que les vices des anciennes sociétés auxquelles ils ont appartenu; c'est la cause la plus commune de ces coutumes anti-sociales : c'est l'excès de la corruption.

D. Comment cela serait-il démontré?

R. Par le seul point de la facilité avec laquelle ces restes de peuples dégradés reviennent à la civilisation, quand le moindre contact avec les peuples maintenus dans le bienfait de la civilisation leur en offre les moyens.

D. N'y a-t-il point d'autres preuves de la certitude de la loi naturelle?

R. Une preuve irrécusable, est la croyance universelle à une justice suprême qui récompense les bons et punit les méchans en cette vie et dans celle à laquelle nous sommes appelés après que celle-ci a accompli son terme. Cette dernière preuve appartient à la religion, qui est aussi dans les lois naturelles; la première sera encore démontrée, en expliquant ce qu'on appelle la sanction de la loi naturelle.

CHAPITRE V ET DERNIER.

De la sanction de la loi naturelle.

D. Qu'appelle-t-on sanction d'une loi?

R. C'est une jussion particulière qui a pour objet d'assurer l'exécution de la loi.

D. D'où a-t-on tiré cette dénomination?

R. On l'a tirée de la langue des Romains, qui ont appelé choses saintes celles dont la violation était défendue sous une peine déterminée : *res sanctas ut portæ et muri civitatis.*

D. La loi n'a-t-elle pas assez d'autorité par elle-même?

R. La loi, dès qu'elle est promulguée, est obligatoire; mais il faut un signe de la puissance publique qui force à cette obéissance ceux qui s'y refuseraient; c'est l'objet de la peine statuée.

D. Cet établissement d'une peine n'est-il pas en opposition avec la liberté naturelle?

R. Non : parce que celui qui contrevient à la loi tombe dans la peine de l'infraction, et paraît y être tombé volontairement; c'est ce que l'on exprime en disant que l'on contracte avec la loi.

D. La loi naturelle est-elle susceptible de cette sanction?

R. Elle n'est pas susceptible d'en avoir la forme matérielle, mais elle doit porter sa sanction en elle-même, sans quoi elle manquerait d'un des caractères essentiels de la loi.

D. Où est la sanction de la loi naturelle?

R. Les uns la placent uniquement dans la croyance universelle d'une autre vie dans laquelle la justice divine récompensera les bonnes actions et punira les mauvaises. Mais cette sanction appartient à la religion, et n'est pas inhérente à la loi naturelle même; c'est ce qui fait que d'autres ont nié que la loi naturelle eût aucune sanction, et en soit susceptible.

Pour nous, sans nous écarter de la sanction religieuse, nous pensons qu'il est plus conforme au dogme de la loi naturelle de placer sa sanction dans la satisfaction des bonnes actions et le remords des mauvaises, qui sont la récompense et la peine qui les suivent immédiatement.

D. Mais cette définition n'est-elle pas démentie par l'expérience, qui nous montre des brigands heureux, et des hommes vertueux accablés de malheurs?

R. Il ne faut pas s'arrêter à cette vue qui est très-fautive.

D'abord on prend la loi naturelle pour l'expliquer et en montrer la certitude dans son aspect le plus général; il y a des dérogations apportées par les usages de la société civile; ce sont des accidens qui ne changent rien à l'ordre primitif et universel.

Ensuite, qu'est-ce que ce prétendu bonheur du méchant? Vous le voyez dans des apparences qui peuvent vous séduire, mais qui ne le trompent pas lui-même; si l'homme ment à sa conscience, il peut, à plus forte raison, déguiser vis-à-vis des autres ce ver rongeur qui le tourmente, mais il ne s'en impose pas à lui-même; si quelques mouvemens, comme le bruit du monde, les affaires, l'aident à s'étourdir, le remords reprend le dessus, et il n'est point de vrai bonheur pour le coupable, parce qu'il n'est point de repos.

D. Est-il quelques preuves de ce tourment?

R. Oui : c'est ce trouble des consciences agitées qui fait que souvent des coupables se découvrent eux-mêmes et se livrent en donnant des indices qui n'auraient pu être découverts; c'est pourquoi l'on dit qu'il faut toujours que le coupable d'un crime soit découvert.

D. Mais comment l'homme juste est-il accablé par le malheur ou l'injustice?

R. Cela n'est que trop fréquent, au moins dans les faits extérieurs, mais il est rare que sa constance en soit ébranlée; on en a vu beaucoup qui, forts de leur innocence, se sont reposés dans leur conscience, et ont subi avec résignation le sort fatal qui semblait mettre le comble à leurs maux.

D. Ces accidens font-ils quelque obstacle à la certitude de la loi naturelle?

R. Point du tout : elle ne peut être douteuse, et tout concourt à la démontrer. Si la nature seule nous a fait sentir le bien de la jouissance paisible, et le trouble et le mal de la violence et de la rapine, cette distinction nous a conduits à d'autres conséquences, où le bien et le mal se sont fait sentir dans des circonstances encore plus proches de nos sens; tels l'abandon des sentimens les plus doux, des devoirs les plus saints, trahis par des époux, des parens, des enfans; ce sont bien des sentimens gravés dans nos cœurs, puisque leurs causes ont été jusqu'à induire à supposer l'existence d'un droit naturel commun avec les animaux.

D. Les hommes n'ont-ils rien de commun avec eux?

R. S'il est quelque rapprochement de l'homme avec les brutes, c'est par le déréglement des passions, dont les excès réduisent nos actions à des actes désordonnés, et contraires à ce que la nature a institué pour nous faire sentir la perfection à laquelle elle a destiné notre être.

D. Qu'est-ce que la conscience peut pour répri
mer ces écarts?

R. Elle nous éclaire sur leur objet et leurs suites,
en nous montrant les peines auxquelles ils nous
exposent par les remords dont elle nous accable.
en attendant les peines de l'autre vie, qui ne sont
pas moins réelles.

D. Quelle est la conclusion de tout ceci?

R. C'est qu'il est démontré que le droit naturel
est certain par lui-même; qu'il a son fondement
dans la nature de l'homme; qu'il repose sur la loi
divine, gravée dans nos âmes, qui nous est suffi-
samment intimée par-là, et qui a sa sanction dans
le remords, cette peine qui suit les mauvaises actions, et qui ne peut être évitée.

FIN DE LA PREMIÈRE PARTIE.

SECONDE PARTIE.

DES LOIS NATURELLES APPLIQUÉES AUX DIFFÉRENS ÉTATS DE L'HOMME, OU DE LA MORALE UNIVERSELLE.

INTRODUCTION.

D. Que renferme cette partie?

R. Elle renferme tous les devoirs de l'homme, savoir : 1°. celui de la religion comme obligation naturelle; 2°. le devoir de notre propre conservation; 3°. celui de cultiver la vertu; 4°. celui de fuir ou corriger les vices; 5°. les devoirs des enfans envers leurs parens; 6°. le mariage et le devoir des époux; 7°. les devoirs des pères et mères envers leurs enfans; 8°. les devoirs des citoyens; 9°. la probité; 10°. la soumission aux lois; 11°. les devoirs de ceux qui ont des fonctions pour les services publics; 12°. les devoirs des magistrats.

CHAPITRE PREMIER.

De la religion comme obligation naturelle.

D. Le sentiment de la religion est-il naturel à l'homme?

R. Le sentiment de la religion a été comme une préparation à la révélation; il est une révélation intérieure par laquelle Dieu s'est manifesté à nous.

D. Comment ce point est-il démontré?

R. Tout y concourt: l'aspect des cieux, vers lesquels l'homme a le regard naturellement porté, leurs merveilles, celles de la nature, lui ont fait naturellement dresser sa pensée vers la nécessité de reconnaître un Créateur auquel il doit lui-même son existence; la croyance en Dieu, auteur de toutes choses, a donc été le premier résultat de ce sentiment.

D. Est-ce l'unique point de la religion?

R. Non : de la création, la réflexion s'est portée naturellement à la contemplation de l'ordre de l'univers : cet ordre admirable montre une main puissante qui le conduit; de là s'est établie la croyance en une Providence divine qui préside à tout, et pour laquelle l'homme n'a pu retenir le mouvement de sa reconnaissance.

D. N'est-il pas encore un point de religion par rapport à l'homme?

R. Oui : l'homme, en s'examinant, a senti une force intérieure qui, en lui donnant la règle de ses actions, lui a fait comprendre qu'une puissance infinie lui en demanderait compte dans l'éternité; de là le dogme de l'immortalité de l'âme, et de la récompense promise aux bons et de la punition réservée aux méchans, après que l'âme serait affranchie de cette vie mortelle.

D. En quoi consiste donc la religion, et comment s'est-elle établie?

R. Elle consiste dans ces trois points d'une croyance universelle, savoir : l'existence d'un Dieu créateur de toute chose, sa providence qui gouverne tout, et l'immortalité de l'âme, qui est le lien de l'homme avec Dieu.

Elle s'est établie sur ces notions naturelles qui viennent d'être développées, et qui se sont répandues et ont été gardées sur toute la surface du monde.

D. Suffit-il, pour l'établissement de la religion, que ces vérités soient reconnues?

R. Non : la religion est le premier lien de la société entre les hommes; elle n'a pu avoir ce caractère que par le culte extérieur; c'est l'exercice des actes prescrits par un rit établi.

D. Quel est ce culte?

R. Il n'y a qu'un culte comme il n'y a qu'un Dieu, et tout nous dit que c'est le christianisme.

D. Il n'y aurait donc point eu de culte de la religion avant l'Évangile de Jésus-Christ?

R. Il est de fait, au contraire, qu'il y en a eu différens; indépendamment de ce que Dieu s'est manifesté à son peuple, et lui a prescrit le culte qu'il voulait qui fût observé, il y a eu aussi des cultes divers dont, quelque faux qu'en aient été les objets, l'existence a été le témoignage de la nécessité du culte de la religion.

D. N'y en a-t-il point eu d'autres preuves?

R. Nous en avons en nous-mêmes la plus véritable preuve, et tout nous montre que le culte de la religion est d'institution naturelle; que c'est par conséquent un crime que d'y mettre une opposition sacrilége, et de troubler le culte par des actes d'impiété.

D. Quelles sont les choses contraires à la religion?

R. Trois choses : l'impiété, l'hypocrisie et la superstition.

D. En quoi consiste l'impiété?

R. Elle consiste dans des paroles ou des actes extérieurs, qui sont un outrage fait à Dieu, soit en niant son existence, soit en s'opposant par le ridicule ou la violence à l'hommage qui lui est rendu, enfin dans tout ce qui tend à troubler les personnes réunies pour lui rendre cet hommage.

D. Qu'est-ce que l'hypocrisie?

R. C'est un mensonge public qui consiste à revêtir le masque de la piété pour surprendre les autres, les tromper et en tirer quelque avantage que l'on n'obtiendrait pas sans cela.

D. Qu'est-ce que la superstition?

R. C'est de placer la religion dans de faux objets ou d'en exagérer les pratiques; rien n'est plus propre à la détruire.

D. L'impiété n'est-elle un crime que lorsqu'elle attaque la religion dont le culte est celui de l'état?

R. Elle est également criminelle, quand elle s'exerce contre tous cultes reconnus et permis ou tolérés, quoiqu'on y soit étranger, aussi-bien que lorsqu'elle se dirige contre le culte de l'état, ou auquel l'auteur de l'impiété est lui-même attaché.

D. Mais la religion qui enseigne que hors de son sein il n'y a point de salut, ne fait-elle pas profession de condamner toute autre religion, et ne met-elle pas hors d'atteinte du crime l'attaque contre es autres religions?

R. Non, ses dogmes n'ont point une telle conséquence; elle n'autorise pas à porter le trouble dans la société. L'attachement à toute autre profession religieuse est une affaire de conscience; or, la liberté de conscience est une des premières libertés naturelles.

D. Mais comment cette liberté de conscience s'accorde-t-elle avec l'infaillibilité de la conscience dont on a parlé précédemment?

R. Il s'agit ici de la conscience sous tout autre rapport. La conscience dont nous avons établi l'infaillibilité n'est que le sens intime de la moralité des actions. Ici il s'agit de la conscience qui s'est formée par l'institution religieuse dans laquelle on a été élevé, et à laquelle on est attaché comme à la conséquence de sa croyance en Dieu et de la nécessité de son culte.

D. Cette affaire de conscience est donc un objet de respect?

R. Cela est marqué par la conduite de la police civile, qui s'interdit de troubler les consciences; à plus forte raison chacun est-il obligé de les respecter, et de ne rien faire qui porte atteinte à cette liberté.

CHAPITRE II.

Du devoir de veiller à notre conservation, et du soin de notre existence.

D. Comment le devoir de notre conservation et du soin de notre existence nous est-il imposé?

R. La nature a placé dans nous, comme dans toutes les autres créatures vivantes, le désir de nous conserver, ou la crainte de la mort; mais chez l'homme, ce sentiment a des causes contraires dans le jeu de ses passions, soit les plus nobles, soit les plus perverses.

D. Que peuvent produire les passions nobles sur ce qui regarde notre existence?

R. Elles produisent une abnégation de nous-mêmes, qui nous fait affronter le danger de la mort le plus imminent, et nous porte à en manifester le mépris.

D. Comment les passions perverses contrarient-elles la crainte de la mort?

R. Elles nous conduisent à une espèce de délire

qui pousse, contre nous-mêmes, notre bras meur-
trier, ou qui nous jette dans un abandon qui tend
à nous procurer la fin d'une existence devenue
pénible pour nous.

Ainsi, deux dispositions contraires au vœu de la
nature : le dévouement a une mort utile, et par-là
glorieuse, et le suicide volontaire.

Art. Iᵉʳ. *Du dévouement à une mort utile.*

D. La première de ces dispositions peut-elle être
juste?

R. Elle est même louable, quand elle ne sort pas
des règles du devoir que notre situation nous impose. L'histoire consacre avec de justes éloges la
mémoire de ceux qu'un courage élevé a fait se sacrifier pour le salut public.

D. Sous quels différens rapports cette vertu peut-
elle se présenter?

R. Elle se présente d'abord sous le rapport des
faits militaires; ensuite sous le rapport de la générosité de se dévouer dans les dangers publics et
particuliers.

D. N'y a-t-il pas des règles, une mesure à observer dans l'un et l'autre cas?

R. L'une et l'autre espèce de cette vertu ont
pour règle commune, de ne point s'exposer sans
une vraie nécessité, ni hors des termes des devoirs auxquels on est soumis selon la nature de la

cause; enfin de ne pas faire dériver en un acte de témérité et d'imprudence, l'action généreuse à laquelle on se livre.

D. Mais ne sommes-nous pas maîtres et arbitres de notre vie?

R. Une secte de philosophes de l'antiquité, fort recommandables d'ailleurs, les stoïciens ont enseigné que nous avions ce pouvoir; mais une philosophie plus éclairée, celle qui a pour flambeau les dogmes de la vraie religion, nous apprend que notre vie n'est point à nous; que nous l'avons de la nature, comme un dépôt qui est non-seulement pour nous et pour remplir nos destinées, mais aussi pour nos parens, nos amis, et pour la société entière; que nous en devons donc compte à Dieu et à la société.

D. D'où tire-t-on la preuve de cette assertion?

R. De la nature même, qui nous a donné un sentiment unique à cet égard : c'est ce désir de notre conservation, et la crainte de la mort; c'est le principe d'un devoir, car, tout sentiment naturel qui a un objet qui se rattache à l'ordre universel, crée incontestablement un devoir.

D. N'y a-t-il que cette preuve?

R. Il faut dire aussi, que si Dieu ne nous eût créés que pour nous-mêmes, si l'homme était isolé sur la terre, le sentiment des stoïciens pourrait avoir un juste appui; mais il en est tout autrement, et en créant l'homme, Dieu s'est proposé, comme on l'a vu, d'en faire un des liens de l'ordre universel; il a voulu qu'il y servît par l'exercice des facultés dont il l'a doué, lequel contribue au bien général, même lorsque chacun ne croit agir que pour lui-même.

On ne peut donc envisager tout engagement volontaire, et sans de justes motifs, dans un risque de perdre la vie, que comme une véritable offense à la raison et à la religion.

Art. II. *Du suicide volontaire.*

D. Le suicide volontaire n'est donc pas un acte permis, ni indifférent?

R. D'après le principe que l'on vient d'expliquer, le suicide volontaire est à plus forte raison un crime.

D. Était-ce l'opinion des anciens?

R. Hors les stoïciens, les anciens ont envisagé le suicide sous ce rapport; on cite les lois de Platon et les antiquités de Joseph pour le justifier, parce qu'on y voit que les suicides volontaires étaient privés de toute sépulture honorable, et condamnés au contraire à une sépulture ignominieuse.

D. Qu'est-ce que le suicide volontaire?

R. C'est une détermination atroce qu'enfantent l'orgueil et le désespoir; c'est donc un égal attentat contre la nature, la religion et la société.

D. Comment le suicide volontaire est-il un crime contre la nature?

R. Parce que le suicide détruit l'ouvrage de la nature, contre le sentiment qui l'oblige à le conserver.

D. Comment est-il contraire à la religion?

R. Parce que, devant être soumis à Dieu et à sa divine providence, c'est se mettre en état de révolte contre elle que de s'y soustraire en se donnant la mort.

D. Comment est-il contraire à la société?

R. Parce que nous devons servir la société, et que, par conséquent, c'est une désertion de son poste et de son devoir que de s'arracher la vie.

D. Mais le suicide ne paraît-il pas trouver son excuse dans quelques causes qui y déterminent, comme le dégoût de la vie, des pertes sensibles et irrémédiables, la ruine, l'infamie?

R. Aucune de ces causes ne peut le rendre excusable.

D. Que dites-vous pour le dégoût de la vie?

R. Que celui qui a un véritable attachement à ses devoirs ne peut l'éprouver.

D. Comment expliquez-vous que les pertes ne sont pas une cause d'excuse, pour celui qu'elles ont réduit au désespoir?

R. Il faut envisager les pertes dans leur objet.

Si elles sont dans la mort de quelque personne qui fut le sujet du plus tendre attachement, il faut

considérer qu'elle était mortelle, et que tout attachement pour les personnes doit reposer sur cette
idée, que tout être qui est dans la vie peut en sortir à tout instant; que c'est une condition contre
laquelle il n'y a point de retour; que la douleur qui
en est l'effet, est dans les maux de la vie, pour lesquels
la nature nous donne la patience et la résignation.

Si les pertes sont des biens du monde qui nous
sont enlevés, il faut réfléchir qu'ils ne nous sont
que prêtés, et que la Providence qui les donne
les reprend de même; que la ruine peut se supporter et même se réparer; qu'il ne faut donc que
de la force pour soutenir un tel coup.

D. Mais au moins la crainte de l'infamie peut
être un motif excusable?

R. Il faut l'examiner par rapport à sa cause, qui
est hors de nous, ou en nous.

Si la cause est hors de nous, c'est-à-dire, si elle
a sa cause dans des circonstances qui ne peuvent
nous constituer coupables, soit qu'elle se rapporte
à des délits factices, soit qu'elle vienne de l'injustice ou de l'erreur, forts de notre innocence, elle
n'est pas une véritable infamie, et ne peut nous réduire à un tel désespoir; c'est alors le cas d'en appeler à la constance avec laquelle tout homme
sage doit savoir supporter le malheur.

Si elle a pour cause nos crimes, l'infamie est déjà
encourue; de quelque manière que se termine notre vie, la mort ne peut en préserver; et, au sur-

plus, soumis à la volonté de Dieu, nous ne pouvons fuir sa justice, nous pouvons la désarmer en nous résignant à notre sort, au lieu qu'en voulant nous y soustraire par une mort volontaire, nous aggravons notre tort par un nouveau crime.

D. Cependant Puffendorf et d'autres, ont paru regarder le suicide comme excusable pour cette cause?

R. Il nous paraît que c'est une contradiction dans leur doctrine, car ils ont professé comme nous que l'homme est soumis à la volonté de Dieu; il ne peut donc pas se mettre en révolte contre le sort auquel il est dévoué, surtout s'il l'a mérité; il ne faut qu'un grand courage pour le supporter, et l'on rejette ce courage en se réfugiant dans le sein de la mort, qui perd en un instant toutes les ressources.

D. Mais n'a-t-on pas dit que c'était un courage que de se donner la mort?

R. On l'a dit à grand tort; c'est plutôt un acte d'une véritable lâcheté, car la mort n'est embrassée que comme un moyen prompt de finir ses misères.

D. Expliquez cette pensée que le suicide est un acte de lâcheté.

R. Qu'est-ce en effet que le courage? c'est une abnégation généreuse de soi-même pour procurer un grand bien; le suicide, au contraire, n'envisage que soi, qu'il préfère à soi-même souffrant un mal qui l'afflige et l'humilie, supporterait-il une mort lente et accompagnée de supplice? Non : il étudie, au contraire, le coup qui doit lui procurer la mort la plus prompte et la moins douloureuse.

C'est donc une véritable lâcheté; car la lâcheté, c'est l'abandon des devoirs pénibles et de tout sentiment du bien. Le désespoir qui porte à se dévouer à la mort n'est-il pas un abandon de soi-même et de tous les sentimens et les devoirs de la nature?

D. Mais au moins ne peut-on pas recevoir pour motif le dégoût de la vie, et n'est-il pas regardé comme une maladie qui ôte l'usage de la raison?

R. Du moins il entraîne dans un état de marasme trop commun chez les Anglais, et qui, comme le témoigne un de nos plus célèbres publicistes, y est considéré comme une maladie qui ôte l'usage de la raison. Mais il faut réfléchir que tout vice invétéré dans le cœur devient une maladie qui ôte la raison. Cependant ce n'est pas cette espèce de dérangement d'esprit qui excuse le crime : l'ivresse, qui ôte aussi la raison ou la dérange, ne l'excuse pas davantage.

Il faut remonter au principe dans lequel on a été le maître de prendre les moyens d'éviter de tomber dans cet état, comme on est maître de ne pas boire ou de ne boire que modérément, et de ne pas s'enivrer.

D. Cependant le même auteur atteste aussi que

cette situation est si naturelle, que des Anglais se tuent au sein du bonheur.

R. Cette assertion est une rêverie indigne d'un auteur aussi grave. Qu'il soit vrai que des Anglais fort au-dessus du besoin, et à qui il ne manque rien du côté des richesses et de la considération, se tuent, cela prouve seulement que le bonheur n'est pas pour tous, et n'était pas pour eux, dans les biens et la considération. On n'a pas constaté que des personnes, en Angleterre plus qu'ailleurs, se soient tuées vivant constamment dans la pratique de toutes les vertus; et c'est là seulement où l'on peut dire que l'homme est véritablement au sein du bonheur.

D. Rien ne peut donc justifier le suicide?

R. Non. Sous quelque rapport qu'on l'envisage, c'est un véritable crime, une offense à la religion et à la raison.

D. Mais est-ce un crime dont la punition soit du ressort des lois humaines?

R. Si l'on consulte les anciennes traditions suivies dans notre jurisprudence antérieure aux nouvelles lois, on trouvera la privation de la sépulture; les lois de l'église l'ont adoptée, et c'est leur principe qui a été suivi dans notre ancienne législation. Mais ce que l'on ne peut refuser, c'est qu'il ne peut être puni sans avoir été jugé. Or, dans toute jurisprudence raisonnable, on ne peut procéder contre une personne morte, à raison de son crime. Les morts n'appartiennent qu'au jugement de Dieu. Dans le doute si le suicide a été volontaire ou commis dans l'accès d'un vrai délire, il ne faut considérer que les actes de la vie du mort jusqu'à ce moment sinistre, pour déterminer la considération qui peut lui être due dans les derniers devoirs.

D. Le suicide doit donc être considéré comme toléré, puisqu'il doit rester impuni?

R. Nous sommes réduits à de simples vœux pour qu'il puisse être mis un terme à cette fureur, qui croît en raison du relâchement des sentimens de religion et de la morale qui n'est que trop visible.

Art. III. *De la juste défense de soi-même.*

D. Quel est le droit qui naît dans l'ordre naturel du devoir de notre propre conservation?

R. C'est la juste défense de soi-même; les lois civiles l'admettent comme une excuse légitime du meurtre qui en a été la suite nécessaire.

D. Doit-on envisager ce droit par rapport à l'état de nature?

R. C'est bien être en état de nature que d'y être réduit; mais c'est relativement à l'intérêt de la société que ce droit doit être envisagé, parce que l'état de société est institué pour faire cesser tous actes de guerre entre les hommes.

D. La société n'ôte-t-elle même pas l'occasion de la juste défense de soi-même?

R. Elle l'ôte, en ce qu'elle offre des moyens de défense civile ou de refuge, qui doivent être épuisés ou n'être pas praticables pour en venir à l'emploi de la force; elle n'est qu'un moyen extrême, et ne se justifie qu'autant que l'homme assailli n'a eu ni le temps, ni le lieu, pour implorer le secours de l'autorité publique.

D. Quelle est donc la règle pour que le droit de la légitime défense soit justement employé?

R. Il faut trois circonstances.

La première, des voies de fait dirigées contre nous et de nature à mettre notre vie en danger.

La seconde, que l'on n'ait pas été en temps et lieu d'appeler le magistrat, ou agent de l'autorité publique, ou d'autres personnes à son secours.

La troisième, que l'on n'ait eu aucun moyen de se tirer autrement du danger.

D. La juste défense de soi-même ne s'étend donc pas à d'autres circonstances que celle d'une attaque qui met notre vie en danger?

R. Non, ce danger pour notre vie est rigoureusement nécessaire; et, quoi qu'on en ait dit, la vengeance des outrages n'est pas dans ce droit de la légitime défense de soi-même, ni dans le droit humain, ni même dans le droit naturel; elle appartient à la réparation des torts.

D. La deuxième condition est-elle aussi rigoureusement nécessaire?

R. On ne peut pas en douter; et ce serait renverser toutes les bases de la civilisation, que d'admettre un droit de repousser l'attaque par la force, en négligeant le recours à la loi.

C'est cette règle que l'on a suivie dans le droit civil, en mettant, pour causes qui excusent le meurtre sous ce rapport, les tentatives de violence et de vol pendant la nuit, caractérisées par des effractions extérieures à une habitation et aux meubles qui en dépendent, comme l'entrée de nuit dans un lieu clos; la loi suppose, dans ces différentes atteintes, une attaque contre le maître dépourvu de tout moyen de défense, autre que celui de repousser l'attaque par la force.

D. Quels sont les faits que suppose la troisième condition?

R. Ils sont indéfinis; on a examiné si la fuite en serait un, et si l'on devrait condamner celui qui se serait défendu, lorsqu'il pouvait échapper par la fuite.

On a pris avec raison en considération la difficulté, et le défaut de sûreté de la fuite.

Mais ce qu'il faut dire, c'est qu'une personne attaquée doit, autant qu'il est humainement et moralement possible, ne négliger aucun moyen d'éviter la nécessité de tuer; c'est, au reste, à ceux qui ont à faire l'application du principe, à apprécier les circonstances.

Art. IV. *Du duel.*

D. La provocation du duel, l'acceptation du duel, entrent-elles dans le droit de la juste défense de soi-même?

R. Tout ce que la raison naturelle nous dit, c'est que la juste défense de soi-même n'admet aucune espèce de préméditation; or, dans le duel, il y a une double préméditation qui a précédé le meurtre, s'il a eu lieu.

D. Qu'est-ce que le duel, et comment y a-t-il une double préméditation nécessaire?

R. C'est une vengeance tentée par une personne qui se tient pour offensée, et qui y met l'espèce de générosité d'y sacrifier sa vie, en la mettant dans une chance égale avec celle de l'adversaire dont il veut tirer cette vengeance; voilà le vrai point du côté de celui qui provoque; or, la loi naturelle et la religion défendent également, et la vengeance préméditée, et de se jouer de sa vie en l'exposant sans nécessité.

D. Mais celui qui est provoqué est-il dans la même faute?

R. Le duel, du côté de celui qui l'accepte, est une persévérance dans l'offense, en s'exposant à la chance plutôt que d'avouer et de réparer son tort.

ou de s'en justifier; ce procédé n'est pas moins
contraire à la nature et à la religion, qui d'ailleurs
font une obligation de réparer son tort.

D. Il faut donc conclure de ces explications, que
le duel est défendu par les lois de la nature et de
la religion.

R. Cela n'est pas douteux, et il s'ensuit que le
meurtre qui peut y être commis n'est point excusable, et est perpétuellement un crime.

D. Mais cette prohibition est-elle la même dans
l'ordre civil?

R. On peut dire peut-être que cela ne peut se
décider qu'en ayant égard aux mœurs qui semblent y avoir donné naissance, et l'avoir toujours
autorisé.

D. Comment nos mœurs ont-elles donné naissance au duel?

R. Parce qu'en remontant aux temps anciens,
on voit que chez nos ancêtres, peuples belliqueux,
toutes les querelles se vidaient par le combat; il
devint même un moyen de terminer les procès en
suppléant aux preuves qui manquaient.

D. Comment un ancien usage des combats, au-
torisés et même judiciaires, a-t-il fait naître l'usage
des duels?

R. En faisant naître le point d'honneur, qui en
est la cause; cela est venu de ce qu'en réglant les
armes pour les combats, on distingua les nobles des
vilains, en ne donnant l'arme et l'armure qu'aux

premiers, et en réduisant les derniers à ne combattre qu'au bâton et la face découverte; d'où un coup sur la figure, ou un coup de bâton, devint une insulte qui ne put se laver que dans le sang; c'est ce qui a créé le point d'honneur.

D. Le duel n'a-t-il point été prohibé?

R. Oui, par les anciennes lois, qui, à cet égard, remontent à plus de deux siècles; mais elles n'ont point eu de succès, et la révolution paraît les avoir fait comme tomber en désuétude, puisqu'elles ne sont pas rappelées; c'est du moins un point en controverse devant les cours de justice.

D. Mais ces lois n'ont-elles jamais été abrogées?

R. Non, sans doute; mais il est difficile de les appliquer, et il n'y a que la puissance législative à invoquer.

D. Quelle serait la base d'une nouvelle législation?

R. C'est qu'en principe de droit naturel, la fureur des duels est jugée; que la provocation et l'acceptation sont l'une et l'autre des crimes, puisque l'une et l'autre sont un mépris de la loi, et le vœu de se faire justice à soi-même; qu'en conséquence, le meurtre qui s'ensuivrait n'y saurait trouver d'excuse.

D. Suffirait-il d'une loi ordinaire qui rappellerait les anciennes lois?

R. Non, puisqu'elles se sont toujours montrées insuffisantes, il faudrait attaquer le préjugé même,

en rappelant tous les sujets à l'égalité constitutionnelle.

D. Comment cela pourrait-il se faire?

R. En statuant une peine sévère, comme l'interdiction civique, même l'exil, 1°. contre toute personne qui aurait provoqué par une insulte outra-
geante; 2°. contre tout offensé qui, au lieu de poursuivre ce délit, aurait provoqué le duel.

3°. Contre toute personne provoquée qui, ayant
tort ou non, n'aurait pas dénoncé la provocation à
la justice au lieu de l'accepter, son offense ne pouvant lui être imputée pour la peine au cas de cette
dénonciation de la provocation.

Et enfin, en déclarant que le meurtre commis
en duel serait poursuivi comme assassinat avec
préméditation.

CHAPITRE III.

Du devoir de cultiver la vertu.

D. Comment entend-on la vertu dans ce chapitre?

R. La vertu est la nourriture de l'âme; elle consiste dans une disposition à faire le bien, qui embrasse toutes les habitudes, toutes les situations.

D. On se propose donc dans ce chapitre d'analy-
ser toutes les manières dont la vertu, prise ainsi
en général, peut s'accomplir?

R. Non : on doit au contraire réduire cette tâche à montrer les vertus plus essentielles à notre bonheur, et qui appartiennent à la morale universelle.

D. Quelles sont ces vertus?

R. La justice, la tempérance et la bienfaisance.

§. Ier. *De l'amour et du devoir de la justice.*

D. Comment s'expliquent l'amour et le devoir de la justice?

R. Tout est renfermé dans ces deux préceptes : de n'offenser personne, de rendre à chacun ce qui lui appartient.

D. Comment ces préceptes sont-ils remplis?

R. Par la réparation des torts, par la restitution de ce que l'on peut avoir à autrui, et par l'accomplissement de ses obligations.

Art. Ier. *De la réparation des torts.*

D. Qu'entend-on par les torts?

R. C'est tout ce qui blesse quelqu'un dans sa personne ou ses biens.

D. En quoi consistent les torts qui blessent la personne.

R. Ce sont les injures, les insultes personnelles et la diffamation ; ce sont encore les coups, les blessures, le meurtre, en tant que l'on peut en faire quelque réparation.

D. Quels sont les torts dans les biens?

R. Ce sont le vol, l'usurpation, les dommages.

D. N'y a-t-il pas quelque distinction à faire dans les torts résultans des dommages?

R. On doit distinguer ceux provenant de la malice ou du dessein de nuire; ceux provenant de l'imprudence, ou de l'ignorance de ce que l'on était tenu de savoir.

D. Ne répond-on que des dommages que l'on a causés de l'une ou l'autre manière?

R. On répond encore de ceux qui, quoique non causés par notre faute, sont occasionés par des choses qui sont dans nos biens ou qui viennent de personnes placées sous notre direction et dont nous répondons.

D. Comment les injures peuvent-elles se réparer?

R. Selon leur nature et le tort qui peut en résulter.

D. Comment la diffamation oblige-t-elle?

R. Elle oblige à une réparation qui se mesure sur l'étendue de ses effets. On verra, dans un article suivant, comment la considération est un bien précieux, nécessaire à respecter, et comment elle est injustement attaquée.

D. Qu'y a-t-il à dire sur les coups, les blessures et le meurtre?

R. Qu'ils sont dans l'ordre des crimes punis par la justice civile, mais qu'il y en a qui, quoique non soumis à cette action de la justice, n'obligent pas moins à toute la réparation possible.

D. N'y a-t-il à cet égard ni exception, ni distinction?

R. On distingue les blessures et le meurtre qui sont causés par accident imprévu, et l'on regarde comme tel tout ce qui résulte de ce que l'on a fait avec le droit de le faire, et sans avoir omis les précautions requises pour éviter l'accident; c'est ce qui est développé dans les explications.

D. Quelles sont les questions générales qui ont le plus occupé dans cette matière?

R. Deux questions ont été principalement agitées.

La première : si quelqu'un peut être responsable du mal fait par un animal qu'il a en son pouvoir, et qu'il n'a pas été le maître d'empêcher.

La seconde : si l'on peut prétendre des dommages sur les biens d'un insensé, par le dommage qu'il a causé, et que l'on n'a pas été dans le cas de prévenir.

D. Quelle peut être la résolution de ces questions?

R. On a nié sur l'une et sur l'autre l'obligation de répondre du dommage, en voulant que l'on regardât comme cas fortuit le fait de l'insensé, même d'un animal non dompté.

Mais nous tenons pour règle qu'il s'agit moins

dans ces cas de responsabilité, que de l'obligation que chacun a de souffrir sur ses biens la déduction du tort fait aux autres, quand même il serait innocent.

Ceci s'applique à l'insensé, et est d'autant plus juste, que la garantie que la société lui donne de ses propriétés l'oblige aux lois de la société; on peut dire seulement qu'on ne doit pas permettre d'attaquer pour l'indemnité ce qui est nécessaire pour sa subsistance. Quant à l'animal, soit que vous l'ayez pour votre utilité ou votre plaisir, c'est votre chose, et lorsqu'elle fait quelque tort, vous devez le réparer; cela est plus développé dans nos explications.

Art. II. *De la restitution de ce que l'on a à autrui.*

D. Les cas où l'on doit la restitution sont-ils évidens par eux-mêmes?

R. Ils ne peuvent être douteux que pour ceux qui se plaisent dans l'équivoque des subtilités de l'intérêt personnel. L'orateur philosophe de Rome enseigne qu'il ne faut pas s'arrêter au doute sur la justice ou l'injustice d'un fait, parce que la justice se manifeste d'elle-même, et que le seul doute montre un vœu trop voisin de l'injustice.

D. Qui sont ceux pour qui l'on fait de cette obligation un point de morale?

R. Ce ne sont ni les voleurs, ni les dépositaires

infidèles que la justice civile peut atteindre, mais c'est pour toute personne qui sait avoir ce qui ne lui appartient pas et le retient; cette personne est hors des voies de la justice.

D. Mais n'y a-t-il pas beaucoup de difficulté dans la restitution?

R. Il est vrai qu'il y a bien des cas où l'on a pu être exacteur et retentionnaire sans que personne en particulier ait à réclamer la restitution; tels sont les commerçans infidèles, les monopoleurs de de toute espèce, ceux qui abusent des moyens de leur profession, même de leur talent, pour exiger au-delà de ce que la justice admet.

D. Quel moyen y a-t-il, dans de tels cas, pour purger l'injustice par la restitution?

R. On ne peut qu'approuver ceux qui attribuent aux indigens ce qui est à restituer : ce sont eux qui représentent naturellement la société lésée par de telles injustices.

Art. III. *De l'accomplissement de nos obligations.*

D. Qu'entend-on par l'obligation?

R. C'est la nécessité qui nous est imposée de faire ou de ne pas faire certaines choses à l'égard de certaines personnes ou à l'égard de tous.

D. D'où procèdent les obligations?

R. De deux sources : de la nature, ou des faits de

l'homme; ce qui fait distinguer celles naturelles et celles contractées.

D. En quoi consistent celles naturelles?

R. Elles consistent à ne pas violer le droit naturel dans les autres ou à le respecter.

D. Quel est le droit naturel dont on parle ici?

R. C'est le droit égal de chacun de jouir des dons de la nature non retranchés par les lois.

D. Quel est le premier et le principal de ces droits?

R. C'est l'égalité naturelle.

D. En quoi consiste-t-elle?

R. Elle consiste en ce que les hommes sont égaux par les lois de la nature; la société a dérangé cette égalité, mais elle a aussi ses lois générales qui, comme celles de la nature, n'admettent point d'inégalité entre les hommes; c'est le fondement du principe de l'égalité devant la loi.

D. N'y a-t-il point d'autre don de la nature qui soit dans les droits à respecter?

R. Il y a aussi la liberté naturelle.

D. En quoi consiste-t-elle?

R. Elle consiste dans le droit de faire tout ce qui n'est défendu ni par les lois naturelles, ni par celles positives; de conserver la liberté de sa pensée et la faculté de l'exprimer hautement, en ne violant pas les lois de la société.

D. L'obligation de respecter les droits d'autrui se borne-t-elle à ces deux chefs?

R. Non; elle consiste encore en ce que l'on ne doit point porter d'atteinte ni à l'honneur, ni à la considération d'autrui.

D. Qu'est-ce que l'honneur et la considération?

R. L'honneur, c'est tout notre état, l'estime de notre probité : la considération est quelque chose de plus; c'est l'estime à laquelle nous aspirons relativement à l'état, au rang, à la profession que nous occupons ou que nous exerçons dans la société.

D. Comment porte-t-on atteinte à l'honneur et à la considération?

R. C'est en attaquant par ses discours ou ses écrits une personne sous ces différens rapports, l'un sous le rapport général de la probité, l'autre sous celui de la fidélité dans les devoirs qu'imposent ses fonctions ou sa profession. C'est assurément commettre une grande injustice, puisque, en lui enlevant sa considération, on détruit son état et sa consistance.

D. Tout reproche que l'on peut faire donne-t-il le droit d'attaquer quelqu'un dans son honneur et sa considération?

R. Non; il y a des torts qui ne donnent pas ce droit, parce que l'homme le plus studieux des devoirs de son état et le plus attentif n'est pas pour cela exempt d'erreurs.

D. Quels sont donc les cas où de tels reproches peuvent être justes?

R. C'est lorsqu'ils attaquent l'infidélité prouvée, comme l'esprit de fraude et de charlatanisme manifestes, ou des délits constans ; mais, dans ces cas, il faut que l'attaque soit dirigée par les moyens et dans les formes que la société a établis pour cela.

D. Quelles sont les obligations contractées, et comment doivent-elles être remplies ?

R. Comme elles résultent de faits et d'intérêts qui se compliquent dans la société civile, elles sont susceptibles d'un détail infini dont les principaux résultats trouveront leur place dans la suite de ces élémens.

§. II. *Du devoir de la tempérance.*

D. Que comprend cette vertu ?

R. C'est la partie morale de l'obligation de veiller à notre conservation ; elle comprend la nécessité de nous instruire, la tempérance proprement dite, ou le légitime usage des biens et des plaisirs, et la modération.

Art. Ier. *Du soin de notre âme, et de la nécessité de l'instruction.*

D. Quels sont les objets les plus nécessaires de l'instruction ?

R. Ces objets sont la religion, les sciences et les arts, et tout ce qui contribue au bonheur de la vie et au bien de la société.

D. Comment peut-on s'instruire dans la religion?

R. En se portant avec une bonne volonté constante à l'étude de tout ce qui est enseigné, soit comme dogme, soit comme précepte de la religion à laquelle on est attaché, et que l'on professe.

D. Où puise-t-on ces instructions?

R. On les puise dans les livres saints, ou en les recevant des ministres du culte dans leurs fonctions, ou dans des entretiens particuliers.

D. La religion n'enseigne-t-elle pas aussi les devoirs de la morale?

R. Oui; ces mêmes vérités que nous exposons sur les devoirs, sont aussi dans ses instructions et son langage, et elle donne à la vertu un motif qui élève l'âme, en la faisant aimer.

D. Mais n'a-t-on pas prétendu que la morale, autre que celle de la religion, lui était contraire?

R. C'est un malentendu; il n'y a pas deux morales, et, loin d'être contraire à la religion, elle vient à son appui, en montrant la vertu comme puisant son motif dans l'intérêt de l'humanité, et ayant son fondement dans la création et la nature de l'homme : en nous montrant Dieu comme son créateur, elle nous montre par conséquent la religion comme son appui. La morale et la religion sont sœurs, et sorties des œuvres du même Créateur. Il est donc seulement certain qu'il ne faut pas regarder la morale comme indépendante de la religion, parce qu'elle s'élève et fait plus de fruits avec son appui; d'ailleurs il n'y a point de vraie morale sans sentimens religieux.

D. La vertu est-elle dépendante des pratiques extérieures de la religion?

R. Non; il ne faut pas confondre avec la religion ou la morale religieuse les pratiques de la dévotion qui vont jusqu'à la superstition, et qui, réduisant tout aux actes extérieurs, tendent plus à affaiblir la morale dans la religion qu'à l'élever et l'agrandir. Les pratiques de la dévotion sont plus faciles que celles de la vertu.

D. Quel est le deuxième objet nécessaire de l'instruction?

R. C'est celle dans les sciences et les arts.

D. En quoi consiste-t-elle?

R. Elle doit consister d'abord à choisir et préférer celles des sciences qui sont plus utiles, et à exclure celles de pure curiosité et sans application réelle, qui sont celles dont le charlatanisme sait si bien faire son point d'appui.

D. Comment peut-on apprécier l'utilité des sciences?

R. Selon leur rapport avec l'état où l'on se trouve. Les sciences spéculatives et les arts agréables ne peuvent convenir qu'à ceux que leur fortune acquise met au-dessus des besoins de la vie : les autres et les arts utiles doivent se rapporter à l'exercice de quelques professions ou aux fonctions de quelque emploi dans les services de l'administration publique.

Comme il y a peu de personnes qui puissent se passer d'embrasser une profession utile, chacun a l'obligation, en en faisant le choix, de s'appliquer à l'étude des choses nécessaires pour y parvenir.

Art. II. *De la tempérance proprement dite, ou du légitime usage des biens et des plaisirs.*

D. Qu'est-ce qui donne la règle du légitime usage des biens et du plaisir?

R. C'est la conformité au but de la nature qui les crée.

D. Quel est le but de la nature dans le don des biens et l'attrait du plaisir?

R. Il est double : d'une part, il consiste à soutenir notre existence et à assurer notre conservation; d'une autre part, la nature tend, par l'attrait du plaisir, à la reproduction.

D. Quels sont les devoirs qui résultent de la nécessité de cette conformité au but de la nature?

R. Deux : la sobriété et la continence.

De la sobriété.

D. Quel est le principe du devoir de la sobriété?

R. La nature, en produisant les objets qui servent à notre subsistance, les a laissés libres; mais ils se sont, comme tous les biens, répartis avec une grande inégalité, les uns en ayant avec profusion et au-delà du besoin, d'autres en manquant tout-à-fait : d'ailleurs, parmi ces objets, il y en a qui sont moins pour satisfaire au besoin que pour flatter le goût et le remplir de délices; c'est à cette surabondance et à cette délicatesse que se rapporte le devoir de la sobriété.

D. Qu'est-ce qui s'oppose à la sobriété?

R. C'est l'excès dans l'usage des mets et des boissons.

D. Comment cet excès est-il vicieux?

R. Parce qu'il devient une habitude qui maîtrise nos facultés, et nous met dans un véritable esclavage.

D. Quelle en est la suite ?

R. Que tout s'oublie, sentimens nobles, amour du bien et de la vertu, rapports sociaux, tout est perdu. L'homme livré à cette passion n'a plus que lui seul en vue; il est seul dans la nature ; elle n'est plus pour lui que le magasin des matières qui alimentent son intempérance ; son cœur est fermé à toute affection douce, et les ressources de son esprit sont anéanties.

D. La sobriété est-elle un devoir difficile?

R. Loin de là, elle est naturelle à l'homme, à qui il faut peu pour remplir ses besoins. On n'est donc dans un état contraire que pour s'être laissé aller à des habitudes non assez surveillées.

D. L'intempérance n'a-t-elle pas d'autres suites

sur nous, qui accroissent l'intérêt de l'éviter ou de la corriger?

R. Elle est une source certaine de beaucoup de maux et d'infirmités qui rendent la vie pénible, et même qui abrégent les jours.

De la continence.

D. Quel est le principe du devoir de la continence?

R. C'est que l'attrait du plaisir n'ayant pour fin que de nous reproduire, il ne doit point engager dans des voies de plaisir qui n'y soient pas conformes.

D. Comment devons-nous tendre à cette fin de notre reproduction?

R. Ce n'est pas par la simple union des sexes, mais c'est par l'union raisonnable, qui est le mariage, lequel est précédé du choix, et doit être persévérant.

D. Quel en est l'objet ou l'intérêt?

R. Le mariage a pour double fin le bonheur des époux, et la procréation et l'éducation des enfans.

D. Les plaisirs de l'amour ne sont donc permis que dans le mariage?

R. C'est ce que prescrivent, et la nature de l'homme, et l'intérêt de la société.

D. On doit donc s'en abstenir aussi long-temps

que les convenances ne donnent pas ouverture au mariage?

R. Cela est d'autant plus nécessaire que le mariage ne peut pas être permis dans les premiers temps de l'adolescence, sans de grands inconvéniens.

D. Mais cette retenue n'est-elle pas un devoir trop difficile?

R. Non; il suffit des sentimens de la religion et du conseil de la raison, qui ordinairement sont le fruit d'une éducation sage, pour s'y dévouer volontiers; il faut, au reste, s'abstenir de tout ce qui tend à corrompre le cœur, ou à enflammer l'imagination, comme lectures et images licencieuses; fuir l'oisiveté, c'est-à-dire l'absence de toute occupation; enfin, il suffit de se représenter les dangers de l'oubli des devoirs.

D. Quels sont ces dangers?

R. C'est de tomber dans les écarts de l'amour déréglé, ou du libertinage et de la débauche.

D. Quelles sont les suites d'un amour déréglé?

R. L'amour déréglé, c'est-à-dire, détaché des vues légitimes du mariage, entraîne dans des fautes graves, et qui même deviennent des crimes: soit qu'en corrompant par la séduction une jeune fille, on la précipite dans un état qui fait le malheur de toute sa vie; soit qu'en détournant une femme de son devoir dans le mariage, on précipite l'union même dans le trouble affreux de la rupture entre les époux, du doute jeté sur l'état des enfans; enfin du malheur sans terme, et des époux eux-mêmes, et de la famille entière.

D. Quelles sont les suites de l'esprit de libertinage?

R. C'est d'enchérir sur les maux que l'on vient de peindre en les multipliant, car le libertinage est un état d'hostilité contre toutes les femmes. L'amour injuste ne rend coupable qu'envers celles que l'on a su y entraîner; le libertinage rend coupable à tous instans et envers toutes, le libertin n'étant occupé que de leur arracher l'honneur et le repos.

D. Quelles sont les suites du vice de la débauche?

R. Elles sont affreuses : la bassesse des rapports, l'entraînement dans le crime, des maladies honteuses, et surtout la dégradation entière de son être.

D. N'y a-t-il pas encore pour le libertin et le débauché, quelque inconvénient qui regarde sa vie entière et tout son être?

R. C'est que le libertinage, la débauche n'excluent pas l'amour, c'est une passion aveugle; qu'est-ce donc si la pratique de ces vices vous entraîne jusqu'à une union dont le déshonneur et les suites les plus funestes vous plongent dans des chagrins qui forment désormais le tissu de vos jours, supposé que vous ne soyez pas tombé déjà dans l'insensibilité la plus dégradante?

Art. III. *De la modération.*

D. Qu'est-ce que la modération?

R. C'est une habitude de l'esprit qui s'applique à composer tous les mouvemens de l'âme pour la préserver des excès de ses affections, qui peuvent en bannir la tranquillité. Elle est nécessaire pour arrêter la fougue des passions, d'où naissent les vices les plus dangereux.

D. Quels sont les vices auxquels il est plus nécessaire de l'opposer?

R. Ce sont l'ambition, la colère et la haine.

D. L'ambition est-elle toujours vicieuse et blâmable?

R. Non. Il est une ambition permise, même louable, celle de se distinguer dans la carrière où l'on est engagé, et de servir utilement le prince et la patrie.

D. Quelle est donc l'ambition qu'il faut retenir par la modération?

R. C'est cette ardeur inquiète dans laquelle on veut à tout prix s'élever au-dessus du rang où l'on se trouve placé.

D. Quel est l'effet de cette ambition, en quoi elle est dangereuse?

R. Elle est incompatible avec la tranquillité de

celui qui en est tourmenté, elle tend à troubler la tranquillité publique; c'est d'elle que sortent, dans les troubles d'un état, ces brouillons toujours prêts à tout renverser, et qui forment les partis qui ont toujours un intérêt en la place de celui de la chose publique.

D. Quels sont les vices de la colère et de la haine que la modération doit arrêter?

R. La colère et la haine sont souvent les effets de l'ambition, qui veut écarter tout ce qui s'oppose à elle; elles en sont les suites funestes, en rendant ceux qu'elles agitent capables des plus grandes injustices: ce n'est pas seulement la colère d'accès qui souvent cause de grands ravages, et va jusqu'à faire commettre des crimes qu'elle n'excuse pas; mais il s'agit de cette colère réfléchie que la haine accompagne toujours, ce qui porte autant à l'inhumanité et à la cruauté qu'à l'injustice.

§. III. *De la bienfaisance.*

D. Comment la bienfaisance est-elle une vertu morale qui entre dans nos devoirs?

R. C'est la disposition où l'on est de servir l'humanité dans toute occasion où l'on peut contribuer au bien général de la société, ou au bien particulier de tous ceux qui la composent; cette vertu est même un devoir dans beaucoup de situations de la vie.

D. Comment est-elle un devoir?

R. Elle est un devoir dans les personnes qui sont obligées à procurer le bien-être des autres, et dont on ne peut pas renfermer le zèle et la bonne volonté dans des limites certaines, comme les devoirs de la paternité, de ceux qui exercent des professions dont les occupations sont des services publics; cependant, ce qui regarde les pères, les magistrats, méritant d'être traité à part, on ne le renfermera pas dans ce chapitre.

D. Quelles sont les applications que l'on peut se proposer ici?

R. On appliquera les devoirs de la bienfaisance aux obligations des instituteurs de la jeunesse, des professeurs des sciences et arts, aux maîtres envers leurs serviteurs, enfin aux offices communs de l'humanité, comme les secours dans les accidens publics et particuliers qui ont des dangers; le soin des indigens et des établissemens qui s'y rapportent entrent aussi dans ces devoirs; enfin tous les services que l'on peut se rendre mutuellement, sans qu'il en coûte le sacrifice des biens acquis.

Art. Ier. *Des instituteurs de la jeunesse.*

D. Quelle est l'espèce d'engagement compris sous ce titre?

R. C'est une fonction dont on fait une profession, sans attacher à son objet peut-être toute l'importance qu'il a en lui-même : cela peut être témoigné par la légèreté avec laquelle ce rapport est traité, et par ceux qui s'y adonnent, et par ceux qui y mettent leur confiance.

D. N'y a-t-il pas une responsabilité attachée à cette fonction?

R. Elle n'est que morale; il serait à souhaiter qu'elle pût se renfermer dans des termes propres à lui donner un effet réel.

D. Quel est l'engagement que prend l'instituteur envers les parens?

R. Celui de remplacer chaque père de famille qui lui confie ses enfans : il s'engage à suppléer ses soins.

D. En quoi doivent consister ses soins?

R. A considérer que chacun de ces enfans qu'on lui confie, est un homme à former pour la société, et en conséquence, à le conduire à la véritable instruction, par les plus sûrs indices de la vérité, et au bonheur, par le chemin de la vertu.

D. Que doit-il faire pour cela?

R. Son premier soin doit être de s'appliquer à connaître chacun de ces enfans, de découvrir en lui les impressions qu'il a déjà reçues, de faire fructifier les bonnes, et de rectifier celles dangereuses; il faut donc une exacte surveillance sur chacun.

D. Mais cette surveillance serait-elle possible sur un grand nombre?

R. Non; mais l'instituteur saura se faire seconder, soit relativement à l'instruction, soit relativement à l'éducation. S'il prend des soins pour avoir, dans ses seconds, de bons grammairiens et des hommes instruits pour les autres degrés ou objets des études, il doit sentir qu'il n'est pas moins important qu'il ait des hommes d'une morale sûre, actifs et laborieux, et qui ne substituent pas le dégoût et les mauvaises habitudes qui le suivent, aux soins assidus et aux autres efforts qu'exige l'accomplissement de leurs devoirs. Il faut, pour les avoir tels sous l'un et l'autre rapport, faire les sacrifices convenables.

D. Quelle est, en dernier résultat, l'importance d'une institution de la jeunesse?

R. C'est un problème dont la solution est fort simple : si l'instituteur rend des élèves non-seulement instruits, mais aussi bien pénétrés des obligations, et bien voués à tous les devoirs que la religion, la nature et la société nous imposent, et disposés à les remplir comme à s'avancer dans les connaissances auxquelles ils sont initiés, c'est un bienfaiteur de l'humanité.

Si, au contraire, il les rend le cœur plein de germes de corruption déjà développés, et l'esprit préoccupé de tout ce qui est inutile et dangereux, c'est un empoisonneur public, qui perd tous les fondemens du bien de la société.

Art. II. *Des professeurs des sciences et d'arts.*

D. Les devoirs des professeurs ne sont-ils pas les mêmes que ceux des instituteurs?

R. Non, ils ne président qu'à l'instruction, et non à l'éducation.

D. Quel est le premier devoir d'un professeur?

R. C'est de n'embrasser, dans la science ou l'art qu'il professe, que ce qui est vrai, bon et utile.

D. Quelle est l'importance de ce point?

R. C'est que rien n'est plus dangereux que les faux documens et les fausses maximes; ils remplissent l'esprit de préjugés toujours opposés au vrai savoir; les documens futiles, et qui ne sont que curieux, abusent l'esprit et s'opposent à toute véritable instruction.

D. Que doit faire en outre le professeur?

R. Il doit être assidu dans ses fonctions, et prendre le soin de veiller à ce qui rend ses leçons profitables.

D. Y a-t-il lieu de prescrire une marche pour cela?

R. La marche la plus sûre est celle tracée par les grands maîtres; et d'ailleurs, dans la plupart des genres d'enseignemens, il y a des réglemens qui la prescrivent, il est plus sûr de s'y assujettir.

D. Quelle est l'utilité à retirer de ces soins?

R. C'est d'inspirer aux jeunes gens qui étudient

le goût du travail et d'une étude assidue, ils doivent surtout leur faire entendre aussi le langage
de la vertu.

D. Doit-on mêler la morale et la religion dans
toute espèce d'enseignement?

R. Lorsque l'on professe une science qui ne s'y
rapporte pas, ce serait abuser du temps et nuire
aux progrès de l'instruction dans la science que
l'on professe, que de faire ainsi hors de propos des
discours étrangers; on doit seulement n'en pas négliger l'occasion dans les sciences surtout qui y
ont trait, et il faut éloigner avec soin tout ce qui
peut y être contraire, ainsi qu'au ton de gravité
qui distingue le caractère du vrai professeur.

Art. III. *Des devoirs des maîtres et des serviteurs
domestiques.*

D. Quelle est la source des devoirs dans ce rapport?

R. C'est une erreur que de les avoir fait dériver
de l'ancien état de l'esclavage : l'état de serviteurs
domestiques n'y a point de rapport, la religion
chrétienne a entièrement aboli l'esclavage parmi
nous; c'est dans le contrat du louage des services
et des œuvres que cet état a tout son fondement.

D. N'y a-t-il pas un rapport de supériorité et de
subordination qui en naît?

R. Oui, ce rapport donne la forme aux devoirs respectifs.

D. En quoi consiste-t-il du côté du maître?

R. La supériorité du maître a un double fondement. Le premier est l'engagement du serviteur qui s'est loué pour être à ses ordres, soit entièrement à l'égard du serviteur de la personne et de la maison indéfiniment, soit pour l'utilité du travail, si c'est l'objet du louage, comme les serviteurs de labour.

Le second, est le droit du maître de maison, à qui il appartient, pour le bon ordre et l'utilité commune, de diriger la conduite de tous ceux qui composent la maison, et surtout d'en prescrire la règle relative aux devoirs de religion et à la morale.

D. Quels sont les engagemens des maîtres qui dérivent de ces droits?

R. Nous les établirons dans trois points principaux. Le premier consiste en ce que le maître doit s'intéresser à son serviteur. Si c'est une personne jeune ou dont l'éducation ait été négligée, elle a besoin d'instruction. Le maître doit veiller à ce que le serviteur la reçoive en l'envoyant aux instructions publiques, ou la lui procurer de toute autre manière.

Le second consiste à veiller, en ce qui peut dépendre de lui, à la sûreté du serviteur; c'est une condition implicite et nécessaire, que de lui procurer les soins communs que la santé demande : on dit les soins communs, pour marquer que cela ne comprend pas les grandes maladies, pour lesquelles il doit seulement veiller aux moyens de les lui faire avoir.

Le troisième consiste en ce que le maître est obligé de veiller à ce que son serviteur ne fasse aucun tort ni dommage à autrui, d'autant même qu'il en est responsable devant la loi civile, pour tout ce qui dépend de son service, et se rapporte à ce que le domestique a fait pour son utilité.

D. Quels sont les engagemens correspondans du serviteur?

R. Le serviteur doit au maître la soumission et le respect; il doit employer de bonne foi tout le temps dû par la nature de son service, et il doit obéir au maître dans tout ce qu'il lui commande, qui est de la nature du service pour lequel il est engagé, et qui n'est contraire, ni à la religion et aux mœurs, ni aux lois.

Art. IV. *Des devoirs respectifs de ceux qui emploient des personnes dans leur profession, et de celles-ci envers eux.*

D. Ces devoirs n'ont-ils pas quelque chose de commun avec ceux des maîtres et serviteurs?

R. Il y a ceux relatifs à la santé, à la religion et aux mœurs, qui se règlent sur les mêmes principes.

Personne ne doit souffrir que la santé de ceux qui vivent dans sa maison s'altère faute de soin, ni que ces personnes vivent dans un parfait oubli de la religion et des mœurs; d'ailleurs, un maître de maison doit toujours veiller à la conduite de ceux qui y vivent; il doit en prescrire l'ordre.

D. Quels sont les engagemens propres du maître dans ce rapport?

R. C'est de veiller à ce que ceux qui travaillent à son état, comme élèves ou apprentis, s'instruisent dans son art ou sa profession, par leur assiduité au travail, et en recevant les leçons pratiques et les exemples qu'il leur donne; il doit aussi leur inculquer les sentimens de probité et de délicatesse qu'il porte lui-même dans l'exercice de sa profession, et qui en font la règle essentielle et l'honneur.

D. Quels sont les engagemens des élèves?

R. Ils doivent au maître de la profession, la soumission et le respect; ils doivent, en outre, de l'assiduité au travail, et de l'attention en s'y adonnant, pour le faire utilement pour lui, comme pour eux-mêmes; enfin, ils doivent garder une fidélité scrupuleuse sur tout ce qui concerne ses intérêts.

Art. V. *Des devoirs de chacun dans les dangers publics et particuliers.*

D. Comment sert-on en général la société?

R. On la sert le plus communément en croyant
ne travailler que pour soi; c'est pourquoi le dessein et la disposition à servir la société pour elle-
même, et par affection pour le bien général, même
en oubliant ses propres intérêts, est une vertu.

D. Est-ce de cette vertu qu'il s'agit dans le devoir que l'on embrasse ici?

R. On peut dire que non, puisque dans toute
occasion de danger où l'on est appelé, on peut se
représenter que l'on peut à tout instant avoir besoin d'un pareil secours pour soi-même; cependant ce devoir est rangé dans les offices communs
de l'humanité, parce que cette idée d'intérêt personnel n'est pas ce qui s'offre alors à l'esprit, et le
zèle y est nécessaire.

D. C'est donc une chose de devoir, que de venir
au secours des autres dans des accidens dangereux.

R. Cela ne peut être douteux, et même la police
civile contraint toute personne qu'elle trouve libre,
à employer tous les moyens de secours qui sont en
son pouvoir.

Art. VI. *Des devoirs de la charité publique et par-
ticuliere.*

D. Quels sont les devoirs dont on s'occupe ici?

R. Ce sont ceux que l'humanité et la religion
recommandent en faveur des personnes qui, étant

dans l'indigence, souffrent des maux trop communs attachés à la vie de l'homme.

D. En quoi consistent-ils?

R. A remplir les fonctions de commissaires et d'administrateurs qui peuvent vous être offertes dans les hôpitaux et établissemens de charité; à cet égard, on ne peut que louer le zèle des personnes les plus considérables qui s'y portent ordinairement d'elles-mêmes.

D. En quoi consistent leurs obligations?

R. Elles sont tracées par la marche de l'administration; mais, en outre, les personnes qui embrassent ces soins doivent penser que la vraie charité ne considère que les malheurs et les souffrances, quelle qu'en soit la source; l'excès des vices ne l'arrête pas, et en soulageant également toutes les souffrances, elle se borne à espérer de pouvoir ramener ceux qui ont été victimes de leurs vices à la reconnaissance des devoirs et de la vertu.

CHAPITRE IV.

De la nécessité de fuir le vice et de le corriger.

D. Comment considère-t-on le vice en général?

R. Comme une maladie de l'âme qui en détruit toute perfection, et qui la dégrade.

D. De quels vices s'occupe-t-on ici?

R. Non de ceux contraires aux vertus expliquées

dans les chapitres précédens, dont la difformité a été assez pressentie, mais des vices généraux qui affectent le caractère, comme l'orgueil, l'envie et l'avarice.

D. Quel est le principe vicieux de l'orgueil?

R. L'orgueil procède d'un mépris des hommes qui a les plus funestes suites pour soi-même, et qui afflige toute la société avec plus ou moins d'étendue, selon le rang qu'occupe celui qui est captivé par ce vice?

D. Quel est celui de l'envie?

R. Ce vice est encore plus nuisible, car il procède de la haine, et tend à détruire tout bien qui l'offense; l'envie infecte tout de son venin, aucun lien de parenté ni d'amitié n'est respecté, tout est sacrifié.

D. En quoi nuit l'avarice?

R. L'avarice retient, pour les avoir seule, tous les biens que la nature a créés pour tous, et qu'elle a disposés pour être répandus parmi les hommes. La pauvreté et la misère, dans lesquelles ce vice plonge l'avare, ferment son cœur à toutes les commisérations; il ne connaît ni les devoirs de la bienfaisance, ni les offices de l'humanité : l'avarice est donc un des vices les plus nuisibles, puisqu'elle fait oublier tous les devoirs.

CHAPITRE V.

Des devoirs des enfans envers leurs père et mère.

D. Ces devoirs ne sont-ils pas le résultat de la puissance paternelle?

R. On ne les envisage pas ici sous ce rapport, on suppose les enfans affranchis de ce lien; ils ont pour fondement la reconnaissance et le respect que les enfans doivent à leurs parens; c'est le devoir commandé par le sixième des commandemens de Dieu qui forment le Décalogue; ils sont dans la nature comme dans la loi divine.

D. A quoi oblige la reconnaissance envers les pères et mères?

R. Elle oblige à les assister, à les secourir dans leurs besoins, et, en outre, à déférer à leurs conseils, surtout dans les occasions qui intéressent le lien et l'honneur des familles.

D. N'y a-t-il pas des devoirs plus précis?

R. Les enfans doivent s'abstenir de toute conduite injurieuse envers leurs parens; ils doivent. à plus forte raison, avoir horreur de toutes voies de fait. Elles sont toujours criminelles, mais leur résultat peut conduire au crime horrible que les premiers législateurs ont omis dans leurs lois, le croyant, ou voulant le faire croire impossible; c'est le parricide.

D. A-t-on pu mettre en question si l'enfant qui a tué son père, dans la nécessité de sa juste défense, est coupable ou non de parricide?

R. Il semble qu'en imitant Solon et Moïse, il eût mieux valu croire l'hypothèse impossible, que de résoudre une semblable question.

D'autant qu'il faut considérer les antécédens, et si ce n'est pas déjà un crime que de se mettre, vis-à-vis d'un père, dans une attitude de défense qui irrite encore.

Une semblable question ne peut donc jamais souffrir son établissement en thèse générale, parce qu'elle dépendra toujours de circonstances qu'il faut examiner avant tout avec le plus grand scrupule.

CHAPITRE VI.

Du mariage et des devoirs des époux.

I. De la nature du mariage.

D. Q'est-ce que le mariage?

R. Le mariage est la première des institutions de la nature, qui a créé les sexes pour former une union qui a pour fin de perpétuer l'espèce humaine, comme les autres, par la naissance des enfans.

D. De quelle nature est cette union?

R. Elle n'est pas une simple conjonction des corps, mais la nature a un tout autre but.

D. Pourquoi dit-on que ce n'est pas une simple conjonction des corps?

R. C'est parce que, s'il en était ainsi, il n'y aurait nulle difficulté à la polygamie des deux côtés, et à la communauté des femmes; or, rien n'est plus contraire au but de la nature dans le mariage.

D. Quel est donc ce but de la nature dans le mariage?

R. C'est qu'il se forme par l'affection des époux dont il doit faire le bonheur pour leur vie, et pour l'intérêt des enfans que les époux doivent non-seulement produire, mais élever; c'est ce qui fait que le mariage est une union qui se forme par le choix et le consentement, et qui est durable.

Le mariage est donc formé par un double intérêt : celui du bonheur des époux, celui de l'éducation des enfans.

D. Quelles sont les questions qui se présentent sur ce point de la nature du mariage?

R. Deux questions : la première, de la pluralité simultanée des époux; la seconde, de la dissolubilité autrement que par la mort.

II. De l'unité du mariage.

D. Comment se présente la première?

R. Elle se présente sous deux faces : d'une part.

si une femme peut avoir plusieurs maris, mais cette question n'a pas un côté soutenable; elle amènerait aussi la communauté des femmes, qui n'offre qu'une monstruosité, puisqu'il n'y a aucun fondement à la paternité, et que, par conséquent, dans un tel système, tous les enfans seraient sans pères.

D. Quelle est l'autre face de la question, et a-t-elle plus d'apparence?

R. C'est la pluralité des femmes pour le mari; elle peut être seule agitée raisonnablement, parce qu'elle n'a pas un semblable inconvénient : elle existe dans plusieurs contrées de la terre.

D. Il y a donc des pays où le mariage est d'un homme avec une femme; d'autres où il est d'un homme avec plusieurs femmes?

R. Oui : ces différentes vues du mariage existent; elles partagent, en quelque sorte, l'Orient, où la pluralité des femmes est permise, et l'Occident, où l'on n'admet le mariage qu'avec une seule femme.

D. Qu'est-ce qui a amené cette différence dans l'institution du mariage?

R. On a voulu l'attribuer à l'influence des climats, mais il suffit de considérer la nature de l'homme pour être convaincu que cette influence n'y a eu aucun rapport; c'est plutôt aux mœurs et à la différence des systèmes de gouvernement, qu'il faut attribuer cette diversité.

D. Laquelle de ces différentes vues du mariage est plus dans l'ordre des lois naturelles, et dans la véritable institution de la nature?

R. Pour le juger, il suffit d'en envisager les suites dans les mœurs, relativement à ce qui convient au principal but du mariage, qui est, comme on l'a dit, le bonheur des époux et l'éducation des enfans; ce double but ne peut être évidemment rempli que dans le mariage d'un seul homme et d'une seule femme, tel que l'Évangile le prescrit, et qu'il s'est établi partout où le christianisme a répandu sa divine doctrine.

III. De l'indissolubilité du mariage.

D. Quelle est la seconde question sur la nature du mariage?

R. C'est celle de sa perpétuité et de son indissolubilité du vivant des époux : on demande si elle est dans les lois de la nature, ce qui n'est pas douteux.

D. Sur quoi se fonde la solution de cette question?

R. Sur les mêmes élémens qui font tout le fondement du mariage, savoir : le bonheur des époux et l'éducation des enfans.

D. Mais ne peut-on pas raisonnablement soutenir que l'on est libre naturellement de renoncer à un lien formé par la volonté, et devenu une chaîne trop pesante?

R. Réduire la question à ce point, ce serait faire du mariage un simple contrat ordinaire, ce qui ne peut être soutenu; c'est une véritable institution de la nature.

D. Mais que sont donc les lois civiles qui ont admis la dissolution?

R. Ce sont des dérogations aux lois naturelles; ce qui le prouve, c'est que les peuples qui les ont admises ne l'ont fait que plusieurs siècles après leur établissement, et qu'il y a eu d'autres peuples, tels que les Gaulois, où non-seulement elles n'ont pas été reçues, mais même où leur admission aurait été en opposition formelle avec leurs coutumes sur les droits du mariage. Une remarque importante, c'est que les lois des Romains, dans l'état primitif, ont reposé sur la presque impossibilité de la rupture du lien.

D. Mais est-ce bien la rupture du lien qui a été admise dans les lois des Hébreux et celles primitives de Rome?

R. Non; c'est la répudiation de la femme, seulement causée par les fautes qu'elle pouvait avoir commises contre la pudicité ou par d'autres vices honteux.

D. L'indissolubilité n'est donc pas une loi particulière de l'Évangile?

R. Du moins l'on peut dire que l'interprétation

donnée par les Pères de l'Église aux paroles de l'É-
vangile, ne paraît qu'une juste conséquence de ces
considérations sur le mariage dans l'ordre moral.

D. Mais ne peut-on pas objecter que, dans le cas
du crime de l'un des époux qui rompt l'union et
en fait cesser les effets, il n'est pas juste que l'époux
fidèle souffre de l'injustice de l'époux coupable, et
soit privé de chercher son bonheur dans une autre
union?

R. Cette objection n'a pas un véritable fondement; elle représente le mariage comme un simple engagement ordinaire : mais il faut le considérer comme une institution qui lie les époux sans
pouvoir dépendre de leur volonté de rompre le
lien. L'époux sensible n'envisage pas cette issue
d'un autre mariage comme le remède à une désu-
nion dont il ne peut que gémir, et il trouve plutôt sa consolation, sinon dans le retour de l'autre
époux, s'il ne peut l'espérer, du moins dans la
vue des enfans qui souffriraient de cette deuxième
union.

C'est sans doute ce fonds d'idées qui a fait toujours voir les seconds et subséquens mariages avec
une sorte de réprobation, quoique contractés après
la dissolution des précédens; c'est enfin ce fonds
d'idées qui a fait abroger dernièrement le divorce
qui était admis par notre loi civile.

IV. Des conditions du mariage.

D. Quelles sont les conditions du mariage pour pouvoir le contracter valablement?

R. La première est que les personnes qui le contractent soient nubiles, c'est-à-dire, aptes à procréer des enfans.

D. Comment se détermine la nubilité?

R. Par l'âge où elle est le plus communément reconnue, à défaut d'autre indication certaine. Cet âge est ordinairement fixé par les lois civiles.

D. La nubilité est-elle suffisante?

R. Il faut encore la capacité de consentir; ainsi celui qui est privé de l'usage de la raison ne peut être engagé dans ce lien.

D. L'âge de la nubilité est-il d'accord avec celui où la capacité de consentir est arrivée?

R. Non; l'âge de la nubilité vient dans l'adolescence, où le jugement n'a pas encore acquis sa perfection : aussi, les enfans de famille sont-ils, jusqu'à la perfection du jugement, soumis à requérir, pour se marier, le consentement de leurs parens.

D. Puisque le mariage ne se contracte que par le consentement, n'est-il pas contre l'ordre de la nature de subordonner ce consentement à une autre volonté?

R. Non; le consentement des parens n'y intervient pas pour faire faire aux enfans un mariage contre leur volonté, mais pour éclairer leurs vues dans celui qu'ils proposent, et l'empêcher, s'il est contraire aux convenances dont les parens sont juges.

D. Mais les convenances ne sont-elles pas de l'ordre purement civil?

R. Il y a des choses de l'ordre civil qui ont leurs sources dans l'ordre naturel bien entendu. Qu'entend-on ici par les convenances? Ce sont des circonstances qui intéressent le soutien et l'honneur de famille; d'ailleurs il est naturel que le jugement trop faible des adolescens soit éclairé et guidé par ceux qui, dans les vues de la nature, ont été les gardiens de leur enfance et les conducteurs de leur éducation.

D. Les publicistes, tels que Grotius, n'ont-ils pas établi que c'est agir contre la liberté du mariage que de le soumettre à la volonté des parens, et d'ailleurs contre le principe que chacun est propriétaire de soi-même et le premier arbitre de son sort?

R. Cette doctrine n'attaque pas ce qui a été dit dans la réponse précédente, elle suppose qu'il s'agit de l'homme tout entier et à tout âge; telle était la jurisprudence romaine; mais il ne s'agit ici que de l'homme adulte, et dont le jugement a besoin d'être éclairé. Sans doute qu'on est maître de soi-même, mais on ne doit en disposer par sa volonté que dans l'état de perfection du jugement; aussi

nos lois, qui se conforment à celles naturelles,
n'exigent-elles le consentement que jusqu'à la majorité, et en réduisent-elles le pouvoir après, à un
simple droit de conseil que l'on requiert des parens; c'est une simple déférence qui est bien dans
la nature, puisqu'elle n'est que la conséquence des
devoirs des enfans dont nous avons parlé dans le
chapitre précédent.

V. Des empêchemens du mariage.

D. La nature reconnaît-elle d'autres empêchemens au mariage que le défaut de nubilité?

R. Elle indique certainement qu'il ne peut pas
y avoir de mariage entre les pères et mères et leurs
enfans, sans un renversement de toutes les lois et
toutes idées morales.

D. Comment trouve-t-on, dans la possibilité d'un
mariage, le renversement des lois et idées morales?

R. C'est que le lien que la nature établit entre
les enfans et leurs pères et mères, est un lien de
respect et de soumission de la part des enfans, et,
de la part des pères et mères, le devoir d'une éducation morale.

Or, d'un côté, la seule idée de pouvoir contracter le mariage, et les approches de sa réalisation,
détruiraient entièrement ce lien de respect et de
soumission; d'un autre côté, les antécédens qu'a-
mène la vue du mariage, détruiraient tout principe
de l'éducation morale; ces conséquences se sen-

tent, sans qu'il soit besoin d'entrer dans des détails.

D. Comment l'union intime des époux ne pourrait-elle pas remplacer le lien de respect et de soumission des enfans envers leurs pères et mères?

R. Le fils marié avec sa mère l'aurait dans sa dépendance et sa subordination, et la fille échangerait le respect filial contre la simple déférence d'une épouse; tous les sentimens se trouveraient intervertis.

D. Ces réflexions ne font-elles obstacles qu'entre les pères et mères et enfans?

R. Il doit en être de même des alliés qui représentent les mêmes degrés des ascendans et descendans, le même sentiment moral le commande.

D. Ces raisons d'empêchemens ne sont-elles pas plutôt dans les convenances de la société que dans l'ordre de la nature?

R. Nous avons expliqué que l'homme étant sociable par la nature, nous regardons l'état de société comme l'état de nature qui le distingue, et que tout raisonnement sur l'hypothèse d'un état différent est superflu; les convenances sociales ne sont pas ici restreintes à l'état de civilisation plus ou moins avancé.

D. Y a-t-il d'autres liens de parenté auxquels on ait pu étendre ces empêchemens?

R. On les a étendus par voies de conséquence à tous les degrés qui obligent à reconnaître la représentation des pères et mères quand ils manquent, et à ceux qui supposent la nécessité de la vie et de l'éducation commune. Il a toujours paru que l'ascendant des oncles et tantes sur les neveux et nièces, et l'intimité nécessaire des frères et sœurs, étaient des raisons pour admettre les mêmes empêchemens dans ces degrés : les premiers, par l'abus de l'ascendant et la facilité de la corruption qui peut en naître, et une véritable interversion des sentimens ; les seconds, parce que la familiarité seule conduisant facilement à cette même corruption, tout sentiment moral s'effacerait dans l'intérieur des familles ; aussi la nature semble y avoir pourvu, les frères et sœurs ayant ordinairement un éloignement naturel de tout sentiment d'amour l'un pour l'autre.

D. Au moins y avait-il de telles raisons pour étendre ces empêchemens aux beaux-frères et belles-sœurs, et n'aurait-on pas pu y admettre le remède des dispenses?

R. Il y a aussi, pour cette espèce d'alliance, des raisons morales qui y étendent naturellement les empêchemens ; la familiarité presque nécessaire des beaux-frères et belles-sœurs, en peut faire une occasion de désordres fort dangereux, si l'approche du mariage pouvait venir dans l'idée.

C'est ce qui a fait que le pouvoir législatif a dernièrement fermé tout accès à des vœux sur ce point ; sans doute, la tolérance de l'autorité ecclésiastique, à cet égard, peut être considérée comme abusive, et la loi de 1792, qui y puisa son fondement, ne put être qu'une disposition peu favorable aux bonnes mœurs.

D. Les empêchemens établis par les lois canoniques, pour les autres degrés, ont-ils aussi des vues morales nécessaires?

R. L'Église ne change pas ses lois avec les siècles. Il faut cependant reconnaître que, s'il a été un état de nos mœurs où les cousins-germains purent s'assimiler aux frères et sœurs par l'usage fréquent de la cohabitation et de la vie en communauté des frères et sœurs mariés dans une même maison, ces mœurs sont entièrement changées, les cousins-germains sont presque aussi étrangers que les autres parens les uns aux autres; c'est pourquoi la loi civile a cru pouvoir ne pas garder ces empêchemens, dont la nécessité de la dispense de l'Église n'est plus qu'une affaire de soumission et de devoir de la part de ceux qui obéissent à ses lois.

VI. Devoirs qui naissent du mariage.

D. Quels sont les devoirs que le mariage impose aux époux.

R. C'est de concourir respectivement au but du mariage à leur égard, qui est leur bonheur, en s'aimant et en se le procurant réciproquement; c'est aussi de contribuer au but relatif à l'éducation des enfans, en y consacrant respectivement tous leurs soins.

D. Quel est le point essentiel du premier de ces devoirs?

R. C'est de se garder mutuellement la fidélité qu'ils se sont jurée.

D. Quelle est la suite de l'infidélité?

R. C'est de se rendre coupable de l'adultère, qui est un crime devant Dieu et devant les hommes.

D. L'adultère est-il également coupable de la part de la femme et du mari?

R. Il a de plus, du côté de la femme, d'amener des enfans dans la famille à laquelle ils ne devraient pas appartenir; mais surtout l'infidélité de la femme a l'inconvénient grave de jeter dans l'âme du mari le chagrin d'un doute affreux sur l'état des enfans du mariage; il fait donc tort et au mari et aux enfans, desquels il détourne l'amour paternel.

L'adultère est aussi coupable du côté du mari, parce qu'il trouble la paix, détruit les affections sur lesquelles repose l'union, et réduit l'épouse à un abandon injurieux et pénible; il peut même être le principe de torts dont elle eût été incapable sans cela.

D. Quel est le point du deuxième devoir?

R. C'est de veiller sur les enfans, non-seulement pour leur conservation et leur instruction, mais aussi pour former leurs mœurs et les conduire à la vie civile avec les sentimens de religion, d'amour de la vertu et de probité qui en font l'ornement et le bonheur.

CHAPITRE VII.

Des devoirs des pères et mères envers leurs enfans.

D. D'où naissent les devoirs des pères et mères envers leurs enfans?

R. Ils ont leur fondement dans les rapports d'autorité et de soumission que la nature a établis entre eux pour le besoin des enfans, et jusqu'à ce qu'ils aient atteint la perfection du jugement.

D. Est-il nécessaire pour faire sentir ce rapport, de le fonder, comme l'a fait un des auteurs que nous suivons, sur l'hypothèse d'un consentement tacite des enfans, dans le cas où ils eussent été à portée d'en sentir la raison?

R. Cette hypothèse est au moins fort inutile; si l'on voulait que la soumission aux lois n'eût de fondement que dans le consentement de ceux qui y sont soumis, on en détruirait, par cela même, toute l'autorité. L'homme est enclin à la soumission, mais il a aussi en lui un principe de résistance prompt à s'élever; il vaut mieux reconnaître que c'est une disposition de la nature et une volonté de la Providence qui a établi les pères et mères gardiens de leurs enfans, et qui a placé dans ceux-ci le sentiment de la soumission pour leur propre intérêt.

D. Quel doit être le premier usage de l'autorité

des pères et mères, outre les sentimens qu'ils leur doivent inspirer, et dont on a parlé?

R. C'est de les diriger vers l'état que leur position et les convenances semblent leur destiner. L'enfant doit donc être disposé à exercer une profession ou quelque charge ou emploi, selon son rang, son goût et son aptitude; l'instruction nécessaire doit y être accommodée.

D. Cette obligation est-elle d'étroite nécessité?

R. Il est au moins d'étroite nécessité de mettre les enfans en état de pourvoir à leur subsistance, soit par l'exercice d'une profession ou d'un état, soit par l'usage d'une sage administration de leurs biens acquis; et, jusque-là, les parens sont obligés d'y pourvoir eux-mêmes.

D. Qu'est-ce qui s'oppose le plus communément à ce bien utile?

R. C'est trop souvent l'orgueil des parens qui fait jour aux fausses idées que les enfans prennent sur leur rang dans la société et leur fortune; c'est un des plus dangereux écueils.

D. N'est-il pas permis de se confier dans une fortune acquise?

R. Nous avons dit *les fausses idées* qui sont fort communes; mais même avec la fortune réelle on doit avoir long-temps présens ces renversemens subits de la fortune que tant de circonstances amènent, surtout dans les révolutions d'état; il n'y a donc rien de constant à cet égard, et il n'y a de certain que le mérite acquis par le travail, l'étude et l'amour de la vertu.

D. Cette utile direction remplit-elle toute la mesure des devoirs des parens?

R. Il faut encore s'appliquer à discerner et à suivre les inclinations qui se manifestent, pour seconder celles qui sont heureuses, prévenir celles qui sont dangereuses, et en réprimer les écarts.

D. Quelles sont ces inclinations dangereuses?

R. Ce sont l'oisiveté et les vices qui en naissent toujours.

D. Que doit-on faire pour y obvier?

R. Il faut veiller à ce que les enfans soient tenus à un travail assidu. Ce moyen est aussi celui d'atteindre le but de parvenir à un état; et comme il est des états même pour les classes les plus élevées, comme l'élévation elle-même constitue un état, il n'y a personne d'excepté de cette obligation.

D. Quels sont les principaux vices qui forment des passions dangereuses, dont on a à s'occuper?

R. Ces vices les plus communs sont le jeu et l'amour inconsidéré; on a assez peint, dans les chapitres précédens, les suites funestes de ce dernier.

On connaît aussi la fureur du jeu, qui est allumée par une fausse idée des chances de la fortune, et les excès dans lesquels elle entraîne, qui vont jusqu'aux convulsions du désespoir; ils sont peints sur la scène avec une vérité que personne ne peut méconnaître, même dans les emportemens de la scène tragique.

D. Les parens peuvent-ils répondre de l'emportement de leurs enfans à ces passions si funestes?

R. Ils ont dans leur autorité tous les moyens d'en arrêter les écarts, et ils sont coupables s'ils n'en usent pas à propos : mais ils le sont davantage s'ils ont négligé les soins pour les prévenir, car les passions qu'on eût pu étouffer dans leur naissance, sont bien plus difficiles à éteindre quand elles ont pris racine.

D. Les soins des pères et mères se bornent-ils à la personne de leurs enfans?

R. Ils s'étendent aussi aux biens qui peuvent leur être acquis; ils doivent les administrer sagement et pour leur utilité.

D. Doivent-ils être assujettis à des comptes, comme les administrateurs étrangers?

R. Dans le droit naturel, ils doivent les comptes; mais dans nos mœurs, les lois civiles ont préféré de leur attribuer, à titre de garde, l'usufruit pendant la durée de la garde, en les chargeant de tous frais d'éducation et de soins d'administration, même de quelque partie de dettes qui peuvent s'acquitter sur les revenus.

D. Quel est le principe naturel de ce don de la loi?

R. C'est d'éviter des rapports de comptabilité qui, en devenant des sujets de contestations, altèrent les sentimens naturels; aussi ce n'est pas comme profit que la loi fait cette attribution aux parens, mais c'est dans sa confiance pour les sentimens paternels, qui sauront toujours en rapporter l'utilité aux enfans.

D. Les parens sont-ils obligés de pourvoir à leurs frais à l'établissement des enfans?

R. Le devoir de les y aider autant qu'ils le peuvent, est une suite de celui de les diriger vers un état, et de les mettre à même de pourvoir à leur subsistance.

Cependant la loi n'en fait pas une obligation civile, ce qui signifie qu'elle laisse l'obligation naturelle dans toute sa force; elle est fondée sur ce que l'acquisition d'un état est le fondement du bonheur de la vie.

CHAPITRE VIII.

Des devoirs du citoyen.

D. Comment s'envisagent les devoirs du citoyen?

R. On peut les envisager sous deux rapports.

En premier lieu, sous celui des liens généraux de l'homme avec la société, et ils renferment sous ce premier rapport toute la morale et même les devoirs imposés par les lois naturelles, qui fondent le droit public général et le droit civil. C'est sous ce rapport que Puffendorf a mis le précis de

son traité du droit naturel et des gens sous le titre
de *Devoirs de l'Homme et du Citoyen.*

En second lieu, sous le rapport de l'application
des lois naturelles et morales à l'un des états de la
vie, comme préceptes individuels.

D. Quel est le résultat de ce deuxième rapport?

R. L'homme y est considéré dans son rapport
avec la société civile, ou avec l'état auquel il appartient; c'est de celui-ci qu'il s'agit dans le présent chapitre.

D. Quel est le principal devoir de l'homme, envisagé sous ce rapport?

R. C'est de servir la société ou l'état dont il dépend, de reconnaître les droits de la société ou de
l'état sur lui; d'aimer, dans ce corps auquel il appartient, ses semblables, qui se trouvent liés par
le même intérêt et les mêmes lois.

D. Comment peut-il mettre ce sentiment en pratique?

R. En cherchant à faire leur bien-être dans tout
ce qui dépend de lui, et en procurant le bien de
l'état, même au prix du sacrifice de ses propres
intérêts, sans pourtant faire de préjudice à son bien-
être essentiel et à sa propre existence; c'est cette
vue de l'amour du bien de l'état qui constitue le
patriotisme.

D. Au moyen de la réserve qui vient d'être exprimée, on n'a donc pas dû dire que c'est un acte
d'héroïsme que d'exposer ses jours pour le service

de la patrie, qu'il est beau de mourir pour la patrie?

R. Il n'en faut pas tirer cette conséquence. C'est dans les circonstances rares du danger de la patrie et de l'utilité réelle d'un tel dévouement, que l'on en a loué la générosité; et ici l'on parle du devoir habituel du citoyen dans les circonstances ordinaires.

D. A quoi, dans cet état ordinaire, s'étendent les devoirs du citoyen?

R. A acquitter volontiers tout ce dont il peut être requis dans les charges et contributions publiques, et à remplir avec zèle toutes les fonctions civiques auxquelles il peut être appelé, telles que celles de la garde commune, du jury, et aussi les fonctions d'électeur et de député à la chambre élective, s'il y est appelé.

D. Ne peut-on pas s'abstenir de ces fonctions?

R. On ne le peut sans des causes d'excuse légitime : la première intéresse la sûreté commune où l'on sert pour son propre intérêt ; la deuxième intéresse la liberté, l'honneur et la vie des citoyens attaqués en justice, ou la sûreté publique attaquée par les crimes des hommes pervers.

Quant aux fonctions politiques, l'abandon que l'on en fait, sans de justes causes, laisse la place à d'autres qui peuvent y commettre des fautes dont on répond.

D. N'y a-t-il pas d'autres devoirs plus rapprochés encore des obligations de chacun?

R. Ce sont ceux qu'imposent les rapports de l'é-
tat de famille auquel participent les parens, et ceux
qui y sont liés par les rapports d'amitié et de voisinage.

D. A quoi s'étendent ces devoirs?

R. A venir au secours des orphelins, en con-
courant aux conseils de famille et en prenant la
charge de tuteur, à laquelle on peut être nommé.

D. Comment dites-vous que c'est un rapport auquel participent les parens et ceux que lient avec
eux les rapports d'amitié et de voisinage?

R. C'est parce que c'est un des offices communs
auquel l'état de société oblige, et dans lequel les
parens viennent en premier ordre par la proxi-
mité, et à défaut des plus proches et même de tous
parens de proche en proche les plus éloignés, et
ceux qui, par leur liaison d'amitié ou de simple
voisinage avec les parens, sont plus à portée de rendre ce service; c'est le principe des lois civiles qui
en portent l'obligation précise.

D. En quoi consiste le devoir d'un membre d'un
conseil de famille?

R. A y porter toute l'attention qui est en lui pour
concourir à ce qui est du véritable intérêt des personnes qui en sont l'objet, soit dans les nomina-
tions de tuteurs qui doivent y être faites, soit dans
les avis qu'il s'agit d'y délibérer.

D. Quel est l'effet essentiel des devoirs de celui qui est appelé à être tuteur?

R. C'est de porter la véritable affection, le véritable intérêt du père qu'il remplace dans les soins de la personne, et des biens du pupille qui lui sont confiés.

D. N'y a-t-il point d'autres devoirs des citoyens à expliquer?

R. Il y en a d'autres, mais dont l'étendue a mérité de faire des articles particuliers, tels que la probité, la soumission aux lois et les devoirs des différentes fonctions.

CHAPITRE IX.

De la probité.

D. Qu'est-ce que la probité?

R. C'est une disposition qui est le fondement de la fidélité à tous les devoirs. Ce n'est pas, comme on le pense trop communément, l'état négatif de ceux à qui l'on ne peut pas reprocher des actes de mauvaise foi manifestes; et il n'y a pas autant d'hommes probes qu'on peut l'imaginer.

D. Cette qualité d'homme probe a-t-elle une signification particulière?

R. On l'emploie pour ne pas confondre cette qualité avec celle de ce que l'on appelle les honnêtes gens, qui présente souvent des idées fort différentes, et qui par conséquent est plus vague; on la rapporte quelquefois à des idées de politesse, d'élégance, même de distinction d'ordre des citoyens, par rapport au rang et à la fortune.

D. Donnez une idée du sens précis que l'on donne à la qualité d'homme probe.

R. Lorsque l'on dit que l'avocat est *vir probus dicendi peritus,* on n'entend certainement pas que c'est un homme disert, qui n'est pas un voleur; mais on veut peindre la candeur et la délicatesse des sentimens qui doivent présider à tous les actes de cette profession distinguée.

D. Cela convient-il à l'avocat exclusivement?

R. Non, sans doute; cette vertu est de toutes les professions, et chacune a sa délicatesse particulière.

D. Peut-on facilement appliquer à toutes les professions et les situations de la vie ce qui distingue la probité de l'honnêteté ordinaire?

R. Il faut avouer qu'il est difficile de s'engager à en faire quelques démonstrations, sans remuer le scandale qui s'élèverait dans beaucoup de consciences.

D. Ne peut-on pas du moins le faire vis-à-vis de soi-même?

R. Chacun ne peut se rendre le témoignage d'être un homme probe que par un examen scrupuleux de toute sa conduite.

D. Comment entendez-vous la probité, dans son rapport avec les devoirs?

R. La probité renferme bien les devoirs de la justice et de la tempérance, déjà décrits; et elle impose la nécessité de fuir ou corriger les vices, dont on a aussi parlé; mais elle comprend de plus une religieuse fidélité à l'accomplissement de tous ses devoirs dans tous les rapports où l'on se trouve.

D. Appliquez cette réflexion à quelque situation.

R. Celui qui, dans sa profession, a en vue d'en augmenter les gains par tous les moyens qui ne sont pas ouvertement défendus, et sans s'occuper de l'utilité à laquelle ses actes se rapportent, n'est pas dans les voies de la probité; il en est de même de celui qui convoite des gains illicites ou malhonnêtes, ou qui fait servir son crédit, son autorité à satisfaire ses passions ou des vues particulières; il en est encore de même de celui qui parle ou agit contre la vérité pour servir ses intérêts, ou un parti auquel il est adonné, et de quiconque se couvre du masque de l'hypocrisie religieuse, ou quelconque, pour surprendre la bonne foi ou la faveur d'autrui.

D. La probité est donc souvent en défaut?

R. Il faut avouer que cette pureté d'âme qu'aucune tache ne défigure, cet amour impertubable de la vérité, ce caractère de loyauté et de franchise qui, dans tout, marche comme par instinct au bien de la chose, et qui entretient en soi tous les sentimens du bien que la nature et l'humanité recommandent sans cesse, sont éloignés d'être dans toutes les âmes; cependant il ne faut que de l'attention sur soi pour se rendre cette vertu propre. On ne peut pas trop la recommander.

CHAPITRE. X.

De la soumission aux lois et à l'autorité.

D. A quoi se rapporte le devoir de la soumission aux lois?

R. On a distingué les lois naturelles et celles positives; la nécessité de la soumission aux lois les embrasse toutes également.

D. Quel peut être l'empire des lois positives?

R. Elles ne peuvent être contraires à celles naturelles, jusqu'au point d'en détruire le fondement; par exemple, en permettant comme bonnes des actions criminelles, et en convertissant en actions criminelles celles essentiellement bonnes et vertueuses.

D. Le publiciste Wolf a-t-il raison de dire que: « les sujets ne sont pas obligés d'obéir aux ordres « du souverain qui sont contraires aux lois fon- « damentales, mais que s'ils veulent y obéir, cela « leur est permis? »

R. Cette proposition a deux parties, dont la première nous paraît dangereuse; la seconde, inutile, si d'ailleurs elle n'est pas inexacte.

D. En quoi consiste le danger que vous paraît présenter la première partie?

R. En ce que la proposition s'adresse au sujet comme individu, ou à la masse des sujets; au premier cas, elle paraît tendre à établir chaque sujet juge de l'ordre, ou de ce qui y serait contraire à la loi fondamentale; c'est ce qui est contre la nature des choses; la loi ou l'ordre du souverain porte un signe, un caractère de l'autorité publique qui oblige chaque sujet à l'obéissance sans autre examen.

A l'égard de la masse, il semble que la proposition porte à des actes de révolte, sans examiner si l'on ne ferait pas beaucoup plus de mal que n'en pouvait faire l'exécution paisible de l'ordre.

Wolf lui-même enseigne ensuite, et avec juste raison, » qu'aucun citoyen ne doit rien faire ni » entreprendre contre les droits de la majesté » royale, ni s'engager dans aucune machination » qui puisse porter atteinte à l'exercice du pouvoir » souverain, à plus forte raison à ne point former » d'entreprise qui tende à la ruine de l'état et à la » perte de son chef. »

D. En quoi la seconde partie peut-elle être inexacte?

R. C'est en admettant indéfiniment la liberté d'obéir à un ordre contraire aux lois fondamentales : ce qui suppose qu'un magistrat pourrait se porter à une pareille exécution contre les lois et les devoirs tracés par son institution. Il en est tout autrement; le magistrat a, dans un tel cas, un devoir de résistance qui lui est propre; son caractère doit être une fermeté inébranlable à ne rien admettre de contraire à ses devoirs et aux lois.

D. D'après cela, la soumission en elle-même est donc un devoir du sujet ou du citoyen; et en quoi consiste-t elle?

R. La soumission, qui est un devoir, consiste dans la disposition où doit être tout sujet, ou citoyen, de faire tout ce qui peut dépendre de lui pour se conformer aux lois et aux ordres de l'autorité légitime, et même pour en procurer l'exécution.

D. Y a-t-il quelque distinction dans les lois positives, pour ce qui regarde leur exécution?

R. On doit les distinguer par rapport à leur objet, qui est d'ordonner, de défendre et de permettre; les lois qui ordonnent ou qui défendent doivent toujours être obéies : il n'est permis ni de les enfreindre, ni de les éluder; les fraudes faites aux lois, même relatives à des établissemens de droits ou de contributions, sont autant d'injustices; il en est de même de celles qui ordonnent des mesures ou défendent des actes qui intéressent la police.

D. Mais peut-on bien se croire permis tout ce

qui n'est pas défendu expressément par la loi; ou peut-on user de toutes les permissions accordées par les lois?

R. C'est un préjugé trop commun que de croire indistinctement que tout ce qui n'est pas défendu est permis, et que l'on peut user, sans réserve, de toutes les permissions données par les lois; il faut savoir qu'il y a des lois qui, par des vues politiques, et pour ne pas troubler la paix publique, autorisent ou laissent subsister des usages qui, dans le principe, n'eussent pas dû être tolérés. Par exemple, la loi du 5 décembre 1807, qui a rétabli le taux des intérêts établis par les lois, et qui n'avait jamais été levée, a maintenu des stipulations d'intérêts au-dessus du taux légal que l'on avait pratiquées par abus, et dans l'erreur commune de l'établissement de leur liberté, qui n'avait jamais eu lieu; assurément celui qui, à la faveur de cette loi, a exigé des intérêts vraiment usuraires, c'est-à-dire hors de toute proportion avec le gain que le capital eût pu procurer, n'a pas moins commis une injustice.

La loi qui établit des prescriptions après lesquelles il n'est permis ni d'exiger des dettes qu'elles éteignent, ni de revendiquer des biens dont elles confirment la possession, n'autorise pas à dénier la dette ou à garder l'usurpation dont on a la conscience blessée.

Enfin, la loi qui ordonne des présomptions n'au-

torise pas à agir contre la vérité du fait que l'on
connaît, ou du droit de propriété que l'on sait
avoir violé; il faut donc, pour user de la permis-
sion des lois, interroger sa conscience sur l'équité
des faits, à laquelle on doit toujours se conformer.

CHAPITRE XI.

*Des devoirs de ceux qui exercent des fonctions ou
des ministères pour le service public.*

D. Qu'entend-on par exercer des fonctions ou des
ministères pour le service public?

R. On entend ceux qui exercent des fonctions
ou des charges dans les affaires et les finances : ce
sont autant de moyens de concourir au bien de la
société en la servant.

D. Comment sert-on la société dans ces fonctions?

R. Ceux qui les exercent servent l'état et les particuliers par leur zèle et leur probité; ils servent
l'état en ménageant les intérêts des particuliers,
parce que l'état a intérêt à la conservation des pa-
trimoines, la ruine des particuliers étant dans les
principales causes de celle publique.

D. A qui s'appliquent ces réflexions?

R. L'avocat sert l'état, en prenant les intérêts
qui lui sont confiés avec zèle et droiture, en ne

suggérant aux parties que des sentimens de justice, et leur faisant abandonner des prétentions tout-à-fait iniques.

D. L'avocat est-il juge des prétentions des parties qui lui paraissent injustes, et mériter d'être abandonnées?

R. Il ne s'agit que de celles évidemment injustes, car on ne prétend pas que le simple doute doive porter à un tel abandon; c'est la fonction des juges et des arbitres, que de décider des cas douteux.

D. Ne peut-on pas aussi faire l'application de notre règle, des devoirs à d'autres personnes?

R. L'homme d'affaires qui dirige les réclamations, ou qui rédige les conventions, ou préside à l'ordre et l'arrangement des affaires, remplit un pareil service par l'ordre, l'équité et la bonne foi qu'il y apporte.

D. Est-il maître de diriger les affaires selon ses seules lumières?

R. Il doit éclairer les discussions en s'y appliquant, et procurer aux parties les lumières qui peuvent n'être pas en lui, dans les cas difficiles et les questions ardues : l'expérience nous apprenant qu'une profonde instruction semble ne pouvoir accompagner le grand exercice de la pratique des affaires; c'est un devoir alors de ne point trop hasarder, mais surtout c'en est un de ne rien arrêter ni stipuler, sans faire comprendre aux parties la nature et l'étendue des droits qu'ils engagent, et des obligations qu'ils prennent, et de ne favoriser aucune des parties au préjudice de l'autre. L'homme d'affaires, comme un notaire, qui est employé par des parties opposées, doit avoir l'impartialité d'un vrai juge; c'est pour lui un devoir de la probité.

D. Comment ces règles regardent-elles l'homme de finances?

R. Nous entendons ceux employés dans la banque, le change et le négoce; ils sont également maîtres de la fortune publique qui se lie à celle des particuliers, que leur négoce embrasse et dirige, en procurant l'emploi et la circulation des capitaux libres ou déjà engagés. Combien leur bonne foi et leur éloignement de tout agiotage et de toute intrigue est nécessaire!

D. Cela interdit-il ce qu'on appelle les jeux de bourse?

R. Non, il est permis de suivre le mouvement régulier des affaires, et de profiter des chances heureuses qu'il peut offrir; mais c'est le mensonge, ce sont les négociations feintes, et qui n'ont d'autre objet que de surprendre la bonne foi, qu'il faut écarter, et que la vraie probité doit déconcerter.

D. Nos réflexions n'ont-elles pas encore d'autres applications?

R. Elles s'appliquent aussi aux autres professions qui ont leurs abus; ceux qui les exercent avec probité les rejettent, et savent que c'est un devoir essentiel que de se comporter dans tout avec droiture, et de penser qu'en servant ses concitoyens avec un juste désintéressement, on sert véritablement la patrie.

D. Qu'entendez-vous par ce juste désintéressement? Consiste-t-il à se priver des gains de son travail et de ses soins?

R. On a dit *juste désintéressement*, pour marquer qu'il n'est ni nécessaire, ni même quelquefois permis de se livrer à un fol abandon des justes rétributions de son travail; cela n'est pas quelquefois permis, parce que l'on n'a le droit d'être généreux que relativement à ce qui est à soi. Or, un père de famille regarde son état comme le patrimoine commun de sa famille, dont il ne lui est pas permis de négliger l'utilité, que le bien-être de celle-ci réclame.

CHAPITRE XII ET DERNIER.

Des devoirs des fonctionnaires publics et des magistrats.

D. QUELS sont les devoirs généraux des fonctionnaires publics et des magistrats?

R. Toutes les vertus recommandées au citoyen, leur sont, à plus forte raison, nécessaires. Ils doivent y joindre, de plus, une attention sévère, et sur le bien que leur fidélité et leur sagesse dans l'accomplissement de leurs devoirs produisent, et sur le mal que font les fautes qu'ils peuvent y commettre.

D. Quel est le premier devoir du magistrat, et de tout fonctionnaire public?

R. C'est d'apporter, pour l'exercice de sa charge et de ses fonctions, toute l'instruction et la capacité nécessaire. C'est donc un grand mal, que d'entrer dans des devoirs dont on ne comprend ni les objets, ni la portée.

D. Ne peut-on pas réparer ce mal en étant bien secondé?

R. En se reposant sur les seconds, ou les collègues que l'on peut avoir, on ajoute de se rendre responsable, non-seulement des fautes dans lesquelles ils peuvent vous engager, mais de celles qu'ils commettent eux-mêmes, et que l'on devait pouvoir prévenir ou empêcher,

D. Quelles sont les qualités nécessaires outre la capacité?

R. C'est d'abord un caractère propre à l'accomplissement du bien, que les fonctions dont on est chargé doivent procurer, savoir : une grande égalité d'âme, et une impartialité bien assurée; c'est le sceau de la droiture, qui est la première condition pour bien remplir ses devoirs; cela n'empêche pas que le caractère ne doive en quelque sorte se modifier par l'importance et la nature des objets qui doivent occuper le magistrat ou fonctionnaire.

Ensuite, il doit avoir la dignité, l'affabilité, et la patience qui caractérisent le véritable homme public, et surtout, cet intérêt de commisération que le pauvre inspire, sans se départir de la justice due à tous.

D. Qu'y a-t-il à recommander au magistrat, outre ce qui dépend de ces qualités, qui forment son caractère?

R. Un soin précieux que son devoir lui recommande, c'est la prompte expédition des affaires. Il faut, pour cela, une activité soutenue.

On ne parle de l'incorruptibilité, que pour dire que, non-seulement elle est du devoir essentiel de tous les magistrats, mais qu'il est surtout de celui des magistrats, et de tous les fonctionnaires supérieurs, de la surveiller rigoureusement dans leurs subordonnés.

D. Quels sont les devoirs spéciaux dans les hautes fonctions?

R. On peut signaler la prudence et la discrétion dans ceux qui stipulent les intérêts de l'état envers les autres puissances, la probité et l'humanité dans les chefs de l'armée, et le plus parfait désintéressement dans les administrateurs des finances, qui doivent avoir les deniers publics comme un dépôt sacré. Tous ces devoirs sont les premiers dont tous les fonctionnaires sont avertis par la nature de leurs fonctions.

D. Quelle est l'importance des devoirs des hauts fonctionnaires d'un état?

R. Si chaque citoyen doit contribuer au bien-être de la société, à plus forte raison est-ce un des devoirs de ceux qui en dirigent les intérêts; ils sont bien coupables quand ils les compromettent en manquant à leurs devoirs; c'est là où l'amour du bien public est comme un talisman qui vivifie tout, qui seconde et multiplie les bienfaits de la Providence.

FIN DE LA SECONDE PARTIE.

CONTINUATION.

TROISIÈME PARTIE.

APPLICATION DES LOIS NATURELLES A LA SOCIÉTÉ CIVILE.

CHAPITRE PRÉLIMINAIRE.

D. Quels sont les objets que cette partie renferme?

R. Elle renferme deux objets.

Le premier consiste à montrer les élémens de l'état politique des nations, c'est-à-dire, de leur formation en corps d'état, composant les royaumes et républiques, et de leurs gouvernemens dans chacune de ces formes différentes.

Le deuxième, d'asseoir le fondement de tous les établissemens civils, et des systèmes de législation et de jurisprudence, qui composent le droit civil.

Ces deux objets sont embrassés dans les chapitres suivans.

CHAPITRE PREMIER.

Comment la société humaine s'est partagée en sociétés particulières, ou en corps de nations.

D. COMMENT peut-on établir l'origine des sociétés civiles?

R. Les monumens historiques et les preuves manquant, on n'a pu que former des raisonnemens et des conjectures.

D. Mais ne trouve-t-on pas des secours dans la Bible pour expliquer ce fait important?

R. Les livres de la Bible attestent bien la séparation des enfans de *Noé* et la dispersion des premiers habitans du monde, par la confusion des langues : mais cela n'est accompagné d'aucun détail, pour éclaircir ce point, et qui montre comme cette dispersion a été suivie.

D. Doit-on admettre les recherches de certains philophes sur les motifs qui ont porté les hommes à se réunir en société?

R. Les uns veulent que ç'ait été pour leur besoin et leur sûreté commune, les autres par principe de bienfaisance et d'amour de leurs semblables; mais il faut les concilier en suivant cette observation de l'auteur des *Études de la Nature* sur la réunion continuelle des convenan-

ces et des contrastes dans toute la nature, en re-
marquant qu'avec cette bienveillance, dont naît
la sociabilité, l'homme a aussi l'amour de soi,
sans lequel une multitude d'usages de la société
n'auraient pu avoir d'effet, usages qui eux-mêmes
manquant, auraient fait manquer la société : c'est
par ce mélange des sentimens contraires, que chacun sert la société le plus utilement, en croyant ne
travailler que pour soi-même.

D. La société humaine n'est donc pas une combinaison et un résultat de conventions entre les
hommes?

R. Il faut, au contraire, considérer l'homme
comme ayant toujours été en société : c'est la loi
de son existence; puisque l'on reconnaît qu'une
des qualités qui forment les conditions de son
être, est la sociabilité, il faut convenir, par une
conséquence irrésistible, qu'il est par-là même et
a toujours été en société; c'est la nature de l'homme,
et la Providence qui y a présidé, qui ont fait les sociétés civiles, comme la Providence a fait tout ce
qui est dans l'univers.

D. Où peut être la preuve de ce point?

R. Elle est dans deux circonstances, qui n'ont
pu avoir une autre fin : la première, c'est la diversité des langues, des mœurs, et des coutumes
qui séparent les différens peuples; la deuxième,
c'est l'aptitude de l'homme à habiter toute la terre,
en s'acclimatant partout et apprenant avec facilité

tous les divers idiomes; cette aptitude, surtout rapprochée de ce goût du sol, de cet amour des siens, qui le retient dans les lieux où il est né, et où ses destinées se sont fixées.

D. Ces circonstances sont-elles assez concluantes?

R. On n'y place pas le fait précis de la naissance et de l'origine des sociétés que l'on ignore; mais ces circonstances montrent évidemment la cause de l'existence et de la séparation des hommes en divers corps de nations.

D. Y a-t-il quelque autre considération pour fonder cette résolution?

R. On doit considérer encore que Dieu a créé la terre pour qu'elle fût habitée; il a donc dû disposer les hommes pour en habiter toutes les parties.

D. Qu'est-ce qui a donné des lois aux sociétés civiles?

R. C'est toujours la nature de l'homme, qui, à l'aide de la raison dont elle est ornée et composée, a suggéré ces règlemens généraux accommodés aux circonstances et aux besoins qui les ont commandés.

D. Quelle est la démonstration de cela?

R. Il faut, pour en concevoir le moyen, voir la société civile dans ce qui la compose en tout, et non pas, comme on le fait, seulement dans quelques-uns de ses principaux résultats; or ne voit-on pas que les hommes sont, non-seulement réunis en

société, mais qu'ils y sont dans des positions différentes si variées et si multipliées, qu'elles excluent
toute idée de choix et de convention.

D. Comment cela a-t-il pu se faire?

R. La société est évidemment un lien qui a uni
les hommes pour leurs besoins et par leurs diverses aptitudes : ce sont les deux ressorts qui
l'ont formée : c'est ce double ressort qui a marqué
le rang que chacun y occupe, et le besoin a fait
que chacun s'y est trouvé placé comme de son
choix.

D. Mais ces ressorts n'ont-ils pas eu besoin de
quelque convention pour se diriger ainsi?

R. Au contraire, si l'on pouvait supposer une
égalité parfaite dans laquelle tous eussent pu délibérer sur l'établissement des sociétés, telles
qu'elles existent, qui aurait consenti à occuper
les emplois les plus bas, les occupations les plus
fatigantes, les plus dégoûtantes? Aucun sans
doute. Il a donc fallu que la nécessité fît elle-
même la distribution des rangs; c'est donc là le
ressort qui a formé les sociétés, où chacun garde
sa place comme la tenant de sa propre nature et
de la Providence; c'est bien là le contrat social, il
n'y en a point d'autre.

D. Il n'y a donc jamais eu d'égalité entre les
hommes dans l'état de société?

R. Tout démontre que cette égalité, qui suppo-
serait que chaque famille a pu tirer sa subsistance

de biens tout venus et tout amassés, n'a pu subsister : la terre n'est pas généralement disposée
pour cela; et l'homme n'a jamais pu y vivre que
de ses recherches et de son industrie. Joignez que
l'homme a été créé pour mulplier, et que ce but
de la nature n'aurait pu être accompli, si l'industrie n'eût multiplié ses ressources à mesure de la
multiplication des hommes. La société se serait
plutôt détruite.

D. D'ailleurs eût-ce été tout que de former la
société dans ce premier état?

R. Sans doute qu'il fallait, non-seulement que
les sociétés fussent formées, mais encore il a fallu
les défendre des destructions auxquelles elles ont
dû être sujettes; car les corps moraux sont, comme
ceux physiques, sujets aux vicissitudes qui font
que tout naît, augmente, décroît, périt et renaît.

D. Qu'établit-on par ces observations?

R. Non pas, sans doute, qu'il en résulte que la
nature et la Providence aient établi les sociétés civiles, ou tous les états divers, d'un seul jet; mais
que les sociétés qui se sont formées, ne l'ont été
que par les seules dispositions de l'homme, qui
sont leur ouvrage : que ce sont les diverses aptitudes, jointes au besoin, qui ont porté chacun à
en suivre la pente, et qui ont fait que les sociétés
se sont formées d'elles-mêmes, à mesure qu'il y a
eu des réunions d'hommes et de familles, sans
besoin de conventions; et que chacun a eu et gardé

dans la société où il s'est trouvé, le rang que son aptitude et l'utilité dont il a pu y être ont déterminé.

D. Quelle est la conclusion de ce système?

R. Ce n'est point un système que l'on forme pour l'opposer à d'autres ; on cherche seulement à fixer les idées, en les dégageant de tout système; il a paru plus utile de prendre pour point de départ ce qui peut se justifier par des observations qui sont les mêmes sur les temps anciens et sur ce qui existe encore, que des conjectures vagues sur ce qui a dû être dans certains plans; si ce procédé n'a pas l'avantage du brillant des systèmes, il a celui de nous placer sur un point, d'où la vérité peut plus facilement se découvrir.

CHAPITRE II.

De l'établissement de la propriété, et de la distinction du tien et du mien.

D. Y a-t-il eu une communauté primitive que l'établissement de la propriété soit venu rompre?

R. Si la communauté primitive des biens s'entendait autrement que comme le droit primitif, égal dans tous les hommes, de se saisir de tout ce que la nature offre de propre à exercer leur industrie, et de rechercher les moyens de satisfaire à leurs besoins, elle ne pourrait être qu'une chimère. Ce droit a dû se subordonner à des règles : puisque si tous eussent voulu être, chacun individuellement, en même temps maîtres des mêmes choses, cela n'aurait pu que les constituer en état de guerre.

D. Qu'est-ce qui a mis naturellement un terme à cet état de guerre?

R. C'est qu'il n'y a rien eu ou presque rien dans la nature qui ait suffi par soi-même, et indépendamment de l'adresse, du courage, des labeurs et de l'économie, pour satisfaire à tous les besoins : ceux donc qui, par l'usage qu'ils ont su faire de ces moyens, ont pu se saisir des choses, comme des bêtes en chassant, et des diverses choses qu'ils ont produites ou mises en état de produire, en ont été naturellement les maîtres; la propriété s'est donc établie d'elle-même, même dans l'état de la plus grande simplicité.

D. D'où part le principe de cet établissement de la propriété?

R. C'est du droit ou de la faculté que chacun avait, et des moyens qu'il pouvait trouver en soi, pour poursuivre les bêtes sauvages, cultiver la terre, nourrir et soigner le bétail, et enfin favoriser ou faire naître toutes sortes de produits : car on ne parle de ces premiers actes que pour ne pas sortir même de cet état de simplicité que beaucoup de philosophes appellent l'état de nature.

D. Qu'est-ce donc que la propriété primitive de l'homme dans ce premier état?

R. C'est le droit que chacun a eu de s'attribuer, privativement à tous autres, les choses qu'il avait commencé à occuper, en y appliquant son travail, pour en tirer l'utilité qu'elles pouvaient donner; car il ne s'agit pas de l'occupation simple comme fondement du droit, mais de l'occupation suivie de l'application de l'industrie de l'occupant, pour tirer des produits des choses occupées, ou en changer la nature, stérile jusqu'alors, en nature productive.

D. Comment peut-on établir ce droit?

R. La propriété, envisagée sous le rapport qui vient d'être expliqué, est la plus incontestable : car elle est principalement de ce qui est en nous, de notre intelligence, de notre activité, de notre courage. Ce que l'on a à ce titre n'est que l'effet de ces qualités, et ce qui en a été le produit est bien à nous; on ne peut le contester, ni même raisonnablement l'envier.

D. Quels sont les vrais biens dans cet état?

R. Ce n'est pas la terre nue et vague; ce ne sont pas des matières brutes, et dont l'utilité pouvait à peine être estimée, parce qu'on n'en voyait ni n'en soupçonnait aucun usage actuel; mais c'est la terre limitée, mise en culture, ou préparée pour cela ; c'est la terre avec tous les établissemens qui peuvent s'y asseoir par l'implantation, l'édification. La nature offre bien à tous les moyens d'avoir ces biens; mais elle ne les offre pas tout établis, et sans besoin du soin de l'homme. Si donc on peut dire que nous avons eu un droit primitif égal sur ces choses, il est encore plus vrai de dire que dans l'ordre secondaire où s'établit la propriété, elles n'appartiennent qu'à ceux qui les ont acquises par leur invention, leurs travaux et leurs soins.

D. La propriété n'a donc point été le résultat de conventions primitives et de partages?

R. Non assurément : le partage, comme on l'a dit, s'est fait de lui-même par ces rapports naturels; et s'il a été inégal, s'il y a toujours eu des riches et des pauvres, comme des puissans et des faibles, ce n'est que par le résultat des divers degrés de ces sortes d'aptitude, de ces qualités différentes, avec lesquelles chaque individu est né.

D. Il n'y a donc point d'égalité naturelle?

R. La véritable égalité naturelle a été expliquée, 2ᵉ partie, chapitre 5. Elle consiste dans les attributs de l'humanité, et le droit d'être traité comme homme; mais ici l'égalité cesse pour l'ordre de la société civile; le faible n'est pas l'égal du fort, si ce n'est par l'usage de la force, dont le fort ne doit jamais abuser. L'homme laborieux et d'un esprit inventif n'est pas l'égal de celui que son défaut de conception ou une lâche inertie ont retenu dans l'inaction.

D. Quelle est donc la source de la véritable distinction du tien et du mien?

R. Elle a sa source et son principe dans ce résultat de la capacité des hommes, et non dans aucune injustice que l'on puisse supposer, ni dans aucun arrangement imaginable, puisqu'il est évident que, s'il y eût eu lieu de l'agiter, toutes les volontés n'auraient pu s'y prêter; elle est enfin dans la nature des choses, comme la société elle-même, dont elle est la conséquence ou plutôt la première cause, ce que je crois plus véritable.

D. Quelle dut être la suite de cette distinction ainsi établie du tien et du mien?

R. Il est aisé de concevoir que celui qui fit une découverte ne borna pas son travail à n'en tirer du produit que pour son seul besoin : mais, comme il eut besoin d'autres choses, qu'il ne pouvait également produire, et que d'autres produisirent, cela établit un rapport de superflu et de besoin, qui conduisit naturellement à l'échange de l'un pour l'autre de ces divers superflus : il en naquit des actes de commerce.

D. Quel en fut l'effet?

R. Ce fut de donner un moyen naturel de la répartition des biens, qui a produit cette inégalité des richesses, qui nous frappe aujourd'hui.

D. Comment le commerce a-t-il donné ces richesses?

R. C'est parce qu'il n'a pu faire, dans le partage à chacun, que la part qu'il put y prendre selon son aptitude; et l'on n'a point eu à s'en plaindre.

puisque chacun avait ainsi en soi-même la mesure de ce qui pouvait lui en revenir.

L'établissement du commerce a amené ensuite toutes les autres conséquences, que la distinction du tien et du mien a produites dans la société civile.

CHAPITRE III.

De la souveraineté.

D. D'ou est née la souveraineté? Est-elle le résultat d'une convention entre les hommes?

R. La souveraineté n'est point le résultat d'un contrat comparable à ceux par lesquels on se lie dans le commerce de la vie; elle n'est pas non plus formée d'un abandon positif et volontaire, que chacun ait fait de ses droits naturels. C'est une hypothèse que rien ne justifie; la restriction de la liberté naturelle a bien été l'effet de l'établissement de la société, d'où est née la souveraineté; mais cet effet est sorti de la nature des choses, et non des volontés étudiées de chacun. On voit que, dans les nouvelles constitutions données à quelques peuples, la majorité de la population, qui s'y trouve liée, n'y a point eu et n'a pas été capable d'y avoir la moindre part.

D. Comment a-t-on expliqué ce point?

R. Puffendorf dit que la raison humaine ayant fait sentir que l'établissement des sociétés était absolument nécessaire pour l'ordre, la tranquillité et la conservation du genre humain, Dieu, en tant qu'auteur de la loi naturelle, doit aussi être regardé comme auteur des sociétés civiles, et par conséquent du pouvoir souverain, sans lequel elles ne sauraient être conçues; et Grotius dit nettement que la souveraineté n'est pas dans son principe l'ouvrage des peuples, et que quelque influence que l'on veuille prêter à leur consentement, ce n'est pas une raison pour qu'elle soit dans leur dépendance, et qu'ils aient quelque chose de supérieur à la puissance qui les gouverne.

D. Qu'est donc la souveraineté, d'après ces réflexions?

R. Il faut dire qu'elle est un des ressorts de la Providence pour l'ordre de la société qu'elle a établie entre les hommes, et pour le gouvernement des hommes.

D. Comment ce ressort s'est-il établi et mis en jeu?

R. La diversité des aptitudes dont il a été déjà parlé fait conjecturer, s'il ne l'explique pas, comment ce ressort s'est placé dans l'empire d'un seul sur tous; c'est parce que d'éminentes qualités ont fait distinguer ceux qui étaient plus propres à conduire et gouverner les autres par le commandement, et, parmi ceux-là, celui qui les possédait encore à un plus haut degré. Ces qualités sont, le courage élevé, le génie des grandes déterminations; ces qualités, plus éminentes dans l'un de ceux qui en étaient doués, ont forcé les autres à l'admiration, et à lui rendre un hommage éclatant, qui a porté la multitude à la soumission et à l'obéissance.

D. Cette élévation a-t-elle constitué, dans le chef reconnu, un droit absolu qui pût ne dépendre que de sa seule volonté?

R. Il y a apparence et même l'histoire témoigne qu'il eut, dans les autres personnes d'un rang pareillement distingué par leur qualité, des conseils nécessaires pour seconder sa puissance, et donner dans des lois des règles fixes de gouvernement.

D. Quel a été le but de ces institutions?

R. Il ne faut pas douter que la souveraineté et les lois n'ont été que pour le peuple, pour assurer son repos et faire son bonheur. Le souverain n'y eut qu'une charge, et non un droit; elle a eu pour unique objet le maintien de l'ordre et l'assurance de la tranquillité nécessaire pour que chacun pût exercer librement ses facultés naturelles; c'est la charte naturelle qui a formé, sans qu'il fût besoin d'en convenir le contrat qui lie le monarque avec les peuples soumis à son gouvernement, et qui oblige le peuple à prêter l'obéissance, et le souverain à ne commander que pour le bien général.

D. Où est la preuve de cette charte naturelle?

R. Elle est dans la nécessité de l'ordre; c'est ce qui fait reconnaître, comme une vérité certaine, que c'est pour le peuple, et non par le peuple, que la souveraineté s'est établie.

D. Le souverain n'y a-t-il pas aussi ses droits?

R. Cette institution comporte aussi de grandes prérogatives pour le souverain, mais c'est toujours pour la même fin, qui est la sûreté du gouvernement : c'est pour cela que le souverain est une personne sacrée et inviolable, c'est-à-dire qu'on ne peut inculper pour aucun tort, à qui on ne peut imputer aucun mal, et qu'on ne peut attaquer sans la plus grave des offenses.

D. Le peuple n'est donc pas la cause et le créateur de la souveraineté?

R. Non; il n'est rien de plus certain, et il n'en est pas en conséquence le dépositaire. La souveraineté du peuple n'est qu'une de ces idées vagues que l'on a mises en avant dans des temps de révolution pour émouvoir les esprits, et gouverner ceux dont on feint de faire ses maîtres : c'est un vrai paradoxe.

D. Peut-on démontrer aisément la fausseté de cette idée?

R. Si le peuple avait la souveraineté en lui-même, il pourrait aussi bien l'exercer que la déléguer. On ne peut disconvenir que l'exercice de la souveraineté par le peuple, par la multitude, ne fût l'occasion des plus grands troubles et des plus grands désordres; on en a eu des exemples frappans. La souveraineté serait donc établie contre le but même de son utilité, qui est le maintien de l'ordre et du repos.

D. Mais n'a-t-on pas dû au moins reconnaître sa source dans un abandon librement fait par chacun de sa liberté et du pouvoir naturel, pour former la puissance publique?

R. Il semble qu'il faut dire, au contraire, que l'homme n'a pu être soumis à l'ordre que par un retranchement de cette liberté naturelle. Or, comme cette soumission à l'ordre est dans la nature même de l'homme, elle est par conséquent indépendante de sa volonté. C'est donc dans l'état de ce retranchement, et la société déjà formée, qu'est née la souveraineté; elle ne peut donc pas en être le résultat. Le retranchement dont on parle est, au contraire, le résultat de l'établissement de la souveraineté et de l'ordre qu'elle a en vue de maintenir.

D. Qu'est-ce qui conduit à envisager ainsi ce point?

R. C'est que, s'il en était autrement, rien ne pourrait expliquer la soumission des plus grands peuples du monde au despotisme, et l'on ne pourrait concevoir pourquoi ces théories de la souveraineté du peuple et de la liberté primitive de l'homme ne nous seraient venues que dans des siècles rapprochés de notre âge et par l'étude des philosophes d'Athènes et de Rome, ces villes fameuses qui ont si peu joui de cet état de liberté, et auxquelles

même il a été si funeste par les maux qui en sont
sortis.

D. La souveraineté est-elle une propriété dans
la personne du souverain?

R. Non; de ce qu'elle est à cause du peuple et
pour lui, il faut conclure qu'elle n'est qu'un dépôt dont le souverain ne doit user que pour le
bien public, que pour procurer au peuple la sûreté,
le repos et le libre exercice de l'industrie et des
autres facultés de l'homme. Pour cela, le souverain
est soumis à des règles pour la sûreté de son gouvernement.

D. Où sont ces règles?

R. Elles sont dans les conseils des sages et surtout dans les lois établies, que le souverain ne
peut enfreindre; c'est de ce principe que des publicistes, tels que Wolf, sont partis pour élever la
question : Si le peuple a le droit de s'opposer au
monarque, et de s'élever contre lui jusque même
à le priver de sa couronne, dans le cas de la violation, de sa part, des lois fondamentales et des lois
de la nature.

D. Une pareille question peut-elle être agitée?

R. On ne le pense pas, parce qu'il ne pourrait en
résulter que de répéter ces maximes subversives,
qui n'ont été que trop répandues dans les temps
d'agitation, et qui ont causé tant de mal.

D. L'insurrection n'est-elle jamais permise?

R. Elle ne peut du moins résulter de mouve-

mens particls, qui sont toujours de véritables principes de sédition et de révolte. Or, il faut le dire
à ceux que l'instabilité de leur esprit, ou quelque
désir coupable porte à augurer des choses nouvelles, en exaltant quelque mouvement, que toute
tentative d'insurrection est une vraie révolte, aussi
coupable dans l'ordre de la nature que dans les
lois de la société, parce qu'elle a toujours pour
premier effet de troubler la société, et de l'amener à un état de crise dont on ne peut prévoir l'issue, et qui n'offre qu'une source de crimes et
des plus grands désastres.

D. Que faut-il penser de celles qui ont eu pour
suites des révolutions d'état?

R. Lorsqu'elles ont eu pour issue d'amener le
gouvernement à des réformes utiles, ce sont de
grandes leçons : qu'est-ce qui en a fait le succès?
C'est la Providence; elle témoigne par-là qu'elle
veut que les vices des gouvernemens, qui choquent
trop les droits de la nature, se corrigent, et que
le gouvernement des hommes se conforme à la
justice.

Ainsi les révolutions qui ont eu pour issue de
rétablir les nations dans des droits oubliés, dont
la jouissance paisible devait faire partie du bonheur du peuple ou l'assurer, sont au moins une
preuve que la Providence veille sur les gouvernemens comme sur les peuples.

D. Quelle est l'utilité de cette remarque?

R. C'est par ces faits, plutôt que par de vaines théories, que les droits du peuple sont conciliés avec la majesté, l'inviolabilité du trône, en montrant que la Providence défend les uns comme les autres, et pourvoit au maintien des sociétés, toujours par la puissance de l'ordre et l'empire de la justice, en ouvrant la voie pour rétablir son règne, quand elle a été méconnue.

D. Quels sont les droits du peuple qu'il s'agit de concilier avec la majesté du trône?

R. On a déjà parlé de l'égalité et de la liberté; ce sont des termes dont on a souvent abusé.

D. Quels sont les droits de l'égalité?

R. Les hommes sont égaux devant Dieu, qui leur a donné la raison, et par elle les lois naturelles pour guides; ils sont égaux entre eux par les attributs de l'humanité; ils sont aussi égaux comme membres de la société, dont ils subissent les mêmes lois, en étant soumis au même gouvernement; ils sont donc égaux devant la loi, c'est-à-dire que la loi doit être égale pour tous, soit qu'elle récompense ou qu'elle punisse, ou lorsqu'elle règle les intérêts et les droits des citoyens : ils doivent encore être appelés à tous les services de la société, dans les charges et emplois publics, mais chacun selon leur capacité.

D. Il n'y a donc point d'égalité qui s'étende plus loin, et qui soit absolue?

R. La raison dit que de même que les hommes

ne naissent pas tous avec la même aptitude, ou les mêmes qualités physiques et morales, de même ils ne peuvent point être égaux sous ces différens rapports : c'est ce qui a fait dire que les rangs sont marqués dans la société par cette différence des aptitudes ; c'est ce que montre cette égalité de vocation aux emplois, chacun suivant sa capacité.

D. Quelles sont les distinctions qui sortent de cet état de choses, et qui sont compatibles avec l'égalité bien entendue?

R. La société ne pouvant subsister sans établir des rangs différens, ceux qui sont rapprochés du dépositaire de la souveraineté, et qui concourent même à son action, sont nécessairement distingués des autres classes. Il a été nécessaire que ceux qui commandent fussent distingués des subordonnés qui obéissent à leurs commandemens. De là sont sorties les distinctions d'ordre; mais, ramenées à leur objet, elles ne peuvent troubler l'égalité, par la raison que chacun a les mêmes moyens d'y être élevé, qui sont son aptitude, ses facultés et ses talens. L'injustice de la distinction n'a jamais été que dans les priviléges qu'ils se sont arrogés, pour rejeter sur les classes inférieures les charges publiques, en se réservant à eux seuls les avantages : mais un gouvernement bien réglé ne souffre pas cette injustice.

D. Quels sont les droits de la liberté?

R. C'est, comme on l'a déjà expliqué, le droit naturel d'exercer ses facultés, son industrie; celui de disposer de sa personne, en choisissant le lieu de sa demeure ou sa résidence; le droit d'exprimer ou même de publier ses pensées, pourvu que dans tout cela on se conforme aux lois, et que l'on ne trouble point l'ordre public; celui de cultiver la religion de ses pères ou à laquelle on se trouve attaché de toute autre manière, pourvu qu'il s'agisse d'un culte toléré.

CHAPITRE IV.

Des diverses formes de gouvernement.

D. Quel est le premier des gouvernemens?

R. C'est la royauté.

D. Qu'est-ce qui établit cela?

R. Tous les monumens de l'histoire; l'Assyrie, la Perse, l'Égypte, la Phénicie, la Grèce, tous ces états, les premiers connus, ont été gouvernés primitivement par des rois : les Hébreux l'ont été par le pontificat, leur gouvernement étant théocratique; mais ils ont ensuite eu la royauté, qu'ils ont eux-mêmes réclamée.

D. Quelle est la nature de la royauté?

R. C'est de porter en elle-même tous les attributs de la souveraineté, sans laquelle elle ne peut exister. Wolf, *Méthode du Droit naturel*, part. 8,

§. 134, dit que « lorsque l'empire est déféré à un chef suprême, il l'est tel qu'il est dans le peuple, c'est-à-dire plein, absolu et souverain; qu'il ne peut y avoir un gouvernement vrai et sûr sans cette souveraineté. »

D. Cette citation n'est-elle pas contraire à ce qu'on a dit sur la nature de la souveraineté, lorsqu'elle suppose qu'elle est dans le peuple, ou que c'est là sa source?

R. Aussi je pense qu'on doit écarter cette supposition de la souveraineté dans le peuple, dont je crois avoir montré la fausseté dans son sens absolu. La souveraineté, comme je l'ai dit, est à cause du peuple et pour lui, mais n'est pas dans lui. Mais je prouve, par cette citation, que nous sommes tous d'accord sur la nécessité que la souveraineté soit absolue dans le chef du gouvernement, sans quoi son titre est vain, et il n'y a point de gouvernement.

D. Qu'est-ce qui établit donc la souveraineté dans le chef du gouvernement?

R. J'ai montré qu'elle est sortie de la nécessité de l'ordre, et s'est assise comme d'elle-même sur les personnes dont les qualités éminentes ont offert la garantie d'un bon et juste usage de ce grand pouvoir.

D. En disant les personnes, ne détruisez-vous pas l'unité de la monarchie?

R. Je dis les personnes, parce que l'on ne peut

croire que ces qualités aient reposé sur un être
unique qui eût été privilégié dans la nature; mais
elles ont résidé du plus au moins sur une classe
d'individus que les mêmes rapports moraux ont
distingués, et qui eux-mêmes ont arrêté leurs vues
sur celui d'entre eux qu'ils en ont cru le plus
digne.

D. N'y a-t-il pas aussi une cause qui a amené les
variations des gouvernemens, et a fait qu'ils ne se
sont pas tous conservés dans la monarchie pure?

R. Il n'est pas douteux que les changemens que
la société civile subit, comme tout ce qui est au
monde, ont fait naître d'autres résultats que cette
seule institution de la monarchie, qui n'a pas pu
être toujours constante; car, quoique la souveraineté ne soit pas dans le peuple, il faut avouer
qu'elle n'a jamais été que ce que la masse des
hommes de chaque cité a reçu et souffert, et ce
à quoi elle s'est conformée?

D. Comment se représente-t-on ces changemens?

R. L'histoire elle-même nous montre dans les
premiers rois des chefs habiles, qui ont retenu le
pouvoir, tantôt par les services qu'ils ont rendus
dans les armes, tantôt par la sagesse qu'ils ont
montrée dans la conduite des affaires générales.
On peut voir là un principe du droit d'élection;
mais ce chef, qui a eu un fils, l'a élevé dans les
vertus et les talens qui l'avaient distingué, l'a as-

socié à ses travaux, et lui a fait mériter la même élévation qu'il avait reçue. La succession des fils aux biens de leur père a paru naturelle; celle à leur état a dû en être la conséquence, quand ils s'en sont montrés dignes; et de là est venue l'hérédité de la couronne; elle a dû être d'autant mieux reçue, que rien n'était plus propre à assurer la paix publique : au lieu que l'élection ne montrait à chaque fin de règne que le danger des ambitions soulevées, et des troubles les plus funestes, qui en étaient la suite. La Pologne nous en a montré, jusqu'à ces derniers temps, un exemple trop frappant. D'autres circonstances ont amené l'établissement des républiques, élevées sur les ruines de la monarchie.

D. Par quel moyen les monarchies ont-elles pu être changées en républiques?

R. L'histoire de Rome et des états de la Grèce, qui ont été tous en monarchies, nous l'apprend : des mécontentemens, excités par quelques traits de faiblesse ou de perversité, ont soulevé les peuples, et fait proscrire la royauté; d'abord ce sont les patriciens ou les nobles qui ont dirigé le mouvement, et retenu le pouvoir; ce pouvoir a créé l'aristocratie.

Mais les nobles eux-mêmes ont abusé du pouvoir, qui même est devenu plus insupportable, de cela seul qu'il s'est vu exercé par plusieurs. Des hommes populaires ont profité de l'exemple pour les renverser, et établir le pouvoir du peuple, à qui il est aisé de faire accroire qu'il en use, lorsqu'il ne sert qu'à ceux qui ont le talent de l'usurper en son nom ; c'est la démocratie.

D. Comment ces chefs de révolution ont-ils pu saisir ainsi le pouvoir souverain ?

R. Le gouvernement républicain avait tous ses élémens dans la monarchie même : on a vu que les rois n'ont jamais pu gouverner sans le conseil des sages ou des principaux de l'état ; cela a donné la marche et la forme des assemblées délibérantes, qui sont le fondement de l'action de tout gouvernement républicain.

D. Quel a été le gouvernement primitif ?

R. On l'a dit ; l'histoire nous montre la royauté comme le gouvernement vraiment paternel, qui a été celui des temps de simplicité ; et l'on voit que ce n'est que dans les sociétés dont la civilisation se trouvait avancée, que les républiques ont pris naissance. C'est donc à ces temps qu'il a appartenu de populariser ces systèmes du droit de tous à la souveraineté, et de supériorité du peuple sur les monarques, qui ont beaucoup agité dans toutes les parties du monde, sans amener nulle part plus de bonheur pour la masse, et même plus de véritables avantages pour leurs instigateurs, presque toujours victimes des mouvemens.

D. Quel est donc le vrai résultat de tout ceci ?

R. En dernier résultat, c'est la Providence qui a organisé les sociétés civiles et les gouvernemens, par le seul effet des dispositions des hommes; et ce sont les conjonctures des temps qui ont diversifié les formes de gouvernemens. Il est bien reconnu que tout gouvernement est pour le peuple; mais il faut avouer que, loin que cela ait créé un droit qui ait tout déterminé, c'est le fait qui y a toujours eu la plus grande part: non, sans doute, qu'il faille approuver tout gouvernement de fait, puisque ce serait consacrer toute usurpation; mais le simple citoyen n'a pas à juger la nature du gouvernement auquel il est forcé d'obéir. Le gouvernement légitime est sans contredit celui qui est conforme aux lois constitutives ou aux anciennes institutions qui en tiennent lieu. C'est un devoir sacré de suivre et défendre un tel gouvernement de tout son pouvoir; c'est l'arche sainte à laquelle tout montre qu'il n'est pas permis de porter une main sacrilége.

CHAPITRE. V.

De la monarchie et de ses espèces.

D. Qu'est-ce que la monarchie?

R. C'est le pouvoir souverain dans les mains d'un seul chef de gouvernement, soit sous le titre de roi, soit sous celui d'empereur ou de duc, ou tout autre.

D. Tous ces titres sont-ils égaux?

R. Ils le sont sous le rapport de la souveraineté que les princes ont également sous chacun d'eux, ce qui fait qu'ils sont également monarques ; car c'est la souveraineté qui fait la monarchie.

S'il y a donc de la différence entre eux, ce n'est qu'à raison de l'importance de leur empire, qui marque entre les souverains le rang de chacun dans les rapports politiques.

D. Y a-t-il plusieurs espèces de monarchies?

R. Il y en a trois : la monarchie pure ou absolue, celle tempérée et celle despotique. Selon Montesquieu, il n'y en a que deux, en ce qu'il confond celle pure avec celle despotique.

D. Cette confusion qu'il fait de la monarchie pure et de celle despotique, ne paraît-elle pas dans la nature des choses?

R. Il y a cependant une différence entre elles, en ce que la monarchie pure reconnaît des lois naturelles auxquelles elle ne refuse pas d'être soumise : le despotisme ne reconnaît de lois d'aucune nature, et soumet tout au bon plaisir du monarque.

D. Qu'est-ce qui oblige le monarque, dans la monarchie pure, de reconnaître les lois naturelles?

R. Il n'y a point à la vérité de moyens d'y rappeler le monarque qui les oublie ; mais c'est là qu'il commence à devenir despote, et il est de fait qu'il y a des monarques, et qu'il y a encore des monarchies pures, qu'on ne doit pas confondre avec le despotisme asiatique. On y gouverne selon des lois que l'on respecte, quoique le monarque en soit le maître : au lieu que dans le despotisme, tel que celui de l'Asie, la volonté de chaque jour, de chaque heure, fait la loi.

D. Qu'est la monarchie tempérée?

R. C'est celle qui étant fondée sur des lois constitutives ou au moins sur des principes reconnus comme fondamentaux, a pour tempéramens de la puissance absolue des droits de certains corps ou ordres de s'opposer, soit par voie directe, soit par voie de remontrances, a tout ce qui émane du gouvernement qui paraît contraire à ces lois ou ces usages, opposition ou remontrances, dont le résultat est au moins que l'entreprise du pouvoir s'arrête devant l'opinion exprimée librement par ces corps ou ordres qui en ont le droit.

D. Quels sont les corps ou ordres qui ont de pareils droits?

R. Montesquieu, raisonnant sur l'état de l'Europe au temps où il écrivait, les place dans le clergé et la noblesse; mais quoique ces ordres fussent puissans par leur considération et leurs richesses, ils n'avaient de fait aucun droit de s'opposer au gouvernement. La noblesse n'avait que trop maîtrisé ou plutôt éclipsé le trône anciennement, mais c'était plutôt la tyrannie féodale, que nos rois étaient dès long-temps parvenus a abattre;

car c'est bien à eux que nous devons d'être déli-
vrés de ce régime si contraire à tout ordre, et la
révolution n'en a ôté que des restes, qui n'étaient
plus que des conditions de la propriété des biens.
Depuis, la noblesse n'eut aucune autorité; le clergé
n'en avait pas davantage, et les cours de justice
étaient attentives à arrêter ses entreprises sur le
pouvoir temporel.

D. Quels étaient donc les vrais tempéramens,
s'il y en avait?

R. C'était plutôt dans les états du royaume, où
le clergé et la noblesse entraient par députation,
et où le tiers état entrait aussi par les élus des
bailliages; mais comme il n'y avait point de convocations régulières, leur action n'était point ha-
bituelle.

D. Cette action des états n'était-elle pas repré-
sentée dans l'intervalle des convocations?

R. Les cours de magistrature du royaume, et
principalement le parlement de Paris, qui représentait l'ancien parlement de France, et auquel se
réunissaient les pairs du royaume, avaient pris et
quelquefois fait reconnaître le droit de n'enre-
gistrer les édits, ordonnances et déclarations du
roi, qui étaient les lois du royaume, et n'étaient
promulguées que par cet enregistrement des cours,
qu'après y avoir opposé leurs remontrances, que
souvent les rois ont reçues.

D. Les rois étaient-ils obligés de les recevoir?

R. Non, rigoureusement : mais ils forçaient l'enregistrement en le faisant faire en leur présence, ce à quoi des magistrats courageux, comme les Talon, les Molé, n'ont pas craint d'opposer le langage de la justice suprême, que le roi ne pouvait refuser d'entendre.

Néanmoins ce droit trop incertain, et presque anéanti depuis Louis XIV, et notamment par l'ordonnance de 1667, a souvent amené des suites fâcheuses, et a enfin conduit à cette convocation de 1789, dont la révolution est née; elle est heureusement terminée par la restauration de la monarchie, que le Roi a couronnée avec une vraie magnanimité, en donnant la Charte constitutionnelle, qui est le plus vrai tempérament qui pût être mis à la puissance absolue du monarque.

D. D'après cela, qu'est la véritable monarchie tempérée?

R. C'est celle réglée par une loi constitutionnelle, en séparant les pouvoirs, en établissant des corps permanens, qui sont la représentation des ordres de l'état.

D. En quoi consiste la séparation des pouvoirs?

R. En ce que la charte distingue la puissance législative à laquelle les chambres, qu'elle crée, participent avec le roi, sa majesté néanmoins retenant l'essentiel de cette grande fonction dans le droit de proposer la loi, de la sanctionner et de la promulguer.

La participation des chambres réside dans le droit qu'elles ont de délibérer la loi que le roi propose, qui n'est formée qu'après qu'elles l'ont consentie; après quoi le roi a encore la liberté de la consentir ou de la rejeter : au premier cas, il la promulgue ; et ensuite en ce qu'elle distingue et sépare aussi le pouvoir de juger, dont les juges, nommés et institués par le roi, dans les cours et tribunaux établis par la loi, sont inamovibles, ne pouvant être ôtés de leurs places que par leur abandon, ou pour cause de forfaiture jugée, et en établissant que le droit de tous les sujets du roi est de ne pouvoir être jugés que par leurs juges naturels; ce qui signifie par les juges que la loi donne et que le roi institue.

D. Quel est le droit du roi?

R. Le droit du roi, que l'on appelle prérogative royale, est de conserver, avec l'initiative et la promulgation des lois et la direction du pouvoir judiciaire, qui rend la justice en son nom, la puissance exécutive entière et sans partage ni altération; il gouverne souverainement son royaume, sans être comptable de rien, mais seulement en ayant des ministres responsables, et qui peuvent être mis en accusation, et jugés par l'une et l'autre des deux chambres. C'est la réunion de ces tempéramens qui fait le gouvernement mixte, dont on parlera dans un chapitre suivant

D. Quel est le résultat de tout ceci, par rapport à la monarchie?

R. C'est que la monarchie n'a point de règle certaine, sans lois fondamentales; et que, dans cet état, elle est le despotisme, ou elle marche au despotisme; enfin, que tant que les pouvoirs restent confondus, il n'y a que la volonté du souverain.

D. Il est donc vrai de dire, avec Montesquieu, qu'il n'y a que deux vrais gouvernemens monarchiques?

R. Il n'y a, en dernière analyse, que la monarchie tempérée par des lois et des droits certains, et la monarchie sans tempéramens, qui est absolue ou despotisque; c'est sans doute ce qu'a voulu exprimer Montesquieu : cependant il est vrai de dire que la monarchie absolue, que plusieurs états de l'Europe ont encore, diffère du vrai despotisme, en ce que des lois, des coutumes, y tempèrent l'action du pouvoir souverain, sans qu'il soit astreint à des formes certaines; car il serait plus juste de distinguer la monarchie tempérée et celle constitutionnelle.

CHAPITRE VI.

De la république et des différentes sortes de
républiques.

D. Qu'est-ce que la république?

R. La république est le gouvernement de l'état
par plusieurs, entre lesquels les pouvoirs qui
constituent la souveraineté sont partagés.

D. Quelles sont les différentes sortes de républiques?

R. Il y en a deux espèces principales : l'aristocratie, qui est celle où les patriciens ou les nobles
ont tout le pouvoir et disposent de toutes les
charges et des branches du gouvernement; la démocratie, où le peuple entier, c'est-à-dire tous les
ordres confondus, fonde le gouvernement dans
des magistrats qu'il institue, et donne la forme
aux lois et aux jugemens.

D. Ces deux sortes de républiques ont-elles
toujours des formes certaines et constantes?

R. Elle doivent en avoir, sans quoi elles se cor-
rompent et dégénèrent : ainsi l'aristocratie dans
laquelle tout l'ordre régnant veut prendre part
au pouvoir, devient l'oligarchie, qui est un gouvernement tyrannique et la plus insoutenable des
tyrannies; la démocratie dans laquelle des lois
certaines ne sont pas respectées, et où la masse

turbulente s'empare des pouvoirs, s'appelle la démagogie, et produit l'anarchie, ou la confusion et l'absence de tout gouvernement.

D. Qu'a-t-on à prétendre de ces déviations du gouvernement régulier?

R. Ceux qui croient que tous peuvent prendre part à la puissance publique, en se fondant sur un système d'égalité, sont dans la plus trompeuse des illusions : il y a une force qui maintient toujours les hommes dans une inégalité et une distinction nécessaire, c'est celle de la différence des aptitudes : il y aura toujours dans tout état des puissans et des faibles, des hommes simples et des hommes de génie, des riches, des pauvres, dont les rangs seront toujours marqués; c'est le mécanisme nécessaire des sociétés civiles : il est au-dessus de tout effort et de toute combinaison, et nulle société ne peut exister sans lui.

D. La république est-elle absolument bornée à ces deux espèces?

R. Les républiques, toujours nées de circonstances singulières, varient comme elles à l'infini dans le détail des formes : mais ces variations n'en changent pas l'essence; c'est pourquoi il n'y a pas lieu d'entrer avec Bodin dans tous leurs détails, qui ne font rien à la théorie : ce sont des singularités historiques.

D. Quelle a été l'espèce de république la plus ordinaire?

R. C'est l'aristocratie, parce quelle prend son principe dans la classe des sujets de la monarchie qui, étant les plus rapprochés du souverain, sont plus à portée de connaître les ressorts du gouvernement et de s'en saisir.

D. Comment la démocratie a-t-elle pu exister et s'établir ?

R. Elle est née le plus souvent de l'abus que les aristocrates ont fait de leur supériorité pour dominer sur le peuple. Cet abus l'a déchaîné, ou plutôt a servi de cause à ses agitateurs, pour le révolter contre leur puissance, et substituer la démocratie à l'aristocratie. C'est ainsi que Rome a passé de l'une à l'autre de ces deux formes de gouvernement.

D. Mais ces changemens ont-ils été favorables à la liberté ?

R. On doit observer, au contraire, qu'à Rome la démocratie n'a fait que frayer le chemin à la tyrannie la plus absolue, par l'invention de la dictature, qui a été le marchepied du trône impérial.

D. N'y a-t-il eu absolument que ces deux formes de républiques ?

R. Il s'en est formé une troisième de la difficulté sentie de donner un gouvernement républicain durable à une population étendue et formée de diverses parties hétérogènes : c'est la république fédérative, qui a consisté à lier ensemble, sous un même gouvernement général et politique, des états particuliers ayant par leur situation un intérêt commun, qu'il n'est question que de rattacher à un centre commun, sans entrer dans les détails de l'administration intérieure de chacun, mais pour en faire un seul corps politique, capable de gouverner ces intérêts communs et de se défendre.

Tels ont été ou sont encore les anciennes Provinces-Unies de Hollande, les cantons suisses ou la Confédération Helvétique, et les États-Unis de l'Amérique septentrionale : on pourrait aussi parler de l'empire d'Allemagne, qui eut quelque chose des républiques fédératives.

D. Qu'est-ce qui est le plus propre à maintenir la stabilité des états républicains?

R. Le même publiciste que j'ai cité plus haut, Montesquieu, a dit que la vertu est le ressort nécessaire de cet état : cela peut signifier qu'il aurait besoin de l'habitude très-commune dans chacun d'une vertu particulière, qui serait l'oubli de ses propres intérêts devant celui de la patrie; enfin, de cet amour de la patrie, qui serait au-dessus de toute autre affection, et tel que l'histoire des anciennes républiques en retrace des traits sublimes. Mais cette vertu n'aurait pas une moins heureuse influence partout; la liberté civile bien garantie, intéresse le citoyen au maintien de l'état qui donne cette garantie : cependant elle a de plus, dans la république, de pouvoir resserrer les ressorts, qui sont ordinairement plus relâchés que dans la monarchie; mais rien ne s'oppose là plus qu'ailleurs, à ce qu'elle soit étouffée par l'ambition et la cupidité, qui même le plus souvent se cachent sous le masque du patriotisme pour arriver à leur fin.

D. Y a-t-il lieu de préférer la république à la royauté, ou celle-ci à celle-là?

R. Bodin a établi sur ce point une thèse d'autant plus intéressante, que le parallèle qu'il a présenté de ces différens états, a pris une force singulière des événemens de notre révolution. Il offre, d'après l'historien grec Xénophon, un tableau des horreurs de la démocratie, qui a été bien surpassée par les excès de notre démocratie naissante; et l'on ne pourra voir qu'avec autant d'effroi que de surprise, les massacres et les crimes qui ont signalé notre entrée dans cette carrière politique, ou cette recherche d'un meilleur état.

D. Mais est-il juste d'appliquer à notre changement d'état, qui fut comme nécessaire, le reproche des excès qui furent les fruits d'une agitation passagère?

R. Il faut remarquer, ce qui est bien l'état de la question, que ces agitations ne sont que les mouvemens excités et non contenus d'un peuple furieux et déchaîné, que l'on avait poussé à la rage, par tout ce que le mensonge put concevoir de plus atroce : cela est dans la nature des circonstances de ce genre, et prouve le danger d'appeler le peuple à une prétendue souveraineté qu'il n'est pas porté à réclamer de lui-même, parce qu'il sent plutôt le besoin d'être gouverné.

D. Que faut-il donc penser et des tableaux de Xénophon et de nos propres malheurs?

R. Que de tous les gouvernemens, le plus dangereux, le moins durable et le moins favorable à la paix publique, c'est la démocratie; que l'aristocratie a moins de sûreté et de bonheur que la monarchie; qu'elle-même est d'autant moins sûre, que l'un ou l'autre système y prédomine davantage.

La monarchie doit être populaire, mais en ce sens que, vouée tout entière au bonheur général, elle doit fonder son action sur ce qui convient à ce but : c'est dans les tempéramens réels, dont l'essence et la garantie seront bientôt développées.

CHAPITRE VII.

Du gouvernement mixte.

D. Qu'appelle-t-on gouvernement mixte?

R. J'appelle ainsi la monarchie tempérée par des formes certaines, qui semblent empruntées et faire une sorte de mélange de celles des deux gouvernemens républicains avec elle.

D. Comment se font cet emprunt et ce mélange des formes républicaines adaptées à la monarchie?

R. Tout gouvernement se compose de trois pouvoirs dont on a déjà parlé, et qui sont réunis dans la monarchie pure : savoir, le pouvoir législatif, le pouvoir exécutif et le pouvoir de juger : ils sont, au contraire, nécessairement séparés dans la république. On a pensé que le vrai tempérament de la monarchie était de les séparer de même, et d'établir une juste balance entre eux, comme cela existe depuis plusieurs siècles dans une monarchie voisine qui est florissante.

D. Comment cela s'opère-t-il ?

R. Par la création de chambres, qui coopèrent avec le roi à l'exercice du pouvoir législatif, et par l'assurance de l'indépendance du pouvoir judiciaire, qui doit être exercé par des juges et tribunaux créés par la loi, dont les membres sont institués par le roi, mais inamovibles.

D. Quelles sont ces chambres.

R. L'une est nommée par le roi, qui y appelle qui il lui plaît et dans le nombre de membres qu'il juge à propos : c'est la chambre des pairs : les pairs sont nommés à vie, et même c'est une dignité héréditaire, ou qui peut l'être à la volonté du roi ; l'autre est composée d'une députation de chaque fraction de l'état, soit province, soit département, qui est nommée par voie d'élection que la loi règle et qui se renouvelle.

D. Comment les chambres coopèrent-elles avec le roi à l'exercice du pouvoir législatif?

R. C'est en délibérant la loi que le roi leur propose à l'une ou à l'autre, et que celle à qui elle a été adressée renvoie à l'autre après qu'elle l'a acceptée. Le roi a ainsi l'initiative de la loi, dont il fait la promulgation, si, après qu'elle a été délibérée par les deux chambres, il l'accepte, car il peut encore la refuser; les chambres sont donc des conseils nécessaires sans lesquels la loi ne peutêtre faite. Les chambres ont, en outre le droit d'accorder ou refuser les impôts et contributions proposés par le roi.

D. Est-ce dans cette institution que l'on trouve ce mélange de formes républicaines qui fait le gouvernement mixte.

R. Oui, parce qu'il est de l'essence de la république que la loi soit l'ouvrage d'assemblées délibérantes. Cela n'est pas sans avoir ses inconvéniens dans la monarchie.

D. Quels sont ces inconvéniens?

R. C'est que si ce mélange allait jusqu'à affaiblir les vrais ressorts de la monarchie, l'action de celle-ci devenant nulle, le gouvernement mixte ne serait que l'absence de tout bon gouvernement; si l'aristocratie était trop influente, il y aurait le danger d'y amener l'oligarchie; si au contraire c'était la démocratie, elle ne pourrait que troubler l'ordre et tout détruire; il faut donc que l'une et l'autre soient contenues dans de justes limites.

D. Que faut-il pour arriver à ce but?

R. Il faut avoir une idée juste de ce gouvernement, que l'on appelle aussi représentatif.

D. Comment ce gouvernement est-il représentatif?

R. Il l'est dans son ensemble; c'est le roi qui représente le peuple, pour l'intérêt de qui il a son titre auguste et son pouvoir souverain.

D. Comment les chambres sont-elles dans la représentation?

R. C'est en représentant les intérêts divers de chacun selon leur nature; la chambre des pairs représente essentiellement la propriété, et la chambre des députés les autres intérêts, surtout l'industrie, la culture et l'exercice de toutes les facultés dont le public tire de l'avantage.

D. Les députés élus ne sont-ils pas les représentans de ceux qui les élisent?

R. C'est une idée très-fausse : puisqu'il en résulterait une division des parties de l'état, qui pourraient ne plus embrasser les mêmes intérêts; il est de l'essence de la constitution de la monarchie, que les députés ensemble représentent les intérêts de tous les départemens. Sans doute qu'ils peuvent s'occuper des intérêts de ceux qui leur adressent des demandes que la justice recommande, mais sans que cela leur suppose un mandat spécial : ils n'ont de mandat que dans la constitution et dans la charte.

D. Ne peut-on pas les regarder collectivement

comme les représentans de la masse ou de tous les départemens?

R. Ce serait encore une idée fausse; et si l'on liait cette idée avec celle non moins fausse de la souveraineté du peuple, il en résulterait au moins qu'ils la partageraient avec le roi : on voit à quels égaremens cela conduirait; mais ils représentent les intérêts autres que ceux de la propriété, qui a son véritable siége de défense dans la chambre des pairs.

D. Qu'est-ce qui caractérise le gouvernement mixte?

R. C'est le seul droit des chambres de coopérer avec le roi à la puissance législative, et de consentir les impôts : leur pouvoir sur l'administration publique est borné là. Le roi a seul la puissance exécutive, c'est-à-dire, le pouvoir de faire exécuter les lois, et d'administrer souverainement; et dans le pouvoir de juger, il a l'institution des juges, et il règle aussi souverainement l'administration de la justice, qui, au surplus, est rendue en son nom par des juges institués et inamovibles.

Dans l'administration, le Roi est maître du contentieux comme du reste, parce que c'est règlement, et non affaire de judicature.

D. On n'a donc point de raison de vouloir que le conseil d'état soit institué et mis au rang des juges par cette fonction?

R. Pour répondre à cette question, il ne faut

que se représenter ce que c'est que le conseil d'état, sa création, ses attributions, et leur rapport avec ce qui est véritablement de l'ordre judiciaire, et par conséquent mis dans la règle de l'indépendance du pouvoir judiciaire.

D. Qu'est-ce que le conseil d'état?

R. Ce sont des personnes dont le roi fait choix pour délibérer avec lui et en sa présence, sur les objets de son gouvernement et de son administration souveraine qu'il juge à propos de leur soumettre.

D. Une pareille réunion peut-elle former un corps indépendant?

R. Cela serait contre la nature des choses, puisque ce corps indépendant représenterait un pouvoir à côté de celui du roi.

D. Mais lorsque cette réunion exerce des pouvoirs judiciaires, ne rentre-t-elle pas dans l'ordre de ce pouvoir qui est constitué indépendant?

R. Il faut examiner si véritablement le conseil d'état exerce des pouvoirs judiciaires.

D. Quelles sont ses attributions, et que juge-t-il?

R. Les attributions du conseil d'état sont d'abord de délibérer sur toutes les affaires pour lesquelles le roi le réunit; 2°. de seconder les ministres dans chacun de leurs départemens, pour l'expédition des affaires;

5°. De décider sur les points difficultueux et contentieux des différentes parties de l'administration.

D. Cette dernière partie n'est-elle pas de la nature des jugemens, et par conséquent de l'ordre judiciaire?

R. Pour le décider, il faut examiner dans quels rapports le pouvoir judiciaire est constitué indépendant : c'est dans le rapport de la puissance avec la vie, l'honneur et la fortune des sujets; ce sont ces trois points qui sont l'objet de la nécessité de l'indépendance du pouvoir judiciaire. Or comment le règlement du contentieux des administrations pourrait-il intéresser l'honneur, la vie ou la fortune des citoyens? Tout ce que l'on peut dire, c'est que lorsque ces trois points coïncident avec le contentieux de l'administration, on doit les séparer, et remettre aux juges ordinaires la connaissance du crime ou délit, ou des questions de propriété. Il n'y a donc sur cela à désirer, que de voir préciser par une bonne loi tous les cas de conflit et de renvoi à la justice ordinaire. Il se peut même que l'on mêle dans le contentieux des objets à renvoyer à la justice ordinaire, comme les surtaxes d'impôts et même la voirie, qui étaient attribuées aux élections et bureaux des finances, tribunaux indépendans, et qu'on pourrait attribuer à la justice civile, ainsi qu'on a fait des droits réunis et même des droits de l'enregistrement et du domaine, dont autrefois les intendans connaissaient.

D. Qu'est donc le contentieux de l'administration, si ce n'est pas une dépendance du pouvoir de juger?

R. C'est règlement de l'administration, et non jugement. Comment le roi serait-il administrateur souverain, s'il n'avait pas le pouvoir de régler les difficultés de l'administration? et ne sent-on pas que si ces difficultés étaient de l'attribution d'un pouvoir indépendant, l'administration du roi ne serait plus souveraine, mais qu'elle serait subordonnée et dépendante elle-même? Une pareille conception attaque le pouvoir exécutif dans son essence. Autant il est nécessaire que les juges aient une délégation obligée, irrévocable, pour juger les intérêts privés ou les crimes, autant il est de l'ordre nécessaire de l'administration générale, libre dans la personne du roi, que les conseillers qu'il appelle n'aient qu'une délégation libre et volontaire, et soient toujours dans la dépendance du roi; et cela d'autant que le roi peut appeler pour chaque affaire particulière les conseillers qu'il lui plaît : que cette division du contentieux n'est qu'une branche de l'administration ainsi généralisée pour la commodité de la marche des affaires; mais elle ne fait pas une attribution. C'est le roi qui juge dans son conseil, ou plutôt qui règle les choses contentieuses. Il en a le pouvoir parce qu'il ne serait pas administrateur souverain sans cela.

D. Les administrations départementales et municipales sont-elles distinguées de l'administration générale, et ont-elles quelque chose qui doive demeurer libre et à la disposition de personnes du choix du peuple?

R. L'administration n'est pas de deux natures différentes : tout ce qui n'est ni de l'ordre législatif, ni du pouvoir judiciaire, n'appartient qu'au roi, qui est seul administrateur souverain du royaume; les départemens ne sont que la division des parties du royaume entre lesquelles l'administration générale se partage.

D. Les administrateurs nommés par le peuple ne seraient-ils pas toujours dans la dépendance du roi?

R. Non : ils ne sont dans sa dépendance, que parce que le roi les nomme et les révoque à sa volonté. Il paraît que nul ne conteste ce point pour ce qui regarde les préfets et les sous-préfets.

D. Mais n'y a-t-il pas une différence à faire de ce qui regarde les administrations municipales?

R. Il n'y en a aucune, puisque les départemens se sont divisés en communes; or, les communes ne sont que des divisions de l'administration générale.

D. Mais le titre d'administration municipale ne comporte-t-il pas d'autres idées, et les municipalités

ne sont-elles pas de tout temps des corps qui ont
leurs intérêts propres dont l'administration leur
appartient?

R. Il y a sur ce point d'anciens préjugés qui
doivent suivre le sort de leurs causes qui ont véritablement disparu, et qui sont incompatibles avec
le régime constitutionnel. Ces préjugés s'attachent
à des idées de principes et de droits que nos rois
auraient jadis reconnus, ou même créés.

D. Comment qualifiez-vous de préjugés des idées
fondées sur des droits que nos rois auraient établis ou reconnus?

R. C'est qu'à d'autres temps, d'autres mœurs :
lorsque la France était dévorée par la tyrannie
féodale, qui anéantissait les droits du souverain,
comme les droits et la liberté du peuple, le roi
conçut qu'il ne pouvait lutter avec avantage contre
ce monstre, qu'en appelant le peuple à réclamer
ses droits et sa liberté. Il créa les droits de bour-
geoisie; il mit à découvert tous les intérêts locaux,
et il fit des bourgeois de chaque lieu, des corps
auxquels il laissa le pouvoir de s'organiser, en
nommant leurs magistrats, qui venaient à l'appui
de ses grands desseins, en n'ayant l'apparence que
de revendiquer leurs propres droits. On doit sentir
que dans un état où rien n'existait, où tous les
ressorts de la puissance souveraine étaient liés
ou emmêlés, c'était un vrai moyen de gouvernement, que cette création de corps ayant leurs

magistrats et une existence politique qui pût être opposée à l'oligarchie, et venir à l'appui du trône. Mais à mesure que le roi est rentré dans la plénitude de son pouvoir, il a ressaisi l'administration, tantôt en érigeant les mairies en charges, tantôt en autorisant l'élection des maires et échevins, mais toujours à la charge de demeurer subordonnés à l'administration générale. Il n'y a donc rien eu d'essentiel dans cet ordre par rapport à l'administration, surtout si l'on considère que c'était dans un temps où les pouvoirs étaient tous dans la main du roi, à l'exception du pouvoir de juger, qui avait ses règles particulières.

D. L'assemblée constituante n'a-t-elle pas elle-même reconnu que les administrations devaient être à la nomination du peuple?

R. L'assemblée constituante, occupée du grand et sans doute du funeste dessein de ne laisser que la figure de la monarchie, et de détruire entièrement toute aristocratie, et de faire par-là une monarchie toute démocratique, dont on a bientôt vu la malheureuse issue, a tout confié, même les juges, aux élections du peuple, il n'y a donc aucune conséquence à tirer de ses établissemens qui n'ont pu exister.

D. N'y a-t-il pas surtout pour les municipalités des intérêts locaux, qui exigent des personnes sur lesquelles la confiance des habitans repose?

R. On peut tout au plus, en séparant les inté-

rêts locaux de l'intérêt de l'administration générale, autoriser les habitans à nommer des conseils
auxquels ces intérêts seraient commis, et qui seraient en outre chargés de représenter à l'administration les besoins et les justes réclamations des
communes; mais cela n'empêche pas que l'administration n'appartienne exclusivement au roi, tant
dans les communes que dans toutes les divisions
administratives du royaume : car, dans le régime
de la monarchie constitutionnelle, tout part de
ce seul point de la division des pouvoirs, dans
laquelle celui qui reste au roi, le pouvoir exécutif,
est entier et sans partage; or, rien ne tendrait plus à
le scinder que d'établir des administrations particulières, qui, établies par l'élection, seraient
toutes populaires et indépendantes du roi.

CHAPITRE VIII.

*De l'administration publique et de ses branches
différentes.*

D. Que comprend l'administration publique?
R. Elle comprend tout ce qui constitue le gou-
vernement.
D. Comment est-elle régie?
R. Elle l'est sous les ordres du roi par des mi-
nistres qu'il nomme et révoque à sa volonté, qui

sont secrétaires d'état, et entre lesquels elle est partagée en autant de grandes divisions, qui sont leurs départemens respectifs.

D. Comment les ministres règlent-ils l'administration qui leur est confiée?

R. Ils ont sous leurs ordres, d'abord des sous-secrétaires d'état ou des secrétaires généraux, et des chefs, sous-chefs, et autres employés qui expédient, en les leur rapportant et soumettant, les affaires qui viennent à leurs bureaux : telle est leur administration intérieure, et ils ont sous leurs ordres des magistrats et officiers chargés de l'administration des affaires et de l'exécution de leurs décisions dans les divisions du royaume. Tous ces sous-ordres des ministres sont également sous la main du roi qui les crée ou les supprime, les nomme ou révoque à sa volonté.

D. Le roi doit-il compte des actes de l'administration?

R. Dans le gouvernement constitutionnel, le roi est une personne sacrée et inviolable, qui, par conséquent, n'est comptable d'aucun acte de l'administration ni passible d'aucun tort. Le bien et les grâces lui appartiennent. Le mal, s'il y en a, et les actes de rigueur, appartiennent à la loi ou aux ministres de qui ils émanent.

D. Que suit-il de cela?

R. Que tout ordre émané du roi est contre-signé par le ministre au département duquel il appar-

tient, lequel en est responsable ainsi que de l'exécution ; et pour cela les ministres peuvent être
accusés et jugés par les chambres, lorsqu'il y a
prévarication de leur part. Mais la loi doit définir
les prévarications et les cas de responsabilité sans
lesquels un ministre peut être mis en accusation
et en jugement.

D. Quelles sont les divisions de l'administration
générale qui forme les départemens des ministres?

R. Les départemens sont ordinairement : la justice, l'intérieur ou l'ordre, la paix et l'administration intérieure du royaume; les finances, qui
comprennent l'administration des revenus et des
dépenses de l'état; les contributions publiques, le
gouvernement du trésor public, la surveillance des
banques, caisse d'amortissement, et autres objets de
finances qui sont ou du trésor public ou en rapport
et sous la surveillance et protection immédiate de
l'état; la guerre, c'est-à-dire, le matériel et le personnel de tout ce qui concerne les armes, les corps
militaires, les places, arsenaux, et autres objets
relatifs à la défense de l'état et à la force nécessaire pour maintenir la paix au dedans et la rendre
respectable au dehors; même la surveillance de la
force civique, qui contribue au maintien de la paix
intérieure, et peut au besoin venir au secours de
l'état dans les dangers publics; la marine, ou
ce qui comprend le matériel et le personnel des

troupes de mer et des vaisseaux et armemens, ainsi que des ports, rades, colonies, enfin tout ce qui a rapport à la défense de l'état par mer, et à l'entretien de ses établissemens maritimes, de sa sûreté et de son commerce; enfin les affaires étrangères, qui consistent dans nos rapports politiques avec les états étrangers, soit relativement au maintien du respect et de la considération dus au royaume et de la dignité du roi, soit relativement aux relations de commerce établies entre nous et les différens états.

D. Que comprend l'administration de la justice?

R. Elle comprend la juridiction et l'ordre judiciaire.

D. Quelles en sont les bases?

R. L'une et l'autre reposent sur deux maximes de notre droit public, consignées dans la charte. La première, que nul ne peut être traduit que devant ses juges naturels et établis par la loi. La seconde, que tous les citoyens étant égaux devant la loi, ils doivent être jugés dans les mêmes formes et soumis aux mêmes peines pour les mêmes délits.

D. N'est-il pas mis une exception à ces règles?

R. Il est dit que la loi peut créer, selon la nécessité et l'urgence du salut public, des tribunaux spéciaux. Mais ces exceptions ne doivent être que

pour le cas de nécessité exprimé, et qui porte sa
limite en lui-même.

D. Qu'est-ce que vous appelez l'ordre judiciaire?

R. Il consiste dans l'établissement légal des
cours souveraines et des tribunaux de tous les
ordres.

D. Comment distingue-t-on les tribunaux?

R. On les distingue en juges ordinaires, qui ont
la connaissance de toutes les affaires concernant la
personne et les biens, ainsi que des crimes et délits des citoyens dans le territoire qui leur est assi-
gné : c'est le droit de ressort; et en juges d'attribution ou d'exception, qui n'ont juridiction et pouvoir de juger que pour les matières qui leur sont
attribuées.

D. Comment se divise la justice?

R. Elle se divise en justice civile et justice criminelle et de police.

D. Comment procède la justice civile?

R. Elle a deux degrés : le premier ressort, qui
est celui des juges ordinaires , si ce n'est dans des
espèces de causes où la loi leur attribue le jugement en premier et dernier ressort.

Le dernier ressort ou l'appel, qui est le pouvoir
de réformer les jugemens du premier ressort, quand
ils sont attaqués par cette voie. Il y a encore d'autres causes de pourvoi; elles sont dans l'ordre des
procédures dont on ne s'occupe pas ici.

D. Comment procède la justice criminelle?

R. Elle a aussi deux degrés : le premier est la recherche, l'instruction et la mise en accusation. La recherche et l'instruction sont de l'attribution des magistrats; l'accusation est préparée par les juges, et prononcée par la cour en chambre d'accusation.

Le second est le jugement, d'après les débats tenus en présence des jurés et devant la cour d'assises; et, d'après la déclaration des jurés sur la culpabilité, la cour prononce et applique la peine.

D. Qu'est-ce que les jurés?

R. C'est une institution du gouvernement libre et constitutionnel, qui consiste à prendre parmi les citoyens dont l'éducation et la consistance offrent une garantie sûre des sentimens de probité et d'amour du bien, un nombre déterminé pour chaque affaire, dont la fonction est d'entendre l'accusation, les témoignages, la discussion entre l'accusé, les accusateurs et les témoins, les défenses des accusés, de peser le tout dans leur conscience, et de déclarer sous la foi du serment la conviction qu'ils ont acquise dans leur âme de la culpabilité ou de l'innocence. Cette institution bien dirigée est, sans contredit, la meilleure assurance d'atteindre le coupable et de sauver l'innocent. C'est pour cela qu'on la dit le palladium de la liberté.

D. N'a-t-on pas une juste répugnance pour cette fonction?

R. En laissant de côté les âmes pusillanimes, tout bon citoyen ne peut l'avoir; s'il se convainc bien de ce véritable devoir, il fait abstraction de la peine, dont il n'est pas le dispensateur, il se borne à la vérité du fait, dont il est en quelque sorte le dépositaire, et qu'il scrute en sa conscience; il n'a à apporter que sa véracité sur l'effet de la conviction qu'il reçoit et qu'il sent en lui-même du fait établi et discuté.

D. Y a-t-il recours contre la déclaration du jury?

R. Non, elle est souveraine; les jurés n'en doivent compte qu'à leur conscience et à Dieu.

D. Les procédures et jugemens criminels sont-ils sujets à quelque recours?

R. Il y a le recours en cassation.

D. Qu'est-ce que le recours en cassation, et quel est le pouvoir dont il dépend?

R. Le recours en cassation est un moyen inventé dans la monarchie, où les juges sont indépendans, pour les obliger à se conformer à la loi dans leurs jugemens. C'est le vrai tempérament de l'indépendance des juges.

Dans l'ancienne monarchie, c'était le roi qui cassait en son conseil; et en effet, ce pouvoir n'appartient qu'au souverain, à qui il appartient seul de faire exécuter les lois.

Cependant, dans le changement que la révolution a mis dans les lois de la monarchie, une première vue toute populaire, fut de mettre les juges à la nomination du peuple, et de créer un tribunal de cassation aussi à sa nomination.

Quand à la démocratie trop absolue qui avait régné, a succédé un retour à la monarchie, comme c'était l'usurpateur, il n'a pas ôté le tribunal de cassation, mais il l'a organisé en instituant les membres de ce tribunal.

Dans la restauration, quoique la charte donnée par le roi ne parle pas de la cour de cassation, sa majesté l'a conservée en l'instituant de nouveau (1).

---

(1) Il y a beaucoup de réflexions à faire sur ce point d'ordre public. D'abord, la cour de cassation n'étant pas proprement du pouvoir judiciaire dans son institution essentielle, et étant, comme le pouvoir judiciaire, indépendante, elle forme donc un pouvoir à part, et un très-grand pouvoir. De quel ordre est-il?

Sans doute que le très-bon esprit de la cour actuelle écarte tout danger; mais on constitue pour l'avenir: cependant la cour de cassation a des attributions qui sont des fonctions judiciaires, qui sont les réglemens de juges et les forfaitures. Mais si la cour elle-même tombait en forfaiture, qui la jugerait?

Il faudrait donc au moins qu'elle fût, dans un tel cas, soumise à un pouvoir déclaré par la loi. Ne pourrait-elle pas être soumise à la chambre des pairs?.... Il semble qu'une loi qui le dirait, compléterait cette institution et résoudrait un grand doute.

D. N'y a-t-il recours en cassation qu'en matière criminelle?

R. Ce recours a lieu tant en matière civile qu'en matière criminelle. Mais en matière civile, il n'a lieu que dans le cas de contravention formelle à la loi : en matière criminelle, il a lieu, non-seulement pour ce cas, mais aussi pour tout vice dans la procédure, et la poursuite est cassée et annulée à partir de l'acte attaqué pour ce vice.

D. Qu'est-ce que la juridiction?

R. C'est, d'après tout ce qui précède, le droit de tout juge, de tout tribunal, de connaître, soit dans son ressort, soit dans ses attributions, des causes qui lui sont commises.

D. De qui dépend la juridiction?

R. Elle a sa source dans la création de la loi, et dans l'institution que le roi donne aux juges et tribunaux.

D. Quel en est l'effet?

R. C'est de déterminer la compétence, qui est le rapport du pouvoir du juge ou du tribunal avec la cause qui lui est soumise.

D. Qu'est-ce qui fonde la juridiction?

R. Elle est de droit public : les juges ni les tribunaux ne peuvent ni la restreindre ni la proroger.

D. Les personnes peuvent-elles, par leur consentement, reconnaître les juges devant lesquels elles sont traduites?

R. On distingue à cet égard les juges ordinaires,

qui dans leur ressort ont la plénitude de la juridiction, et les juges d'attribution, c'est-à-dire, dont la juridiction est bornée à une certaine matière.

Lorsqu'une partie étrangère au ressort reconnaît le juge, elle se lie et se soumet à sa juridiction, à laquelle elle n'ajoute rien. Si c'est un juge d'attribution devant lequel on soit traduit pour une cause hors de son attribution, la soumission volontaire de la partie n'empêche pas l'incompétence, parce qu'elle ne peut donner à ce juge un pouvoir qui étendrait sa juridiction, ce qui ne peut appartenir qu'à la loi.

D. Tout ce qui vient d'être expliqué comprend-il tout ce qui dépend de l'administration de la justice?

R. On n'a parlé que de ce qui concerne la marche de la justice, qui est son administration intérieure; mais il y a son administration extérieure, qui comprend le matériel et ce qui est nécessaire pour qu'elle puisse agir; le personnel, c'est-à-dire, l'institution de tous les magistrats, juges et officiers nécessaires; la police des tribunaux et cours; l'établissement et la surveillance de tous les offices ministériels qui s'y rapportent: tout cela appartient exclusivement au roi, comme faisant partie de l'administration générale du royaume, et forme les attributions spéciales du secrétaire d'état garde des sceaux et ministre de la justice.

CHAPITRE IX.

Des lois civiles, de leur établissement, et des objets qu'elles embrassent.

D. Qu'est-ce que la loi civile?

R. C'est le règlement de la société civile, et ce sont les règles positives données sur tous les cas où la loi naturelle pourrait être insuffisante ou méconnue, ou bien où les besoins de la société y ont réclamé des dérogations.

D. Les lois naturelles n'auraient donc pu suffire pour gouverner les sociétés civiles?

R. Comme elles ne parlent qu'à nos consciences, elles n'ont point par elles-mêmes de force coactive qui puisse y soumettre toutes les volontés particulières : il a donc fallu qu'elles fussent enchaînées par des règles que chacun fût obligé de respecter.

D. Quel est le premier point qu'elles ont dû embrasser?

R. C'est la sûreté de tous : elle doit être mise sous l'égide de la puissance publique. C'est ce qui a été déjà établi; et l'on a vu que le premier besoin de cette société a été l'établissement de la propriété et la distinction du *tien* et du *mien* : ainsi le point de départ des lois civiles a été l'établissement de la souveraineté et le maintien de la propriété, ainsi qu'on l'a vu.

D. Quels sont les moyens que les lois ont employés pour remplir ces objets?

R. Le premier a été d'assurer tous les ressorts du gouvernement, et de donner aux hommes des motifs de quiétude et de confiance dans l'ordre établi.

Ensuite les lois ont créé les moyens de répression contre toute atteinte à l'ordre public et contre les actions contraires à la sûreté des personnes et des biens qui ont présenté les caractères de crimes et de délits.

D. Comment les lois ont-elles embrassé le surplus des points de l'ordre civil?

R. Premièrement, en réglant les translations des biens par les actes du commerce, et les transmissions soit par la succession simple des vivans aux mourans, soit par les dispositions que ceux-ci pourraient faire pour désigner eux-mêmes leurs successeurs.

D'un autre côté, elles ont eu aussi en vue d'opposer la raison civile à tous les oublis où l'on pourrait tomber sur la raison naturelle, même de suppléer à son défaut pour préserver chacun de l'usurpation, la violence et la fraude, et donner un libre cours à ces voies de la circulation des biens.

D. Il n'est donc pas besoin, d'après cette direction des lois civiles, de celles naturelles?

R. Il faut dire, au contraire, que les lois civiles

ne dispensent pas de l'obligation que celles naturelles imposent ; et que, de même que les lois naturelles sont rappelées pour mettre un frein aux
injustices dans lesquelles les souverains, qui n'ont
pas entre eux d'autres lois à observer, peuvent
tomber, de même elles doivent l'être également à
tous, pour s'opposer aux actes injustes dont la loi
civile ne peut atteindre les causes, et par rapport
à l'espèce de tolérance qu'elle montre, en admettant des présomptions et des prescriptions que la
paix publique demande, comme des expédiens
pour que les contestations ne soient pas sans terme.

D. Comment la loi naturelle peut-elle suppléer
à la loi civile à son tour, et écarter les présomptions et autres expédiens que celle-ci met à la place
des termes précis de la justice?

R. Comme chacun connaît bien la vérité du fait
qui le regarde, on pensera aisément qu'opposer
une présomption de paiement ou une prescription, soit pour ne pas satisfaire à une obligation,
soit pour se maintenir dans une possession, lorsque
l'obligation ou l'injustice de la possession lèse la
conscience, c'est commettre une injustice, c'est
agir aussi méchamment que de commettre le vol
ou la fraude que la loi peut atteindre.

D. Quel est au surplus le secours que l'on peut
tirer des lois naturelles, même dans l'ordre de la
justice civile?

R. C'est qu'elles président à cette jurisprudence

universelle qui, donnant la règle et la forme aux actes du commerce de l'usage le plus généra, est la même dans toutes les nations civilisées, et en partie comprise dans le droit des gens. Ce sont ces principes qui ont été pris dans les recueils des lois romaines, et adoptés dans notre jurisprudence française, sous le titre de *raison écrite*. Leurs principaux documens sont répandus dans nos nouveaux codes, mais comme de simples résumés, qui n'empêchent pas qu'on ne doive toujours les regarder comme appartenant au corps de la science où leurs développemens doivent être étudiés.

D. Quelles sont en dernier résultat les parties qu'embrassent les lois civiles?

R. Elles embrassent quatre parties.

La première, est le droit politique de l'état.

La seconde, le droit criminel et les lois de police.

La troisième, les lois civiles et positives proprement dites que nos codes renferment.

La quatrième, les règles générales de la jurisprudence, retracées dans les recueils et les livres du droit civil et dans les écrits des jurisconsultes qui nous en ont conservé la tradition.

CHAPITRE X.

*Des crimes et délits, des peines et du droit de vie
et de mort.*

D. Quelles sont les lois relatives à la répression
des crimes et délits?

R. Elles sont de deux espèces : celles qui ont
pour but de constater le crime et d'en découvrir
le coupable, et qui statuent les peines que la loi
inflige aux crimes et délits : elles appartiennent à
la justice criminelle et pénale ; et celles de police.

D. Quelle est à cet égard la fonction du législateur?

R. C'est de qualifier les crimes, d'en régler la
poursuite, et de statuer les peines dues.

D. Peut-on poursuivre des crimes non qualifiés
par la loi, ou dont la loi n'a pas statué la peine?

R. Cela est impossible, et tout ce que l'on peut
faire, quand quelque action nuisible n'est point
qualifiée, et n'a pas sa peine déterminée par la
loi existante, c'est de provoquer la sanction et la
promulgation d'une loi pour la défendre et la prévenir à l'avenir.

D. A-t-on a pu avec quelque raison, mettre en
question si les lois pénales doivent avoir le consentement de tous, et si elles sont une dette que
le malfaiteur acquitte envers la société?

R. Ces points ne peuvent être l'occasion du plus léger doute : d'abord le consentement de tous est toujours résumé dans l'acte du législateur qui fait la loi conformément au droit reçu ; ensuite la peine une fois promulguée, chacun sait qu'il l'encourt en commettant l'action pour laquelle elle est infligée. Le coupable subit donc la peine comme de son consentement ; c'est pourquoi l'on dit, comme on l'a déjà exprimé, et comme une espèce de proverbe, que l'on contracte avec la loi.

Les peines sont donc, en dernière analyse, du ressort du gouvernement de la société, pour forcer les hommes qui n'y sont pas portés par le sentiment du devoir, à respecter le repos et la propriété de chacun, et à maintenir, autant qu'il est en eux, l'ordre, la justice et la paix à l'égard de leurs semblables.

D. Quel est l'objet et la nature des peines ?

R. L'objet des peines, est d'apporter au coupable un mal qui lui rappelle vivement le tort de sa mauvaise action, et qui, par son appareil, réprime le crime en détournant les autres de le commettre.

Il est évident que la peine doit être dans une sorte de proportion avec la méchanceté de l'action, sans être ni d'une sévérité excessive ni d'une trop grande douceur.

D. Quelle est l'influence de la trop grande sévérité ou de la trop grande douceur des peines ?

R. Dans le premier cas, la peine effraie autant ceux à qui l'exécution de la loi est commise que ceux qui s'exposent à la subir; en sorte qu'elle peut rendre la loi illusoire en détournant de son exécution. Dans le cas d'une trop grande douceur, la peine perd son effet, et fait d'elle-même un objet de dérision.

D. Quelle idée peut-on se faire de cette proportion de la peine avec le délit?

R. Elle est fort difficile, et demande toute l'attention du législateur. On eut dans d'anciennes législations l'idée du talion, qui était de donner le corps pour le corps, un membre pour un membre. Mais un tel système ne peut être soutenu, parce qu'il porte à une sorte d'inhumanité; les peines ne peuvent être proportionnées que par approximation et dans des rapports d'opinion.

D. Comment distingue-t-on les peines?

R. En peines corporelles et afflictives, ou infamantes, et peines de correction ou même de simple réprimande.

D. Quelles sont les peines corporelles et afflictives?

R. Ce sont celles qui attaquent la vie et la liberté; elles sont ou perpétuelles ou temporaires. La mort est la peine la plus grave; les autres peines afflictives sont déterminées par la loi.

D. Quelles sont les peines infamantes?

R. Ce sont celles qui ôtent la considération, et

rendent inéligible aux fonctions civiques et civiles.

Toutes les peines afflictives sont infamantes. Il
y a des peines simplement infamantes, la loi les
détermine.

D. Les peines correctionnelles sont-elles infamantes?

R. Non; mais elles diminuent la considération
en rendant inhabile à certaines fonctions.

D. La peine de mort est-elle admise dans les
principes naturels? est-elle dans les attributions
de la souveraineté? a-t-on quelque raison d'en
voter l'abolition?

R. Sans doute que la mort par elle-même ré-
pugne à la nature, en ce qu'elle est une destruction
de son ouvrage; mais la nature est pleine de destructions qu'elle est obligée de souffrir. S'il s'agissait d'autoriser à donner la mort arbitrairement,
il n'y aurait point de question; mais la mort dont
il s'agit ici, a un objet bien autrement important
que la considération de la perte ou de la conservation d'un individu : il s'agit de la conservation
de la société; c'est pour elle que la mort est mise
au rang des peines; on ne l'inflige qu'à celui qui,
par la nature de ses forfaits, a montré vouloir
détruire la société dont il s'est déclaré l'ennemi.

De là, on ne pourrait mettre en doute s'il est
dans les attributions du souverain de décerner cette
peine : le souverain a bien dans ses devoirs celui

de rechercher tout ce qui peut tendre à conserver la société et à écarter ce qui lui nuit: on n'a donc point de vraie raison de vouloir l'abolition de la peine de mort.

D. Mais ne doit-on pas considérer que la vie de l'homme est un don de la nature qu'elle n'a mis au pouvoir de qui que ce puisse être d'ôter?

R. Cette objection est pleine d'illusion, et ne prouve rien pour la thèse qu'on embrasse. On y a déjà répondu en disant que sans doute, la nature n'a mis au pouvoir d'aucun sur la terre de détruire un homme arbitrairement, mais qu'il en est autrement d'un homme qui nuit. C'est la nature qui a fait la société; celle-ci s'étant, aussi par sa nature même, divisée en différentes sections, il a été reconnu que chacune de ces sections ne peut garder son existence et son état propres qu'en résistant de toutes manières à l'ennemi disposé à la détruire; l'ennemi qui vient la détruire cause bien d'autres pertes que la vie d'un seul homme. D'ailleurs, chacun est autorisé par la loi naturelle à opposer la force pour sa propre défense à la force qui l'attaque, et même jusqu'à porter la mort à celui qui le menace du même coup. Comment la société n'aurait-elle pas ce droit contre l'individu qui, en se portant malgré les lois à des actions qui tendent à en troubler l'ordre et à la détruire, se déclare son ennemi, et médite ouvertement sa perte? Il semble que la défense publique, réglée par les lois, est encore plus juste et plus nécessaire que la défense individuelle par la force.

D. Mais la peine de mort est au moins une destruction inutile, si l'on peut conserver le coupable dans un état de gêne qui le punirait davantage, et si, en l'appliquant dans cet état au travail, on pouvait remplir le double but et d'en tirer de l'utilité pour la société, et de le rendre meilleur?

R. Ce point de vue est une véritable illusion dans tous les sens : premièrement, est-il bien assuré que le coupable serait plus puni, quelles que soient la gêne et la captivité dans lesquelles on le tienne. Tout paraît nous montrer, au contraire, que les scélérats sont naturellement lâches, et craignent plus la mort que toute autre peine, qui leur laisse au moins l'espérance d'y échapper un jour par l'évasion.

D'ailleurs, la peine de mort, par son appareil qui effraie l'imagination, peut détourner d'autres personnes d'une conduite pour laquelle elles ont de l'inclination et qui les y destine s'ils persévèrent. Les peines, outre l'animadversion contre le coupable, ont encore l'utilité de l'exemple.

Au reste, l'échange de la captivité, pour appliquer le coupable au travail, présente la difficulté des établissemens sûrs à former, et le danger de faciliter des évasions très-dangereuses pour la société.

Le problème à résoudre, et qui n'est peut-être pas résoluble, est de substituer à la peine de mort une autre peine aussi efficace contre la détermination aux grands crimes.

D. Les peines pécuniaires sont-elles nécessaires?

R. Il n'y a point de doute quant à celles dont le but est de réparer les torts par des restitutions ou des indemnités relatives à la perte qui en résulte; même où la proportion peut avoir plus de réalité et de justesse.

D. En est-il de même des amendes envers le trésor?

R. Elles peuvent avoir un pareil objet en indemnisant des frais que la recherche des crimes exige. Mais, hors de cette vue, elles ont tout l'inconvénient de la confiscation générale, qui est abolie. La confiscation générale avait le vice, en saisissant tout le patrimoine, de réduire à la misère les femmes et enfans qui subissaient ainsi la punition du crime d'un mari ou d'un père, auquel ils n'avaient eu aucune part. Les amendes peuvent présenter le même inconvénient, si elles diminuent considérablement le patrimoine, et encore mieux si elles l'absorbent en entier. Il est donc à souhaiter qu'il y ait une mesure de proportion, telle que les femmes et enfans puissent ne pas y voir toutes leurs ressources anéanties.

CHAPITRE XI.

*De l'état des personnes, et premièrement de l'état
de cité et de la distinction de l'étranger.*

D. L'ÉTAT des personnes reçoit-il quelque distinction dans le droit naturel?

R. Il n'en reçoit point, tous les hommes sont
faits égaux par rapport aux attributs de la nature;
c'est donc la société qui a établi des distinctions
nécessaires dans son objet.

D. Quel est cet objet de la société dans l'établissement des distinctions des personnes?

R. Comme l'état de société fait naître les droits,
il a bien fallu fixer des termes pour les appliquer;
ces termes, ce sont les différens états par lesquels
l'homme passe dans la société.

D. Quels sont les principaux états qui distinguent les hommes?

R. On remarque d'abord l'état de famille, comme
appartenant à la nature, et étant le premier élément de la société; et ensuite l'état de cité, relatif
à la division de la grande société humaine en sociétés particulières ou corps de nations. L'état de
cité a pris le premier rang, parce que la société
a même donné des lois à la famille.

D. Qu'est-ce que l'état de cité, et quelle distinction amène-t-il entre les hommes?

R. C'est le résultat de l'association et du resserrement dans un lien plus étroit, de tous les hommes qui sont du corps de la cité, ou société particulière qui, les distinguant des autres, laisse ceux-ci dans l'état d'étrangers. Ainsi, sous ce premier rapport, on distingue le citoyen et l'étranger.

D. Qu'entend-on par la cité?

R. La cité n'est pas la circonscription même démontrée par les murs d'une ville ou l'enceinte d'un certain pays; mais elle représente l'union résultant de l'intérêt public et commun qui lie ensemble tous les membres du peuple et de l'état qui la composent. Ainsi, on appartient à la cité, quoique hors de son sein, tant qu'on y demeure attaché par l'affection et l'unité d'intérêt.

D. En quoi distingue-t-on le citoyen de l'étranger?

R. C'est par cette association et cet attachement qui ne se communiquent pas à celui qui, étant d'une autre nation, devient étranger à la cité ou à l'état qui la forme.

D. Quel est l'effet de cette distinction à l'égard du citoyen et de l'étranger?

R. C'est que chaque cité communique à ses citoyens des avantages, et leur impose des charges qui ne touchent en rien l'étranger. Ainsi, le citoyen a part aux offices et emplois publics dans l'état, et

est protégé par la loi civile ; il acquitte les charges
et les devoirs qui intéressent la cité. L'étranger
n'a ni part aux charges ni à la protection spéciale
des lois, et n'a envers elle ni charges ni devoirs.

D. Quelle a été la suite de cette distinction dans
les anciennes républiques ?

R. Elle a été si considérable que l'étranger, dans
le rapport avec la cité, y a été en tout traité comme
ennemi ; mais il y a eu plus ou moins de sévérité
dans les différens états.

D. Quelle a été cette différence à Rome ?

R. Elle a été étendue dans des vues politiques
qui n'allaient à rien de moins qu'à conduire Rome
à la conquête presque universelle à laquelle elle
est parvenue.

La cité s'est emparée de tous les rapports d'intérêts dans lesquels le citoyen pouvait être dans
la vie. Elle a saisi d'abord le mariage, comme le
fondement de tous les droits : il n'y eut donc de
mariage civil que celui solennel entre les seuls
citoyens ou enfans de citoyens ; de là la puissance
paternelle, qui en est née, fut un des puissans
ressorts de leur politique ; de là le droit de disposer par testament (loi de famille) sur la famille
et sur la succession ; de là la succession déférée
par la loi civile au défaut du testament, réservée
aux seuls issus du mariage légitime, les agnats et
les gentils : il n'y eut donc d'autres droits reconnus dans la cité que les droits civils.

Aussi la peine de mort, dont le coup ne put frapper le citoyen romain, fut-elle échangée contre un sort qui en dut avoir tout l'effet : l'interdiction du feu et de l'eau, qui laissait le condamné sans aucune ressource, sans aucun moyen d'existence dans la cité : il fallait mourir ou perdre l'état de cité, et devenir ennemi en s'expatriant.

D. Comment est-on parvenu à la distinction des droits civils et de ceux du droit des gens?

R. C'est lors de l'agrandissement de Rome par les conquêtes : elles ont changé la fortune de l'état et des citoyens. Les citoyens purent faire des acquisitions par les voies communes aux étrangers, c'est-à-dire, les actes simples du commerce, qu'on appelle actes du droit des gens. Il en naquit à cet égard, et par d'autres résultats qui en forment les conséquences, la distinction des actes du droit civil et de ceux du droit des gens.

D. Quelle en fut l'application?

R. La première fut que lorsque la loi s'arma de peines dictées par les factions, l'interdiction du feu et de l'eau, moins odieuse, s'adoucit par les ressources que fournirent aux condamnés les actes du droit des gens : ils trouvèrent alors asile chez leurs amis, et purent vivre dans la cité.

D. Quelle a été la suite de cette distinction chez les peuples modernes?

R. Les institutions féodales ayant amené le goût des confiscations, imité de la tyrannie rapace des empereurs, on s'appuya des excès de cette législation de Rome pour empêcher que les étrangers pussent profiter des biens acquis par la transmission, qui parut être le propre de la loi civile, et le testament, qui en était le principe ou une dépendance. De là la confiscation, sous le titre de droit d'aubaine, des successions et biens délaissés en France par tout étranger mourant : ses parens étrangers ou même français furent exclus de les recueillir.

D. Qu'est-ce qui justifie ce droit?

R. Une fausse application de la distinction romaine, et d'autant plus fausse qu'elle n'eut pas les mêmes fondemens. Elle semble ne s'être introduite que pour accroître l'usurpation de cette confiscation, puisque l'étranger, pouvant acquérir, n'acquérait que pour la confiscation.

D. Comment disons-nous que la distinction n'eut pas le même fondement qu'à Rome?

R. C'est que les mariages étant permis et reconnus entre régnicoles et étrangers, il en résulta que les droits de consanguinéité ne purent pas être méconnus; et comme la parenté et la consanguinéité sont le véritable fondement du droit de succession, il ne put y avoir de véritable raison de décider que la succession et le testament étaient du droit civil.

On est revenu à ces idées en abrogeant le droit d'aubaine.

D. Il n'y a donc pas de distinction de l'étranger et du citoyen?

R. On a dit que la distinction n'a pas l'effet d'autoriser l'injuste usurpation de l'aubaine; mais elle existe toujours pour les offices et emplois, que l'étranger ne peut occuper, ainsi que pour les offices civils et fonctions de conseils de famille, dont il est exclu, comme la tutelle, la curatelle, et le droit de vote dans les conseils de famille.

D. Mais puisque la parenté ne peut être niée, n'y aurait-il pas lieu à admettre le droit de coopérer à ces actes, qui n'intéressent que la famille?

R. L'étranger ne présentant pas même la garantie de sa soumission à nos lois, il est juste de l'exclure de fonctions qui ne peuvent être assurées que par cette garantie.

D. On a mis en question si le citoyen a le droit de quitter le sol de l'état; si l'état a droit d'empêcher les émigrations; et s'il a, de son côté, le droit d'exclure un citoyen de son sein?

R. Cette question doit se diviser :

Son premier aspect ne présente d'autre réflexion que la nécessité de garder la liberté naturelle de chacun d'aller et venir et résider où il lui plaît, tant qu'avec cela il ne fait rien de nuisible aux autres. Ainsi donc, sous ce point de vue, il n'y a point de doute que chaque citoyen, en quittant le sol de la patrie, n'encoure que la privation de la jouissance de droits civils dans son sein, en devenant étranger : et dans l'état actuel, il ne peut perdre ses biens, ni ses héritiers sa succession, ni être empêché de disposer

Sous le second point de vue, il est certain que les émigrations nombreuses, ou concertées, peuvent nuire à la société entière, et parvenir à en détruire la consistance : or, comme la société a incontestablement le droit de prendre tous les moyens de se conserver, elle peut porter des lois contre l'émigration. Mais y a-t-il lieu d'en faire des lois de confiscation des biens et des personnes, en réduisant celles-ci à un état de non-être? c'est ce qu'on ne peut penser, d'autant que c'est aller contre le but, qui est de rappeler vers la patrie ceux qui s'en éloignent. Tout dit que les mesures doivent être temporaires, et non rester irrémédiables : les lois différentes n'ont été que des duretés politiques, sans nul fondement de justice. Aussi est-on revenu contre leurs effets, autant qu'on l'a pu sans blesser des droits acquis : on dit des droits acquis, parce que l'effet de ces lois, qui a été d'acquérir des droits à des tiers, a dû être irrévocable, et tout retour contraire eût été une injustice et un malheur public, par les nombreux intérêts qu'il aurait blessés.

Enfin, comment peut-on mettre en doute si l'état ou le souverain a le droit d'expulser toute personne qui, par ses crimes ou sa conduite anticivique, trouble l'état et s'en rend ennemi? C'est rentrer dans la question , expliquée plus haut, du droit incontestable de faire des lois pénales pour la répression des crimes et délits.

CHAPITRE XII.

De la perte du droit de cité, et de la mort civile.

D. QUELLE peut être la suite de la distinction de l'état d'étranger et de celui de citoyen?

R. C'est la perte que l'on peut faire du droit de cité qui forme un changement d'état.

D. Comment perd-on l'état de citoyen?

R. De deux manières : par l'abdication et par le crime.

D. Comment se fait l'abdication de l'état de citoyen ?

R. Elle s'induit de tout acte qui est contraire aux devoirs que la conservation de ce titre commande; ainsi, c'est en quittant le sol de la patrie sans laisser l'espérance de retour, c'est en prenant à l'étranger des engagemens opposés aux devoirs du citoyen.

D. Peut-on se relever de l'abdication de l'état de citoyen?

R. On ne le peut que de l'autorité du souverain et en observant les formalités et les conditions ordinairement prescrites par la loi. La loi est indulgente, et la patrie rappelle sans cesse dans son sein le citoyen qui l'a abdiquée.

D. Comment perd-on l'état de citoyen par le crime?

R. C'est en étant condamné à une peine qui emporte la mort civile.

D. Qu'est-ce que la mort civile?

R. C'est un état total d'abnégation qui fait que le condamné n'appartient plus même à la société en général. Il est différent de l'état de l'étranger, qui n'est que hors de la cité : le mort civilement est hors de la société entière.

D. Pourquoi dit-on, à une peine qui emporte la mort civile?

R. C'est que la mort civile n'est que la conséquence de certaines peines, telles que la mort naturelle et les peines qui nous mettent dans une captivité perpétuelle.

Le condamné est retranché par ces peines de la société d'une manière irrévocable : de sorte que s'il échappe à l'exécution réelle, comme la loi veut être satisfaite, l'exécution par effigie, qui en prend la place, produit le même retranchement : le citoyen n'est plus; cependant l'homme existe, et cette existence purement physique a encore quelque rapport avec la loi.

Mais il n'est plus sous aucun rapport légal, et même il n'a plus de droits aux biens qui lui étaient acquis lors de sa condamnation et de son exécution : ils ont passé à ses héritiers, au profit de qui sa succession s'est ouverte, comme elle devait s'ouvrir par sa mort naturelle. La mort civile a tous les effets de celle-ci : il n'est capable d'aucune disposition; celles qu'il pourrait avoir faites par testament sont anéanties par l'effet de sa mort civile. Il n'a plus de mariage, d'enfans, de parens, de consanguins; tout est effacé : en quoi l'on voit que son état est fort différent de celui de l'étranger; car par cela qu'il a perdu la cité, il a perdu aussi l'état de famille, où il ne compte plus en rien : *maxima capitis deminutio.*

D. A-t-il encore des droits sous quelque rapport?

R. C'est à son égard que l'on garde la distinction des actes du droit civil et du droit des gens, telle qu'elle nous est venue du droit romain. Il n'a que la liberté des actes du commerce, qui lui est laissée pour son existence physique, qui ne lui est pas retranchée, et qui le laisse dans les droits de l'humanité. Il peut donc acquérir.

D. Mais peut-il contracter sous la protection de la loi?

R. La loi ne peut lui prêter aucun appui direct; cependant on a concilié les droits de la justice avec les effets de l'abnégation totale, en le faisant représenter en justice, quand il a des droits à discuter.

D. Cette exclusion de la société est-elle du droit naturel et des gens?

R. Elle appartient à ce droit, sous le rapport du droit qu'a la société de se conserver, et par conséquent de s'armer de tous les moyens contre l'homme pervers qui ne s'applique qu'à la troubler par ses crimes, et qui n'a d'autre vœu, d'autre occupation que de lui nuire, en se livrant à des actions qui détruisent sa paix et son existence et qui ne pourraient qu'amener sa dissolution et sa perte.

CHAPITRE XIII.

De l'état de famille, de la filiation et parenté, et des autres suites du mariage légitime.

D. Sur quoi se fonde le besoin des solennités du mariage légitime?

R. C'est principalement sur la nécessité de fixer l'état des enfans naissans : la nature suffisait pour leur désigner la mère; il n'en était pas de même du père. Le mariage en formant, par des solennités et des formes, les états d'époux et d'épouse, sert aussi à assurer celui des enfans qui naissent de l'union. Rien de plus juste et de plus conforme à cette auguste institution, que de décider que l'enfant né de la femme et conçu pendant le règne de l'union est aussi l'enfant du mari, puisque toute

présomption contraire ne peut offrir que l'induc-
tion du crime.

D. Quelles sont encore les autres suites du mariage?

R. C'est d'être aussi la source de la parenté ou
consanguinité. La loi reconnaît sous ce titre un
lien naturel entre ceux qui sortent des mêmes
père et mère ou des mêmes aïeux par le mariage
légitime; c'est de là que naît ce que nous appelons
l'état de famille.

D. Comment la filiation et la parenté sont-elles
assurées?

R. Elles le sont par les preuves du mariage et
des naissances, pour lesquelles même, s'il en est
besoin, la possession d'état constante suffit, quant
à ce qui regarde la filiation, qui est le premier
degré et la source de la parenté, et dont, d'ailleurs, la loi prend soin de fixer ces preuves.

D. Que produisent les preuves de la filiation et
la parenté?

R. Elles sont le fondement de tous les droits
que l'état de famille établit; tels que les droits de
puissance et de garde des parens sur leurs enfans,
et ceux de succession, c'est-à-dire, de la transmission des propriétés et droits que chacun laisse
en mourant sur les biens qu'il tenait, que la loi
règle en suivant le sentiment naturel de l'affection
présumée en faveur de ceux qui sont les plus proches dans les liens de la parenté.

L'état de famille a aussi ses obligations et ses charges.

D. Quels sont, en outre, les effets du mariage entre les époux?

R. C'est de fixer les devoirs qu'ils ont l'un envers l'autre (ce point a été déjà traité), et les droits sur leurs biens respectifs ou ceux qu'ils ont ensemble.

D. Comment et à quelle occasion la loi civile règle-t-elle les droits respectifs des époux sur les biens?

R. C'est dans cette idée que le mariage a pour première fin le bonheur des époux : comme il est un lien tout d'affection, et que la vie commune nécessite quelque mélange et confusion dans les intérêts, il a été de la sollicitude de la loi de veiller à ce que ce ne fût pas une occasion de spoliation, et d'enrichir l'un aux dépens de l'autre; elle a donc dû régler leurs droits.

D. Quelle est l'idée générale que l'on peut se faire des règlemens qui ont été le résultat de cette sollicitude de la loi?

R. Deux systèmes principaux en sont nés et subsistent encore dans leurs principaux effets.

Le système de la dot, chez les Romains, et celui de la communauté chez les Germains et les Gaulois nos ancêtres.

Il n'a pu échapper ni aux uns ni aux autres que la différence des sexes influait sur ce qui pouvait concerner leur situation et leur bonheur corrélatif dans le mariage; que la femme, naturellement faible et timide, ne pouvait manquer de céder l'empire de la raison comme de la force au mari, ce qu'elle rachetait néanmoins par la puissance des charmes et des séductions les plus touchantes. Toutes les législations ont donc été également portées à soumettre la femme au mari, et à donner à celui-ci une autorité protectrice sur elle, mais par des moyens fort différens.

D. Quel a été le procédé des Romains, et en dernière analyse, l'état et l'effet de leurs lois matrimoniales?

R. D'abord, on voit dans l'état primitif une sévérité de formes et de gouvernement qui ne pouvait que se détruire ou s'affaiblir. La femme est par la *confarreation* et la *coemption,* solennité religieuse et civile, mise dans la famille du mari où elle acquiert de grands droits, mais au prix d'une abnégation parfaite en devenant fille de famille. La dot se substitue à ces formes trop austères. Elle conserve à la femme sa liberté, mais elle apporte au mari un prix du soutien des charges de l'union; elle assure aussi à la femme son existence à la dissolution du mariage; c'est pourquoi la loi défend de l'aliéner. La femme restant libre peut donc et s'engager indéfiniment et aliéner tous ses autres biens. La loi, qui sent le danger de cette liberté, lui interdit encore de s'engager pour autrui. Ainsi des prohibitions qui s'accumulent, une sorte d'interdiction de la femme, sont la seule garantie que la loi ait pour assurer ses droits.

D. Quel était le système des Germains et des Gaulois?

R. Ils ont suivi pied à pied la marche de la nature : la femme, soumise au mari, est mise sous sa protection; il doit la défendre. Elle mêle ses biens à ceux du mari, et vient aussi seconder son travail. Elle établit une société de gains fondés et sur ce qui est mis ou entre en communauté, et sur les acquêts qui sont le fruit du travail commun. Elle est libre de tous ses biens autres que ceux communs dont le mari est le maître, mais le mari qui les administre en répond. Sont-ils aliénés : il est tenu du remploi. A-t-elle des engagemens avec lui ou pour lui : il est tenu à l'indemnité. Aussi elle ne peut ni agir en justice ni contracter aucun engagement sans qu'il intervienne et qu'il l'autorise. C'est donc une liberté mise à l'ombre d'un pouvoir de protection.

D. Qu'est-ce que ces lois ou ces coutumes si différentes ont de conforme aux lois de la nature?

R. C'est qu'elles sont des conséquences, comme tous les autres réglemens civils, de la distinction du tien et du mien et de l'établissement de la propriété. L'une comme l'autre se sont proposé d'empêcher que le mariage ne fût une occasion de confusion dans laquelle les droits de l'un des époux fussent absorbés par l'autre. Elles ont donc voulu également établir des règles de ménagement des intérêts respectifs des époux.

D. Quel a été pour nous le sort de ces législations?

R. La France a été soumise aux deux systèmes : par les pays dits de droit écrit, au système romain ou dotal; et par les pays dits de coutume, à la communauté. Mais ces pays de coutumes étant plus étendus, le système de la communauté a prévalu, et est le droit commun qui ne reconnaît que la stipulation précise du mariage contracté sous le régime dotal, dans lequel la puissance maritale est aussi établie dans tout son effet.

D. Quelles sont les autres suites du mariage?

R. On a déjà énoncé le droit de la puissance paternelle.

D. Quel en est le fondement?

R. C'est le vœu de la nature, qui en pourvoyant aux longs jours de l'enfance, et à la nécessité non-seulement de l'éducation physique, mais aussi de celle morale, a établi les pères et mères gardiens de leurs enfans jusqu'au temps où l'âge indique l'état de perfection du jugement.

D. S'est-on borné à cette vue simple dans l'établissement de cette puissance?

R. On voit dans l'antiquité l'image du pouvoir absolu du père sur les enfans. C'est la première des souverainetés. Le père a sur ses enfans un empire qui va jusqu'au droit de vie et de mort.

On trouve cette puissance ainsi établie chez les Gaulois, comme chez les Grecs et les Romains.

Mais ceux-ci en font un lien politique qui tient les enfans sous la puissance du père, sans aucune autre limite que celle de l'événement qui rompt ce lien, c'est-à-dire de la mort de l'un ou de l'autre, s'il n'a été auparavant rompu par l'émancipation. Il saisit tout l'homme au point que le fils ne peut acquérir que pour le père, dans la dépendance duquel est encore sa famille, s'il en a élevé une sous l'abri de cette puissance; les femmes mises au pouvoir du mari, les enfans, les esclaves, tout est confondu dans cet empire illimité du père de famille.

C'est l'adoucissement des mœurs, confirmé par la religion chrétienne, qui en a aboli les excès, mais par rapport au seul droit de vie et de mort; et presque tous les autres effets de cette puissance sont parvenus jusqu'à nous.

D. Mais n'y a-t-il eu que ce mode de la puissance paternelle?

R. Nos ancêtres l'ont limité dans les coutumes qui ont fait la base de notre législation actuelle, en n'y admettant que la nécessité du gouvernement jusqu'à l'âge où la raison est parfaite, un simple droit de correction dans les écarts, celui de veiller à ce que l'enfant ne contracte pas un mariage contraire au gré des parens, qui sont les gardiens naturels des convenances et de l'honneur de la famille, enfin en admettant comme cause naturelle de cessation de la puissance, le mariage contracté par le fils de famille qui lui confère le bénéfice de l'émancipation. C'est actuellement la loi commune de toutes les parties de la France, qui n'ont qu'une seule loi.

D. Le droit d'exhérédation n'entrait-il pas dans les droits de la puissance paternelle? n'était-il pas une arme utile dans les mains des pères pour contenir les enfans dans leurs devoirs?

R. Il y avait dans les anciennes lois les droits d'institution et d'exhérédation; on en parlera, et on en expliquera les causes dans la suite, en parlant de la disposition des biens.

Mais on avait dans nos lois ajouté cette peine, comme un moyen de contraindre les enfans à respecter l'autorité de leurs pères et mères, et à requérir leur consentement et même leur conseil en contractant leur mariage.

La loi nouvelle, qui a mis de côté les causes d'exhérédation, n'en a pas non plus rappelé cette occasion. C'est au législateur à peser les considérations qui ont fait prendre cette détermination, ou qui pourraient faire rappeler l'ancienne disposition des lois.

Ce que l'on peut dire, c'est que ç'a été souvent une source de funestes divisions dans les familles, dont le seul bien est la paix et l'union.

CHAPITRE XIV.

De la minorité et de l'état d'interdiction.

D. Quelle est la considération sur les personnes qui s'ajoute naturellement à la distinction de leur état ?

R. C'est celle de leur capacité ou incapacité, qui tient aussi à une sorte d'état de la personne.

D. Quelles sont les causes qui rendent les personnes incapables de jouir de leurs droits et de régir leurs affaires ?

R. C'est l'état de faiblesse ou d'absence de la raison, savoir, l'enfance, la minorité, et la privation des facultés morales ou l'aliénation mentale.

D. Dans quel cas y a-t-il lieu de s'occuper des mineurs ?

R. C'est dans le cas où étant privés de leurs père et mère, ou de l'un d'eux, il y a lieu de pourvoir au gouvernement de leurs personnes et de leurs biens.

D. Quelles règles avons-nous sur ce point ?

R. C'est que la situation de personnes incapables de se défendre, et délaissées par les gardiens que la nature leur donne, doit faire trouver cette défense dans la protection de la société, et par conséquent dans les pouvoirs établis par la loi civile.

D. Qui comprend-on sous ce titre de mineurs?

R. Cette expression. dans notre usage, indique les personnes depuis le premier jour de leur naissance, jusqu'à celui où la loi déclare leur majorité.

D. Que fait la loi pour subvenir à cet état?

R. Elle établit l'autorité du tuteur dont elle pourvoit le mineur, et qui a la charge de gouverner sa personne et ses biens et de les représenter dans tous les actes.

D. N'y a-t-il point de degrés dans la minorité, et n'y a-t-il aucune différence entre l'enfant d'un jour et l'adolescent depuis l'âge de quinze ans?

R. Les Romains avaient suivi les indications de la nature, en distinguant les pupilles des mineurs, et parmi les pupilles, ceux qui avaient l'âge de discrétion et ceux qui n'avaient pas cet âge. Les pupilles étaient jusqu'à l'âge de puberté, commencé à douze ans pour les femmes, et à quatorze ans pour les hommes; et parmi eux, on était censé avoir l'âge de discernement de sept à dix ans. Les pupilles étaient soumis à un tuteur, qui les représentait en tout; jusqu'à l'âge de discrétion ils n'étaient capables d'aucun acte, et à cet âge ils ne pouvaient agir qu'avec l'autorité et le consentement du tuteur; depuis l'âge de puberté, le mineur était capable d'administrer et de contracter, sauf le remède qui fut inventé de la restitution en entier, c'est-à-dire, de faire annuler et rescinder les actes où ils pourraient se montrer lésés; et ils n'étaient pas capables d'aliéner.

Ces distinctions n'ont point été reçues dans nos coutumes, où l'on n'a connu qu'un seul état de minorité, et où, jusqu'à cet âge, on a été soumis à la tutelle; enfin, où les actes que l'on a faits sans son tuteur ou avec son tuteur peuvent être annulés en présumant la lésion au premier cas, et en la montrant au second. Il y a eu cependant un état de minorité qui a rendu capable d'administrer et de contracter, sauf restitution en cas de lésion, mais non d'aliéner : c'est par le bienfait de l'émancipation, qui était un affranchissement de la tutelle, lequel avait lieu par le mariage de plein droit, et au surplus par la déclaration de capacité faite soit par le père ou la mère, soit par les parens en assemblée de famille. Telle est encore l'économie de notre loi civile, celle romaine étant entièrement abandonnée.

Ainsi la minorité est un état d'incapacité dans lequel le mineur est assisté d'un tuteur, ou, s'il en est affranchi, ses actes sont sous l'œil de la loi, qui vient à son secours lorsqu'il a été lésé; elle donne aussi la forme aux aliénations, qui sont interdites aux mineurs sans cela.

D. Comment l'aliénation mentale provoque-t-elle le secours de la loi civile?

R. Par la même raison que le mineur, l'enfant est mis sous la tutelle, par rapport à l'impuissance de se défendre et d'agir avec un juste discernement, par la même raison celui qui est, par sa naissance ou par quelque infirmité survenue, dans un état d'absence de la raison, invoque naturellement le même secours.

D. Quel est le procédé pour arriver à ce règlement de l'état de l'insensé?

R. Il faut d'abord que son état moral soit constaté et reconnu : c'est l'objet d'une instruction qui consiste, d'après un avis préalable des parens assemblés, à examiner et interroger la personne; à faire enquête des faits qui prouvent le défaut de connaissance et de jugement. Ensuite on déclare le sujet interdit, on lui défend toute sorte d'actes, et l'on rend ce règlement public; c'est d'après cela qu'on le soumet à un tuteur dans la même forme et aux mêmes effets que le pupille ou le mineur en tutelle. Du moment de la publication de l'interdiction, tout acte de l'interdit est frappé de nullité et regardé comme l'effet de la surprise.

D. N'interdit-on que le seul insensé?

R. On interdisait aussi les prodigues, ceux qui consumaient leur patrimoine dans des actes d'une déraison manifeste : on les regardait comme frappés de folie. Mais on s'est ensuite borné à restreindre leur liberté de contracter et d'agir en jugement ou hors jugement, en les soumettant à un conseil, sans lequel les actes sont nuls. Il faut aussi un jugement préalable qui déclare l'état de prodigalité : même un état constant de faiblesse de jugement donne lieu aux mêmes mesures de la justice civile.

D. N'y a-t-il pas aussi un état d'interdiction qui est légal?

R. La poursuite et la condamnation pour crimes et délits y donnent lieu.

La poursuite, quand la personne inculpée se soustrait aux recherches de la justice et se cache : c'est ce que l'on appelle état de contumace; il donne lieu au séquestre des biens du contumax, qui dès lors demeure dans une espèce d'interdiction, ne pouvant faire aucune disposition sur ses biens.

La condamnation, lorsqu'elle est à des peines afflictives temporaires, emporte l'interdiction de plein droit pendant la durée de la peine: c'est ce que l'on appelle l'interdiction légale.

Les actes de cet interdit sont toujours nuls à l'égard de la justice qui administre ses biens dans cet état; mais quand l'interdiction est levée, l'interdit peut les rejeter ou les approuver; il a un temps réglé pour les faire annuler.

D. Ces distinctions forment-elles des causes de véritable changement d'état?

R. Non : l'interdit n'étant privé que de l'exercice de ses droits civils, est du reste *integri juris* : il en a la pleine et entière jouissance par ceux qui le représentent; c'est pourquoi c'est un état de simple incapacité.

D. Ces élémens sont-ils du droit naturel?

R. Ils sont, au contraire, du droit civil pur; mais ils ont dû être présentés ici comme des fondemens de ce droit qui entrent dans le droit public général.

CHAPITRE XV.

De l'obligation devant la loi civile, ou de celle dont la loi civile se saisit.

D. COMMENT arrive-t-on ici à l'obligation?

R. Elle vient après la distinction de l'état des personnes, qui est le premier objet du droit: l'obligation est le deuxième.

D. Qu'est-ce que l'obligation?

R. On l'a déjà définie en général: c'est la nécessité qui nous est imposée, de donner, de faire ou de ne pas faire ce que quelque personne est en droit d'attendre de nous; c'est ce qui fait qu'on l'appelle un lien de droit, *vinculum juris*.

D. L'obligation ne s'envisage-t-elle pas sous différens rapports?

R. On a déjà vu un premier rapport sous lequel elle est plus exactement qualifiée de devoir, comme l'obligation de reconnaître et d'aimer Dieu, et les obligations envers nous-mêmes.

D. Qu'est-ce donc que l'obligation proprement dite?

R. C'est celle qui procède du droit que l'on a d'exiger quelque chose de nous. Nous l'avons aussi déjà distinguée en obligation naturelle et obligation contractée : c'est-à-dire, celle qui dérive immédiatement de la nature, indépendamment de tout fait particulier de notre part, et celle qui repose sur un fait particulier qui nous regarde.

D. Les obligations contractées n'ont-elles pas encore un aspect sous lequel on y voit aussi l'obligation naturelle?

R. C'est la distinction de l'obligation naturelle par opposition à celle civile, c'est-à-dire, l'obligation qui, quoique fondée sur un acte positif qui nous regarde, n'est pas cependant revêtue de la forme que la loi civile requiert pour être assistée des voies d'action et de contrainte qu'elle attache à celles qu'elle reconnaît pour les faire exécuter : dans cet état elles n'ont d'effet que par la voix de la conscience et au for intérieur.

D. Mais ne reconnaît-on pas dans le droit des obligations qui, quoique non assistées de l'action et dites naturelles, ont néanmoins quelque effet dans le droit civil?

R. Oui : tel fut chez les Romains le pacte nu, ou la convention simple; c'est-à-dire, celle qui n'avait pas l'une des conditions requises pour passer en forme de contrat : ce pacte ne produisait qu'une obligation naturelle, parce qu'il ne donnait pas l'action; mais il avait le droit d'exception, c'est-à-dire que la partie intéressée pouvait s'opposer à une action que l'on dirigeait contre le dispositif du pacte, comme exception ou cause d'exclusion de l'action. Il excluait aussi toute répétition de ce qui avait été donné, ou de la valeur de ce qui avait été fait pour son exécution. Enfin, il admettait la novation, la fidéjussion et la compensation; c'est pourquoi l'on disait dans le langage des lois romaines, que l'obligation naturelle avait tous ces effets, qui sont de véritables effets civils.

D. L'obligation naturelle n'a-t-elle pas aussi ces effets dans le droit civil moderne?

R. Le changement du droit qui ne reconnaît point de pacte nu, et dans lequel toute convention forme un contrat, doit mettre une différence dans tous ces résultats.

D. A quoi, d'après ce changement, se réduit l'obligation naturelle?

R. Elle se réduit aux obligations contractées qui péchent par la forme, ou dont on ne peut faire recevoir la preuve. Elles ont le même défaut de lien civil qu'avait le pacte nu; mais la suite que l'on y a donnée, si elle est établie, répare le vice; et dans tous les cas, elles excluent pareillement la répétition de ce qui a été donné ou fait en consé-quence; mais il est difficile de les étendre aux autres effets que l'on a donnés au pacte.

D. Quelle est donc la différence de l'obligation naturelle d'avec celle civile sous ce nouveau rapport?

R. C'est que ce que l'on appelle le *vinculum juris* se rapporte au droit d'action et de contrainte, qui forme l'obligation civile. Quoiqu'on le rapporte également à la nécessité qu'impose l'obligation naturelle, comme il n'y a pas d'autre lien que la conscience, ce n'est pas le véritable lien de droit. Mais le lien de l'obligation n'est pas moins fort devant les sentimens de probité, que celui de l'obligation civile.

D. Qu'entend-on par l'obligation contractée, et ne l'est-elle que par le seul acte de la volonté qui forme les conventions et les contrats?

R. On a défini l'obligation contractée, celle qui repose sur un fait particulier qui nous regarde; la convention ou le contrat est bien l'une des espèces de ce fait, mais elle ne le renferme pas tout entier. Il y a aussi des obligations que nous contractons sans une volonté exprimée, soit qu'elle soit présumée, soit que la loi la déduise de quelqu'une de nos actions. Ainsi, l'on distingue, outre les obligations contractuelles, celles qui naissent des quasi-contrats, des délits et quasi-délits, et de la loi. Le principe de ces diverses obligations trouvera aussi sa place dans ces élémens.

D. Comment l'obligation finit-elle ou est-elle éteinte?

R. Le terme principal de l'extinction de l'obligation, c'est son accomplissement, ou la satisfaction qu'en reçoit celui pour qui elle a été contractée ou dont il s'est contenté. Il y a encore d'autres causes, comme lorsqu'elle est devenue impossible, sans aucun fait de l'obligé; mais, hors ces causes, elle est perpétuelle de sa nature. C'est ce qui a fait que, dans l'ancien droit romain, elle a été tenue pour imprescriptible.

D. Comment a-t-on ensuite admis sa prescriptibilité, qui subsiste encore aujourd'hui?

R. Elle a été reçue dans les réformes successives du droit jusqu'à Justinien. On a trouvé qu'il y avait un trop grave inconvénient à tenir les personnes dans une inquiétude sans terme pour une obligation dont le paiement ou la satisfaction pouvait aussi bien être oubliée de la part de l'obligé ou ses représentans, que l'obligation elle-même de la part du créancier, et l'on n'a pas cru faire une injustice en décidant son abolition dans un temps qui surpasserait la plus longue mémoire des hommes. C'est pourquoi l'on a appelé cette prescription, celle de trente ans, *longissimi temporis præscriptio*, prescription à laquelle tout est maintenant soumis, ainsi qu'on le verra dans un article exprès.

D. Lequel est le plus conforme aux vues de la loi naturelle, ou de cette imprescriptibilité de l'ancien droit, ou de cette prescription admise du très-long temps?

R. Il faut avouer que la loi naturelle n'admet pas cette extinction par le laps de temps, et que toute obligation dont la durée n'est pas limitée à certain temps, subsiste tant qu'elle n'a pas été accomplie. Mais, d'un autre côté, l'intérêt de la société a exigé que tout eût un terme, et qu'il n'y eût pas des causes éternelles de difficultés et de contestations entre les hommes. C'est une des garanties de la paix publique. Le droit des gens a donc une juste raison d'admettre ce tempérament, qui peut ne pas paraître conforme au droit naturel. N'est-il pas raisonnable de présumer que celui à qui il était dû, et qui pouvait exiger à tout instant, ne serait pas resté un si long temps dans le silence si l'obligation n'eût point été remplie? Cette prescription est donc fondée sur une présomption de paiement.

Cependant, comme nulle présomption ne peut l'emporter sur la vérité, la loi naturelle réclame toujours dans la conscience de celui qui sait n'avoir point acquitté l'obligation.

CHAPITRE XVI.

Du premier fondement de l'obligation contractée dans la promesse, de la fidélité à la parole, et du serment.

D. QUEL est le principal et le premier fondement de l'obligation contractée?

R. C'est la promesse.

D. D'où résulte la promesse?

R. De l'usage de la parole.

D. L'usage de la parole n'est-il à considérer, pour sa légitimité, que dans la promesse?

R. Il est à considérer dans deux points essentiels, l'intérêt de la vérité et celui de la bonne foi, qui regarde plus directement la promesse.

D. La promesse est-elle assurée par le seul usage légitime de la parole?

R. Elle l'est encore par le serment dont on la scelle et la fortifie.

D. Quels sont les points à traiter dans le présent chapitre?

R. On traitera de trois points : le premier, de l'usage de la parole en lui-même et dans l'intérêt de la vérité; le second, de la promesse; le troisième, du serment.

§. I. *De l'usage de la parole en lui-même.*

D. Quels sont les sentimens qui doivent conduire l'usage de la parole, pour qu'il soit légitime?

R. Ces sentimens sont la sincérité et la bonne foi.

D. Qu'est-ce que la sincérité?

R. C'est la disposition constante à ne jamais déguiser la vérité lorsqu'on la sait.

D. Qu'est-ce que la bonne foi?

R. C'est la disposition à ne jamais promettre que ce que l'on sait pouvoir tenir ou pouvoir s'accomplir, et ce que l'on est dans l'intention formelle de tenir ou laisser ou faire accomplir.

D. Pourquoi dit-on que la sincérité est la disposition à ne pas déguiser la vérité quand on la sait?

R. Parce que, lorsqu'il s'agit de la vérité du discours, elle se distingue en vérité logique et vérité morale; la vérité logique, qui est le rapport absolu du discours avec ce qui est de la chose, ne peut être dans notre dépendance, parce que nous pouvons être dans l'erreur; la vérité morale, qui est le rapport du discours avec ce qui est à notre connaissance, sur ce qui est de la chose, ou ce qui dépend de nous, et c'est celle dont il s'agit ici.

D. Quel est l'effet de l'usage de la parole contre la vérité morale?

R. C'est de constituer le mensonge, vice toujours odieux, mais qui est plus ou moins coupable, selon la gravité des faits sur lesquels il porte.

D. Quelles sont les circonstantes aggravantes du mensonge?

R. 1°. S'il consiste à taxer quelqu'un d'un fait faux, et qui est de nature ou à le constituer dans une accusation criminelle, ou à altérer ou détruire la considération dont il jouit, ou qui lui est due, c'est la calomnie, qui est un véritable crime.

2°. S'il consiste à rendre, contre la vérité que l'on sait, témoignage d'un fait qui importe à la justice, c'est le crime du faux témoignage, qui est plus ou moins grave, selon la nature de l'intérêt qu'il embrasse.

5°. On connaît le crime de faux, qui consiste à changer, altérer et dénaturer des écritures, qui ont fixé des titres ou des faits importans dans l'ordre civil, soit qu'ils touchent l'état des personnes, soit qu'ils embrassent des intérêts et des droits plus ou moins considérables.

4°. Il y a encore le mensonge qui consiste à déguiser la vérité des actes, soit en y employant de faux noms, de faux titres, soit en simulant une chose quand on en fait une autre : comme simuler une vente pour une donation que l'on fait réellement, ou en donnant en apparence à un individu pour un autre que l'on a en vue.

Ces différentes espèces de mensonges et de fraudes prennent aussi de la gravité du caractère des personnes qui les commettent, comme si ce sont des officiers publics qui pratiquent les aux et les déguisemens.

D. Quelle est l'utilité de ces caractères que l'on trace du mensonge dans l'ordre naturel?

R. Il faut avouer que les traces et les suites des délits dont on a donné l'idée ne pouvant se réaliser que par les moyens et les formes établis par les lois civiles, il suffit ici d'en signaler les caractères.

Mais ce que l'on doit dire, en général, c'est que tout mensonge, toutes atteintes à la vérité, de nature à compromettre les intérêts d'autrui, sont autant d'injustices, qui sont très-graves, même dans l'ordre naturel, quand leurs fils seraient assez fins et déliés pour que la justice civile ne pût pas les saisir.

D. Toute espèce de mensonge est donc strictement défendu et dans toute occasion?

R. On a élevé sur ce point deux questions, qu'il n'est pas hors de propos d'examiner.

D. Quelles sont ces questions?

R. La première est de savoir si l'on peut se permettre le mensonge dans des choses indifférentes; la seconde, si le mensonge qui a pour objet de rendre quelque bon office, et qu'on appelle pour cela mensonge officieux, peut être admis.

D. Quelle est la solution de la première de ces questions?

R. Elle n'est pas renfermée dans des termes assez précis; car il est difficile de dire que telle ou telle chose que l'on proposera soit tout-à-fait indifférente, ou qu'elle le sera toujours; il est donc plus sûr de dire que l'on ne doit jamais mentir, d'autant que le mensonge dans des choses tenues pour indifférentes se répétant, on pourrait devenir un menteur d'habitude, ce qui forme un caractère fort peu honorable, et l'on peut dire même fort odieux.

D. Cela doit-il être tenu sans réserve?

R. Il doit en être ainsi dans toutes les choses sérieuses; car s'il ne s'agissait que de jeux d'esprit, comme d'allégories, de fables, d'écrits amusans et d'autres choses de cette nature, données et reçues pour telles, non-seulement il n'en résulterait pas un mensonge à reprendre, mais ces sortes de déguisemens sont souvent utiles, soit pour faire goûter une instruction qui autrement perdrait son sens, soit pour égayer l'esprit et l'orner; c'est un des emplois fréquens de la poésie.

D. Quelle est la réponse à la seconde question?

R. C'est que non-seulement il est des vérités que l'on n'est pas obligé de dévoiler, mais même qu'il faut taire avec soin; toutes les fois que ce que l'on sait d'autrui est mal et peut lui nuire, c'est un devoir que de le taire, si aucune circonstance qui intéresse la justice ne nous oblige à le révéler. La divulgation du mal que l'on sait sur d'autres personnes, qui peut nuire à leur considération, est un tort très-grave : c'est la médisance, qui est un vice fort condamnable et malheureusement trop commun. Il est en outre essentiel et nécessaire de garder en soi-même le fait particulier que l'on sait de quelqu'un et qui peut lui nuire s'il est révélé. Ou le fait nous a été confié sous le secret, ou le secret dont il est enveloppé par sa nature nous est parvenu accidentellement : la révélation, au premier cas, est une infidélité; au deuxième, c'est une indiscrétion.

D. Il est donc permis, si l'on est interrogé sur un fait nuisible à autrui, de le taire ou de le nier?

R. Si l'on n'est point obligé de s'en expliquer, si même l'intérêt de la justice ne vous oblige pas à dire la vérité, vous pouvez, vous devez même vous expliquer, soit comme ignorant le fait, soit de manière à effacer le soupçon préjudiciable qui paraît devant vous : c'est là le véritable mensonge officieux, permis pourvu qu'aucun intérêt contraire de la justice ne vous force à vous expliquer.

D. Peut-on être forcé à une pareille explication, si c'est un secret qui nous a été confié?

R. Si le secret vous a été confié librement, sans aucun droit qui vous l'ait fait recevoir, la justice n'est point obligée de respecter le secret des personnes privées; mais il y a des devoirs d'état qui non-seulement obligent à garder le secret que l'on possède, mais même qui s'opposent à ce qu'on puisse en exiger la révélation.

D. Quels sont ces devoirs d'état?

R. Ce sont ceux qu'impose le caractère d'un ministre du culte religieux, d'un conseil de partie en titre, comme un avocat, un avoué, un notaire, et d'un médecin exerçant publiquement sa profession.

D. N'y a-t-il point de cause d'exception au respect de ce devoir de la part des juges?

R. Il y a d'abord l'exception portée par les lois des causes où le salut public est intéressé, ensuite celle de l'abus que l'on pourrait en faire en sortant des bornes de son ministère. Par exemple, si un conseil, un homme d'affaires, sortant des bornes du ministère de simple conseil, s'est fait agent des parties, ou dépositaire de lettres ou pièces qui servent de preuves au fait que l'on recherche, la loi n'a à respecter que le conseil pour le dépôt simple du secret, mais non les actes de coopération à ce qui sert à l'envelopper: c'est une distinction bien essentielle, et que l'on n'a pas toujours su garder.

D. Quel est l'effet de l'indiscrétion qui révèle une chose, secrète de sa nature, et sans nécessité?

R. C'est de constituer celui qui la commet dans un tort très-grave et très-odieux dans la société civile. Le secret d'autrui est sa propriété, dont il ne vous convient sous aucun rapport de le dépouiller : c'est ce que chacun doit savoir, à peine d'être étranger aux rapports les plus essentiels du véritable usage du monde, qui n'est pas une chose aussi indifférente que bien des gens paraissent le croire.

D. Quels sont donc, en dernier résultat, les devoirs que l'usage de la parole impose, et les vices que l'on doit y éviter?

R. Les devoirs sont la sincérité, la fidélité, la discrétion et la prudence; et les écarts qui y sont opposés sont la calomnie, la médisance, le mensonge d'habitude, l'infidélité et l'indiscrétion.

§. II. *De la bonne foi dans l'usage de la parole, ou de la promesse.*

D. Quel est le vice qui s'oppose à la deuxième condition requise pour le légitime usage de la parole, ou à la bonne foi?

R. C'est la mauvaise foi, c'est-à-dire, toute parole donnée contre son sentiment ou son intention : c'est surtout dans la promesse que ce vice se manifeste.

D. Qu'est-ce que la promesse?

R. C'est l'assurance que l'on donne à quelqu'un de donner ou faire, ou de faire donner ou faire faire pour lui quelque chose qui l'intéresse et qu'il a en vue en recevant notre engagement. On peut promettre à quelqu'un présent et acceptant comme à une personne non présente et qui n'accepte pas. La promesse peut être en considération d'un intérêt qui en fait le prix, ou sans intérêt et purement gratuite.

D. Quelle est l'utilité de cette distinction?

R. C'est de donner lieu d'expliquer l'effet de la promesse dans ces différens états : par exemple, une première question c'est de savoir si la promesse gratuite engage avant d'avoir été formellement acceptée.

D. Qu'a t-on dit sur cette question?

R. On a supposé, pour décider l'affirmative, que la promesse emporte, du moment qu'elle est faite, le dessaisissement de la chose de la part de celui qui a fait la promesse; d'où l'on tire un défaut de droit en lui sur cette chose, même dans l'état de non acceptation.

D. Cette idée a-t-elle quelque chose de juste?

R. Point du tout; car s'il en était ainsi, comme le sujet de la promesse ne peut avoir acquis de droit avant son acceptation, il en résulterait donc un vide de droit dans lequel la propriété ne reposerait nulle part : c'est ce qui ne peut être. Tant que l'objet de la promesse n'a pas passé à celui à qui elle est faite, il demeure au pouvoir du maître qui l'a promis; il a donc la liberté de révoquer la promesse tant qu'elle n'a pas été acceptée; elle ne peut lui être ôtée que lorsque celui à qui la promesse est faite a pu en prendre droit, en faisant des dispositions qui supposent l'acceptation, si dans ce cas la révocation soudaine lui causait un tort ou était cause d'un préjudice qu'il éprouverait, dont la réparation la plus naturelle serait l'accomplissement de la promesse.

D. Mais la promesse gratuite acceptée est-elle irrévocablement acquise à celui qui l'a reçue?

R. Il faut supposer deux choses : la première, que la chose promise est au pouvoir de l'obligé, et qu'il n'est pas survenu de circonstance imprévue qui puisse, en l'obligeant, faire tourner la promesse à son préjudice. Il est certain que l'on cesse d'être tenu de l'accomplissement d'une promesse qui, par des circonstances que l'on n'a pu prévoir, ne peut plus s'accomplir sans causer un préjudice notable à son auteur. C'est par ce principe que quoique l'on soit obligé de remplir un mandat qu'on a accepté, cependant on peut en être déchargé, s'il devient préjudiciable au mandataire par une circonstance imprévue.

D. Tout ce qui vient d'être dit peut-il s'appliquer à la promesse qui n'est pas gratuite?

R. Il faut dire, au contraire, que la promesse causée et intéressée a son principe d'irrévocabilité dans cette cause qui fait un intérêt réciproque. C'est le résultat du contrat intéressé, dont on traitera dans un chapitre suivant. L'accomplissement en est toujours dû, à moins que la chose n'en soit impossible, ou contraire aux lois et aux mœurs.

D. Comment entend-on dans ce cas l'impossibilité?

R. Elle doit être absolue; car si elle n'est que du côté de celui qui a fait la promesse, il a fait en s'engageant une imprudence qu'il ne peut imputer qu'à lui-même, ou il a trompé le créancier.

D. En est-il de même des choses illicites ou contraires aux mœurs?

R. Il en est de même. Il n'est question que de ce qui est illicite en soi, c'est-à-dire, du cas où l'on a promis ce qui est contraire aux lois et aux mœurs, ou bien, où ce que l'on a promis est le prix d'un semblable engagement.

D. Les promesses faites dans de telles circonstances doivent donc demeurer sans effet?

R. On a mis sur cela en question : 1°. si lorsque l'on a fait une semblable promesse, celui qui l'a faite, ayant rempli ses engagemens en faisant la chose, on est obligé de lui en payer le prix promis;

2°. Si lorsqu'on a donné quelque chose dans de telles circonstances, on peut en faire la répétition.

D. Que répond-on sur la première question?

R. Que puisque la matière de l'engagement est supposée une chose illicite ou immorale, l'exécution de l'action n'en répare pas le défaut, et n'est pas ce qui peut rendre la promesse valable; mais si l'exécution a soumis celui qui a commis l'action à une peine qui lui ait fait tort en ses biens, celui qui l'a excité sciemment par la promesse, étant la cause de ce préjudice, doit en supporter la peine avec lui; il doit donc l'indemniser au moins de sa part dans le tort causé.

D. Que dit-on sur la seconde question?

R. La loi civile dénie la répétition de ce qui a été payé ou donné pour une action honteuse, lorsque celui qui répète a participé à la honte de l'action. C'est une peine civile, afin que l'on ne tire pas avantage de sa turpitude; mais dans le droit naturel, on considère que l'action honteuse n'ayant pu être la cause d'une obligation, la restitution de ce qui a été payé ou donné est due.

D. Mais le droit civil établit donc un gain pour celui qui a reçu sciemment le prix d'une action honteuse au préjudice de l'autre partie?

R. Il faut supposer que la loi civile, qui ne veut pas qu'on excipe de sa turpitude pour faire une répétition, s'attend que, dans les matières en son pouvoir, elle trouvera le moyen de réparer l'injustice en mulctant l'une et l'autre des parties, de sorte qu'il ne restera de gain pour aucune.

D. Ne peut-il pas se faire que la partie qui a à répéter n'ait point pris de part à l'action honteuse ou prohibée?

R. Cela étant, sa répétition ne fait aucune difficulté; par exemple, que quelqu'un ait prêté de l'argent à un joueur qui est allé le perdre dans un jeu désordonné, le prêt n'est pas moins valable, si le prêteur n'a nullement participé au dessein de porter de l'argent au jeu.

D. Le jeu est-il dans les causes qui excluent la répétition comme chose prohibée et contraire aux lois?

R. Il n'est pas douteux que le jeu qui sort des règles d'un simple amusement honnête est prohibé; il est contraire aux mœurs, en ce qu'ayant en vue un gain excessif, et par conséquent déshonnête, il allume une passion la plus dangereuse et qui est capable de porter aux plus sinistres excès.

D. Mais des publicistes n'ont-ils pas soutenu que l'argent gagné au jeu sans fraude n'en devait pas moins être payé comme une dette légitime?

R. Cette proposition est de l'annotateur de Puf-fendorf, qui cependant commence par professer que ceux qui jouent un jeu désordonné violent la loi naturelle; il semble qu'il y a là une forte contradiction : un acte qui viole la loi naturelle, ne pourrait jamais être le principe d'une obli-gation.

Le jeu est une cause immorale quand il va jus-qu'à l'excès de la passion, et qu'il tend à compro-mettre la fortune de l'homme et toute l'existence du joueur. Peut-on, dans cet état, traiter son ré-sultat comme celui des engagemens ordinaires? Non, sans doute, et la question ainsi présentée ne

peut se soutenir. Au reste, nous verrons au chapitre des contrats aléatoires, ce que l'on doit penser
du jeu sous ce rapport.

§. III. *Du serment.*

D. Quel est le principal objet ou l'objet primitif du serment?

R. Il a servi primitivement à assurer la promesse.

D. Quel est son pouvoir sous ce rapport?

R. Le serment est un acte de religion par lequel
on assure une chose en prenant Dieu à témoin de
sa sincérité, et en donnant pour garantie de sa
parole son consentement à toute peine que le par-
jure peut mériter devant Dieu.

D. Quelles sont les occasions où l'on use du
serment?

R. C'est d'abord, comme on l'a dit, pour assurer la promesse; en second lieu, pour garantir la
vérité des faits dont la justice s'enquiert, et que
l'on avance devant elle comme témoin; en troisième lieu, pour garantir aussi la vérité des confessions ou des dénégations, dans les cas où l'on est
interpellé en justice ou hors justice.

Il y a beaucoup d'autres occasions de prêter le
serment, qui ont pour objet d'assurer en général
la foi de celui qui le prête; comme pour recevoir
une mission, entrer dans des fonctions, promettre

en général sa fidélité au roi et sa soumission aux lois.

D. Est-on libre de faire ou de ne pas faire le serment?

R. On ne doit pas le faire légèrement et sans nécessité; mais c'est un devoir quand l'intérêt de la justice le commande, ou quand il est une condition nécessaire de la fonction dans laquelle on entre.

D. Le serment est-il le seul lien qui nous oblige à être sincères et fidèles?

R. Il faut dire, au contraire, que c'est toujours, et indépendamment du serment, un devoir rigoureux que de ne pas dévier du langage de la vérité, ni de la fidélité que l'on doit. Le serment serait donc tout-à-fait inutile pour tous ceux que le sentiment de la probité et du devoir conduit; mais c'est un acte imposant que l'on emploie comme un plus sûr garant de la foi.

D. Comment doit-on se conduire dans la prestation du serment, et y admet-on des restrictions mentales?

R. On doit y apporter la plus grande droiture: et toute condition sous-entendue, toute restriction qui donne à la chose attestée, ou assurée, ou promise, un autre sens que celui naturel dans lequel elle est entendue, n'est qu'une violation de la sainteté du serment dont alors on se joue, en en faisant un moyen de déguisement.

D. Ne peut-on pas justifier l'usage des restrictions mentales sous la faveur des intentions pieuses ou bienfaisantes, ou même d'une plus grande fidélité à sa conscience?

R. Tous ces motifs ne sont que de vains prétextes par lesquels on s'abuse; il n'y a point ni de sentimens religieux, ni d'actes de piété et d'humanité, qui puissent disculper le mensonge et l'abus qui est l'effet nécessaire de la restriction; car elle a toujours pour objet de tromper ceux qui ont intérêt au serment.

D. Quel est l'effet du serment, joint à la promesse? oblige-t-il à remplir une promesse même nulle, ou infectée de vices qui puissent la faire annuler?

R. Il faut dire, en général, que le serment n'ajoute rien à la promesse, et la rend seulement plus auguste. De sorte que la promesse ne lie pas plus en elle-même après le serment, qu'avant d'en être revêtue; car si la promesse est valable, elle a produit l'obligation, qui ne devient pas plus forte; elle peut seulement, par le serment, devenir plus stricte. Il suit de là, que si la promesse est nulle, le serment n'y ajoute rien, et ne peut la rendre valable.

D. Mais lorsque la nullité peut être couverte ou effacée par la ratification, le serment ne peut-il pas en avoir l'effet?

R. Si le vice est de la violence ou du dol, et que le serment soit *incontinenti*, il est comme la promesse elle-même frappé du vice et nul. Un serment extorqué ou surpris est nul, comme la promesse faite dans la même circonstance. Mais si le serment a été prêté à intervalle, il peut paraître un abandon de la nullité et une ratification.

D. L'héritier est-il tenu du serment de son auteur?

R. Burlamaqui a résolu cette difficulté par une distinction de l'obligation réelle et de celle personnelle; il est certain que dans l'obligation purement personnelle, comme elle ne passe pas à l'héritier, le serment s'évanouit de même. Mais ce n'est point là la question; car même dans l'obligation qui passe à l'héritier, le serment est toujours un acte personnel, puisqu'il n'a que l'objet de purifier la foi de celui qui l'a prêté. Sans doute que c'est un devoir de l'héritier de garder plus religieusement la fidélité à l'obligation que son auteur a muni du serment, mais dans l'exactitude des règles, le serment ne le lie point, et il n'est tenu de l'obligation que comme d'une obligation ordinaire.

D. Peut-on être délié du serment prêté, par une autorité ou puissance supérieure?

R. Cette question demande à être divisée: d'abord on demandera si les personnes qui ont autorité sur une autre, peuvent l'empêcher de prêter un serment, ou prétendre nul celui prêté sans leur participation.

2°. On demandera si la puissance temporelle et civile peut dégager des vœux religieux ;

5°. Si la puissance spirituelle peut dégager du serment prêté dans les rapports civils et politiques.

D. Que répond-on sur la première question ?

R. On répond qu'une personne soumise à l'autorité d'autrui, comme un enfant de famille, un pupille, ne peut pas se lier par le serment à des engagemens qu'il ne peut pas prendre sans l'autorité du père et du tuteur : le serment dans ce cas est inutile, parce qu'il est frappé du même vice de nullité que l'engagement lui-même. Le père ou le tuteur ne peut s'opposer au serment que dans les seuls cas où il s'agit d'un engagement auquel il a le droit de s'opposer. S'il en était autrement, il naîtrait un trouble habituel de ce que l'on se servirait de l'acte de religion pour anéantir les effets de la loi civile. C'est ainsi que les vœux religieux de la part d'un enfant en puissance, sans le consentement de son père, sont véritablement nuls ; car la soumission à la puissance paternelle procède de ce que l'on ne peut faire d'actes sérieux sans la perfection du jugement, et il n'y a pas d'acte plus sérieux que celui qui nous lie pour la vie du lien le plus sacré.

D. Que répond-on sur la seconde question ?

R. La puissance civile a droit d'intervenir dans tous actes extérieurs et de les régler ; mais elle n'exerce pas son empire sur les consciences. La loi

civile peut bien ne pas reconnaître les vœux religieux, c'est-à-dire, ne pas les assister des voies de
coaction pour obliger d'y être fidèle; mais lorsque
des vœux ont été formés par des personnes libres
qui ont la faculté de régler tous leurs actes, la loi
civile ne peut purger et dégager leur conscience,
liée par les engagemens qu'ils ont pris sous l'autorité du serment, pourvu toutefois qu'il ne s'agisse
pas d'engagemens contraires à l'ordre public et
aux lois.

D. La puissance spirituelle n'a-t-elle pas le pouvoir de délier du serment, comme d'un acte de
religion qui semble dans sa dépendance?

R. Il y a des lois religieuses sur cette matière
qui n'entrent pas dans notre objet : ce sont celles
qui règlent jusqu'à quel point l'autorité ecclésiastique peut dégager des vœux religieux. Mais ce
que nous devons professer comme une règle irré-
fragable, c'est que le pouvoir spirituel ne peut
d'aucune manière intervenir dans les affaires civiles
et temporelles, ni entrer en conflit avec la puissance temporelle : elle ne peut donc délier du serment de fidélité envers le souverain. Les maximes
contraires qui appartiennent à la doctrine ultra-
montaine, sont aujourd'hui reconnues fausses
et subversives de l'ordre public; elles ne sont
pas moins contraires à la doctrine de l'évangile.
Les exemples dont elles ont été appuyées sont
autant d'abus de la puissance que l'histoire re-

grette d'attester. Elles ne pourraient plus se répéter en France, d'après la déclaration du clergé de 1682, qui a consacré comme libertés de l'église gallicane des vérités éternelles et qui appartiennent à tous les temps et à tous les lieux.

CHAPITRE XVII.

De la convention et du contrat.

D. POURQUOI ce double titre, et y a-t-il de la différence entre la convention et le contrat?

R. Dans le droit naturel toute convention est un contrat, lorsqu'elle est formée par le consentement respectif des parties, et qu'elle contient une promesse de l'une envers l'autre ou une promesse réciproque; c'est dans le dernier cas, selon l'expression grecque *synallagma*, un accord respectivement obligatoire.

Mais il n'en était pas de même dans la législation romaine; un pacte nu ou une simple convention ne signifiait pas un engagement.

D. Comment cela s'explique-t-il?

R. Les juristes ont voulu y voir un grand mystère, supposant en cela un dessein d'une haute méditation; mais tout le mystère, c'est que la législation a suivi les progrès des sociétés et des affaires humaines.

D. Comment cela a-t-il amené cette distinction du pacte et du contrat?

R. C'est que l'effet du contrat dans le droit civil ayant été de donner l'action, la loi l'a d'abord donnée aux principaux négoces usités, comme la vente, l'achat, le louage, la prise à loyer, la société, le mandat, le dépôt, le prêt et le gage. L'action pour chacun de ces négoces a été instituée sous leurs noms; c'est pour cela qu'on les a distingués en les appelant *contrats nommés*; et l'on a joint aux contrats nommés, en leur donnant la même action, les pactes ou conventions ajoutés *in continenti*, comme parties intégrantes du contrat, pour en expliquer les circonstances accessoires : c'est ce que nous appelons les clauses du contrat.

D. Comment a-t-on créé d'autres contrats?

R. On a remarqué que dans la multitude des conventions, celles qui avaient reçu leur exécution de la part de l'une des parties, étaient une cause pour obliger l'autre partie refusant de les exécuter aussi. On a donc institué une action générale que l'on a dite *in factum*, parce que la formule n'a plus consisté qu'à articuler le fait qui y donne lieu : c'est ce que l'on a appelé le contrat ayant cause.

D. S'en est-on tenu là, et toutes les autres conventions sont-elles restées sans pouvoir passer en contrat?

R. Non : la nécessité de ne pas laisser sans effet celles au moins où il serait témoigné que l'on avait eu l'intention formelle de s'engager, a fait inventer la formule *spondes ne spondeo*, qui, ajoutée à la convention, l'a rendue obligatoire, ce que l'on a appelé *l'obligation des termes*.

D. Il faut avouer que ces distinctions et ces formules sont une grande singularité?

R. La singularité est venue de ce que les premiers législateurs et magistrats de Rome ayant voulu tenir la multitude sous leur domination, se sont réservé les affaires et les jugemens, qu'ils ont voulu rendre inextricables par la multiplicité des formes qui ne seraient connues que d'eux : c'est pourquoi ils ont établi la nécessité d'une action spéciale pour chaque fait déféré à la justice : voilà le vrai mystère, dont cette distinction des conventions et des contrats est une simple conséquence.

D. Qu'est-ce que le contrat, en dernière analyse?

R. Dans le droit moderne, où le droit naturel est suivi, la convention et le contrat sont une seule et même chose; c'est-à-dire que lorsque deux ou plusieurs personnes sont convenues de donner ou faire, ou ne pas faire, l'une en faveur de l'autre, cette convention étant régulière, elle forme un contrat. Le contrat est donc l'engagement qui résulte de la promesse faite d'une part et acceptée de l'autre dans une convention régulière.

D. Quelles conditions sont requises pour qu'une convention soit régulière?

R. Il faut 1°. que les parties se soient accordées,

et aient donné leur consentement sur une même chose; 2°. que cette même chose soit un objet sérieux et déterminé; 3°. que la convention soit d'une personne capable de s'engager, libre, et qu'elle ne soit pas infectée des vices de l'erreur, de la crainte et du dol; 4°. que les parties ou l'une d'elles se trouvent formellement engagées; 5°. que l'engagement ait une cause vraie et non contraire aux lois ni aux mœurs; 6°. enfin, il faut que la convention soit avouée ou prouvée.

D. Comment s'explique la première condition?

R. La convention ne résulte que de l'accord des parties sur une même chose : si donc elles ne s'entendaient pas, l'une ayant eu une chose en vue différente de l'autre, il n'y aurait point de convention.

D. Comment s'entend la seconde condition?

R. La seconde condition est que la chose que les parties ont eu en vue soit dans la nature des choses et dans le commerce; qu'elle soit susceptible de recevoir la convention dont il s'agit, et qu'elle soit contenue dans de certaines limites qui fassent que l'on puisse en concevoir de suite la nature et l'étendue ou la valeur.

D. Quelles sont les distinctions des choses qui peuvent expliquer comment elles entrent dans les conventions?

R. On distingue les choses comme corps certains, ou choses de genre, ou choses qui se prennent par poids, mesure et quantité, ou sommes, autrement dites, choses fungibles.

D. Qu'est-ce qu'un corps certain?

R. C'est une chose qui a des signes perpétuels de reconnaissance individuelle : *le fonds tusculan* ou le domaine de telle dénomination; la maison sous tel numéro, le cheval de tel service. Mais la chose qui a le moins les caractères d'un corps certain, peut le devenir, comme une somme d'argent, si elle est enfermée dans un sac ficelé et étiqueté; un monceau de grain déposé dans un lieu désigné, reçu et mis sous clef.

D. Qu'entend-on par chose de genre?

R. On entend une chose d'une certaine espèce sous sa qualification générale, et à prendre dans toute l'espèce, pourvu qu'elle soit bonne, loyale et marchande, c'est-à-dire, recevable dans le commerce; ainsi un cheval, un ou plusieurs arpens de terre d'un certain climat, une paire de bœufs.

D. Quelles sont les choses qui se prennent par poids, mesure et quantité?

R. Ce sont les denrées, les liquides, les étoffes, les matières métalliques, en un mot, tout ce dont on ne peut se faire une idée qu'en ayant celle de leur qualité et quantité.

D. Comment appelle-t-on ces choses fungibles, et que signifie ce terme?

R. On les appelle fungibles, parce qu'elles se représentent par une même quantité, un même poids, ou une même mesure de choses semblables et de la même qualité. La dénomination se tire du verbe *fungi*, *fungor*, qui veut dire faire une fonction. On dit *quia vice suâ funguntur*, parce qu'elles remplissent la fonction de se représenter par elles-mêmes.

D. Quelle est l'utilité de ces distinctions?

R. C'est de déterminer le mode de restitution des choses dues; ainsi, on ne peut s'acquitter de la dette d'un corps certain qu'en livrant le corps en nature; on s'acquitte d'une chose de genre en en livrant une de la nature indiquée, et l'on s'acquitte d'une mesure ou quantité, ou somme de choses fungibles, en en rendant autant, *tandumdem*.

D. N'y a-t-il que les obligations de donner dont l'objet doit être déterminé?

R. La détermination est également nécessaire dans les obligations de faire : elles doivent être d'un fait déterminé.

D. Qu'entend-on par un fait déterminé?

R. C'est-à-dire, que si l'obligation est de quelques services, il faut qu'ils soient fixés par leur nature ou leur durée; si elle est de quelque ouvrage, il faut que le plan en soit conçu et arrêté.

D. Comment s'explique la troisième condition?

R. Pour pouvoir s'engager, il faut avoir la capacité de contracter. Or, la loi tient pour incapables ceux que le défaut de perfection du jugement, indiqué par l'âge, empêche de pouvoir le faire avec toute la maturité que la raison demande; ce sont les mineurs et les interdits dont on a parlé.

Ce défaut de capacité ne fait qu'un vice et non une nullité absolue, parce que le jugement venant par degrés, la personne qui sait dans quel état elle a pris l'engagement, le fait annuler ou le maintient selon qu'elle sait qu'elle a été abusée ou qu'elle a agi avec connaissance suffisante.

Quant aux vices de l'erreur, de la crainte et du dol dont l'acte peut être entaché, on sent, d'un côté, que si l'on a été en erreur sur ce qui est essentiel à la convention, il n'y a point de vraie convention; il en est de même à plus forte raison, d'un autre côté, si la volonté n'a été déterminée que par les fortes impressions de la violence, de la crainte, ou par les manœuvres de la fourberie et du dol; ce sont encore des vices, parce que l'on peut les remettre et ratifier le contrat; ils n'empêchent donc pas que le contrat ne s'exécute jusqu'à ce que l'on s'en plaigne et même jusqu'à ce qu'on en ait fait la preuve.

D. Quel est le sens de la quatrième condition, qui veut que les parties soient formellement engagées?

R. Il est certain que toute obligation contractuelle n'étant que l'expression des volontés des contractans, si l'acte ne témoigne pas cette volonté formelle, il n'y a point de lien, par conséquent point d'obligation; c'est ce qui fait que toute obligation qui est laissée à la volonté de celui qui l'a contractée est radicalement nulle.

D. Quel est l'objet de la cinquième condition, et qu'entend-on par cause?

R. On ne peut être engagé envers quelqu'un sans que l'engagement ait une cause; or, l'on entend par cause, ce en considération de quoi celui qui s'engage contracte l'engagement. Le vendeur s'oblige à faire avoir et livrer moyennant un prix; le prix est la cause de son obligation : l'acheteur s'oblige à payer ce prix, en vue de la délivrance qui est respectivement la cause de son engagement; il faut que la cause soit vraie; c'est-à-dire, que le prix soit payé ou dû, ou que la livraison soit faite ou doive l'être.

Il faut que la cause ne soit contraire ni aux lois, ni aux mœurs; c'est-à-dire, qu'elle ne consiste pas dans une chose que la loi interdit, ou dans un fait que les mœurs réprouvent.

D. Ce qui vient d'être expliqué, ne semble-t-il pas ne se rapporter qu'aux actes faits à titre onéreux, dont il résulterait que les contrats de bienfaisance seraient des contrats sans cause?

R. Cela regarde également les contrats de bienfaisance qui, du côté de l'obligé, ont pour cause l'intention manifestée de se charger d'une chose qui est gratuite de sa nature; mais du côté de celui qui profite de l'obligation, elle a pour cause le soin de l'affaire entreprise.

Ainsi le mandat a sa cause dans l'affaire dont on s'est chargé : le prêt, dans la somme ou l'effet donnés ou reçus à ce titre.

D. Qu'entend on en disant qu'il faut que la convention soit avouée ou prouvée?

R. La convention est un fait que celui qui en tire l'obligation qu'il réclame oppose. Or, tout fait allégué pour en tirer un droit, doit être prouvé par celui qui l'allègue. *Onus probandi incumbit ei qui dicit.* Si la convention est tenue pour constante entre les parties, il n'y a rien à prouver.

D. Qu'est-ce que prouver?

R. C'est démontrer et rendre sensible la vérité ou l'existence réelle de ce que l'on articule.

D. Comment prouve-t-on?

R. Il y a les preuves physiques, celles morales et celles juridiques.

D. Qu'est-ce que la preuve physique?

R. C'est ce qui rend la chose palpable, en la mettant sous nos sens.

D. Qu'est-ce que la preuve morale?

R. C'est l'établissement d'un point par un juste raisonnement qui, par une suite d'analogies, vous conduit d'un point bien connu, à la vérification et la reconnaissance de celui qui était inconnu; de sorte qu'il ne subsiste plus de doute dans l'esprit.

D. Qu'est-ce que la preuve juridique?

R. Ce sont les procédés que la loi civile admet pour l'établissement des preuves physique et morale, que l'on peut apporter, ou même de ce qui devant la droite raison, peut, dans le besoin extrême, y suppléer.

D. Quels sont ces différens procédés?

R. Il y a, en premier ordre, les preuves écrites, soit authentiques, soit privées; les premières sont celles faites ou reçues et signées par des officiers qui ont un caractère auquel la loi attache une crédibilité nécessaire. Les actes signés d'eux font foi, non pas seulement jusqu'à la preuve entière, mais jusqu'à la preuve rigoureuse, qui résulte de l'articulation précise du faux, qui n'est reçue que dans des formes spéciales.

On distingue, en les marquant chacun d'un caractère particulier, les différens écrits publics; savoir: 1°. la grosse, ou expédition délivrée immédiatement par l'officier qui a fait l'acte appelé instrumentaire; 2°. les secondes, ou subséquentes expéditions du même; 3°. les copies authentiques, délivrées par un officier ayant aussi caractère; 4°. enfin, les extraits collationnés ou simples copies.

Les secondes consistent dans des écrits privés, dont la loi marque la forme et l'autorité dans les diverses circonstances.

En second ordre, les preuves orales ou testimoniales : elles consistent à indiquer ou citer et entendre des témoins sur des faits articulés. La loi civile marque les cas dans lesquels cette espèce de preuve est exclue, comment on doit y procéder, et quelles sont les qualités nécessaires des témoins, les causes pour lesquelles de certaines personnes en sont exclues, et les causes de suspicion et de reproches que l'on admet pour écarter le témoignage de ceux qui en sont frappés.

Les témoins ont été la première espèce de preuve reçue; leur autorité a prévalu sur les écrits, dans un temps où les écritures étaient trop souvent irrégulières; mais depuis que, l'art étant plus avancé, on a pu obtenir par la régularité des écrits des témoignages constans, et par-là même plus sûrs que les dépositions orales, on les a préférés à celles-ci que l'on a souvent exclues pour tous les cas où l'objet contentieux, ayant fait ou pu faire la matière d'une convention, on avait pu s'en procurer une preuve écrite, lorsque la valeur de l'objet de la convention excédait une somme qui est déterminée par la loi.

En troisième ordre viennent à défaut de preuves les présomptions, qui sont le résultat soit d'une déclaration précise de la loi sur ce qui doit être des conséquences de certains actes, soit d'un raisonnement juridique qu'elle admet à défaut de preuves contraires, soit enfin de ce que la raison indique de plus probable pour des cas indécis qu'elle laisse à la discrétion des juges.

En quatrième ordre, le serment qui tient lieu de preuves quand il est déféré ou référé par les parties, et qui, comme la présomption, fixe le jugement jusqu'à preuve contraire, quand il n'est admis que pour purger la conscience de la partie ou rassurer celle du juge. C'est la distinction du serment décisoire et de celui judiciaire ; ce dernier sert encore pour affirmer des confessions ou dénégations, fixer des évaluations et autres circonstances de cette nature.

D. N'y a-t-il pas encore une règle relative à celui qui peut acquérir ou s'obliger par le contrat ?

R. Il est de règle que l'on ne peut stipuler que pour soi-même et être engagé que par soi-même.

D. Que signifie ne stipuler que pour soi-même ?

R. C'est la même chose qu'acquérir par soi-même. Celui qui stipule est celui à qui l'on promet ou envers qui l'on s'engage, ce qui est censé n'être fait que sur sa demande ou sur son interrogation. C'est un terme que nous avons retenu des stipulations romaines ; parce que, dans la suite, comme elles donnaient plus de précision ou de force au contrat, on a revêtu tous les contrats de la stipulation ; et comme le droit et l'usage du contrat nous est parvenu dans cet état, nous disons stipuler un contrat ; et nous appelons les clauses et conventions des contrats, des stipulations.

D. Comment dites-vous que la stipulation donne plus de force au contrat ?

R. C'est que les contrats réels et consensuels qui n'étaient que le simple résultat des conventions des parties, s'appelaient contrats de bonne foi, et donnaient une action qui était toujours interprétative, parce qu'il s'agissait de pénétrer leur intention. C'est pourquoi cette espèce d'action était appelée *arbitrium*, parce que les juges y faisaient fonction d'arbitres, au lieu que la stipulation était une forme qui faisait que le contrat s'exécutait dans la rigueur des termes; aussi on appelait l'action de droit strict. On distinguait donc les contrats en contrats de bonne foi et contrats de droit strict. Depuis que l'usage fut bien établi d'ajouter la stipulation à tous les contrats de bonne foi, la distinction cessa d'avoir son effet; c'est pourquoi il n'en est pas question dans le droit moderne.

D. Quelles sont les distinctions que le droit naturel et des gens admet dans les contrats?

R. On distingue les contrats synallagmatiques ou à deux faces, c'est-à-dire, dans lesquels chacune des parties s'est obligée envers l'autre, les obligations étant corrélatives et réciproques : et le contrat unilatéral où une des parties s'engage seule envers l'autre, qui accepte, comme dans le prêt, le dépôt. Il peut bien y avoir une obligation de l'autre partie mais c'est par les suites de l'exécution de l'obligation principale. Il y a des jurisconsultes qui ont appelé cela un contrat synallagmatique imparfait, mais c'est sans objet; car la seule utilité de cette distinction, c'est que dans les contrats synallagmatiques, l'inexécution de la part d'une partie de ses obligations, autorise l'autre partie à se tenir pour dégagée des siennes. C'est aussi que l'obligation de l'une des parties n'est valable qu'autant que celle de l'autre est tenue pour valable elle-même; ce qui ne peut avoir d'application aux synallagmatiques imparfaits.

2°. On distingue les contrats commutatifs, c'est-à-dire, qui sont fondés sur ce que chaque partie trouve dans ce qu'y fait l'autre partie, et qu'elle reçoit l'équivalent de son engagement; et les contrats aléatoires, où une chance du hasard confiée à un événement déterminé tient lieu de l'équivalent.

3°. Les contrats de bienfaisance, c'est-à-dire, où l'on s'engage dans la vue d'un simple bon office, et sans prétendre un intérêt respectif, et les contrats onéreux ou ceux qui ont une vue intéressée.

Ces distinctions sont dans la nature des choses, et s'expliquent dans ce qui sera dit de ces espèces de contrats.

CHAPITRE XVIII.

Du fondement du contrat commutatif, ou de l'invention de la monnaie.

D. Quel fut l'acte de commerce qui fut le fondement des contrats, et particulièrement de ceux commutatifs?

R. L'échange fut le premier acte de commerce; il ne fut pas lui-même un contrat, car il commença par une remise réciproque des choses coéchangées, et tout fut consommé. C'est pourquoi dans la jurisprudence romaine, lorsque sur un échange convenu, une partie ayant remis la chose de son côté, l'autre refusait la sienne, il n'y eut lieu, comme pour tout autre pacte, qu'à l'action *in factum*, et le pacte d'échange ne devint un contrat que par cette cause.

D. Comment cet acte, qui n'est pas un contrat dans cet état, put-il être le principe du contrat commutatif?

R. Parce que dans son premier usage il n'y eut de considéré que l'utilité respective des choses; mais l'idée de leur valeur s'y ajouta bientôt, et alors on s'occupa d'en établir la compensation : c'est là où la convention d'échange commence sa fonction de contrat; c'est parce qu'elle oblige à cette compensation, l'échange étant d'ailleurs consommé.

D. Comment cette compensation put-elle se faire?

R. Il fut nécessaire de trouver un terme moyen pour fixer les valeurs de toutes choses, à l'effet de donner la mesure de celles respectives des choses coéchangées, et de pouvoir ainsi en établir la compensation.

D. Quel dut être ce terme moyen?

R. Cela indiqua l'usage de la monnaie, qui est d'une antiquité aussi reculée et dont l'origine est aussi ignorée de nous que le premier établissement des sociétés civiles : nous voyons l'usage de la monnaie dans les plus anciens monumens de l'histoire.

D. Eut-elle nécessairement une matière déterminée?

R. L'or et l'argent étant les matières dont on paraît s'être servi de toute antiquité, il y a lieu de conjecturer que ce furent celles dont on usa du moment que l'on sut tirer parti de leur ductilité par l'art de réduire les métaux.

Cependant il y eut des peuples tellement dépourvus de ces richesses, que les choses les plus communes furent prises pour le terme des valeurs, comme le cuir chez les Carthaginois et les bœufs chez les premiers Romains; mais leurs communications avec les autres peuples changèrent bientôt ces systèmes.

D. Comment les matières choisies pour les monnaies donnèrent-elles la mesure des différentes valeurs?

R. 1°. Parce que leur préciosité fit que la plus petite quantité se trouva en rapport avec une plus grande quantité des choses utiles dans le commerce. Ainsi une livre d'argent faisant avoir cent muids de froment ou dix tonneaux de vin, elle démontra que cent muids de froment et dix tonneaux de vin étaient d'une valeur égale, et que celui qui avait une livre d'argent pouvait facilement se procurer l'un et l'autre.

D. Le procédé du monnayage ne dut donc consister qu'à diviser le métal en portions de différens poids?

R. Il paraît que ce fut le premier emploi des monnaies, et l'usage de la balance s'est conservé comme symbole dans les solennités des ventes des biens du sol romain, *mancipii*, qui représentent les premières ventes connues dans cette république.

Mais pour ôter l'embarras de cet usage, et plus encore la fraude qu'il admettait, les dividendes des métaux qui formèrent les pièces de monnaie furent marqués d'un signe public, qui en garantit la vérité et l'exactitude.

D. La monnaie dut donc être depuis marquée sur chaque pièce de métal?

R. Cela dut être ainsi. Mais lorsque les métaux devinrent plus rares dans la proportion des besoins, à l'effet de multiplier les monnaies, on altéra la monnaie de deux manières. La première, en y mêlant des métaux moins précieux qui forment de l'alliage : d'ailleurs, ce mélange dut commencer par le besoin que l'on eut pour préparer la fusion de l'or et de l'argent; ensuite on en abusa en donnant pour une seule valeur le métal avec son alliage. La seconde manière consista à réduire à une pure dénomination, la quantité qui était auparavant réelle.

D. Quel dut être le résultat de cette double opération?

R. C'eût été d'anéantir l'usage de la monnaie, si l'on ne fût convenu d'un terme certain auquel elle attribuait une valeur déterminée, qui fût toujours le terme moyen de la valeur des choses.

D. Quel fut donc ce terme certain?

R. Ce fut la détermination de la quantité de fin qui dut entrer dans chaque pièce proportionnément à sa dénomination; c'est ce que l'on appelle l'aloi.

D. N'a-t-on pas encore varié et altéré les monnaies depuis cette convention générale?

R. Oui, il y a des exemples de monnaies altérées des différens états, ce qui fut causé par des temps de détresse dans lesquels les malheurs publics entraînent.

D. Quel fut l'effet de ces opérations?

R. Ce ne fut pas de faire refuser la monnaie

pour sa valeur nominale, mais on ne put en retirer aucun avantage réel, parce que la valeur des marchandises est comme un courant d'eau qui toujours regagne son niveau. Un écu de 5 francs rabaissé par l'autorité à 2 francs de valeur, compensation de celle réelle qu'il avait sous cette dénomination, a toujours été reçu pour un écu, mais n'a procuré que quarante sous de denrées au lieu de 5 francs ; de sorte que les particuliers éprouvent un grand préjudice dans les sommes qui leur reviennent, et l'état n'y gagne rien, parce qu'il est soumis comme le particulier à suivre les valeurs commerciales.

D. Il est donc d'un grand intérêt public que les monnaies aient une valeur réelle inaltérable que leurs valeurs nominales représentent?

R. Cet intérêt est évident et dans l'intérieur et à l'extérieur. Dans l'intérieur, par rapport à la confiance publique, sans laquelle tout commerce est détruit. A l'extérieur, parce que les rapports de commerce et même de la politique d'état à état sont fondés sur la bonne foi, dont la valeur de la monnaie est une première marque, et qu'il n'y aurait aucun rapport tenable, si la monnaie d'un état changeait d'un instant à l'autre de valeur réelle en ne gardant pas celle convenue, d'autant que hors de l'état la monnaie n'est plus qu'une marchandise, la valeur nominale n'obligeant que les sujets du souverain qui l'a marquée de son signe public.

D. Mais n'y a-t-il aucun moyen d'obvier au manque de valeur métallique correspondant au besoin d'un état et du commerce?

R. Après avoir éprouvé le vide et l'inutilité de l'altération, on a reconnu l'usage du papier-monnaie, qui tient lieu de la monnaie.

D. Ne semble-t-il pas qu'il est encore plus défectueux que la monnaie altérée, puisqu'il n'a aucune valeur par lui-même?

R. Aussi il ne peut valoir qu'avec des sûretés et des garanties telles, qu'on ne puisse douter du solde entier qui doit s'ensuivre, ce qui résulte de deux points bien difficiles à assurer :

1°. Un état de finance correspondant et imperturbable;

2°. De bonnes mesures contre la contre-façon.

D. Quel est le résultat du papier-monnaie exécuté par de mauvais moyens?

R. Nous l'avons trop éprouvé : un renversement et un déplacement de toutes les fortunes ; les débiteurs de mauvaise foi s'empressent de se libérer avec ces papiers nuls, et de là un véritable anéantissement de tout commerce et un bouleversement général dans l'état et dans les mœurs; car cette facilité de fausser sa foi en payant avec des valeurs nulles jointe à la tolérance de l'usure, sont les plus grandes causes de la corruption de la morale.

D. Quelle est la fonction de la monnaie fictive ou du papier-monnaie?

R. Ce n'est pas de représenter la valeur des choses, mais l'argent qui les représente. Un billet d'état ne fait pas plus qu'un billet de commerce accrédité. Il représente une somme à toucher et qui doit revenir. Cela a été si bien senti, que dans la dernière déconfiture du papier monnaie en France, on a vu des gens (sans doute très-peu avisés) qui en avaient gardé pour des millions qu'ils espéraient bien toucher (1).

D. La monnaie a donc réellement deux valeurs distinctes : celle nominale et d'autorité, et celle réelle et de marchandise?

R. Cela est vrai. La valeur nominale est, dans les lieux soumis à la domination du souverain qui l'a émise, une valeur virtuelle que l'on est obligé de recevoir sur de simples marques et dénominations; ce qui fait d'une quantité de monnaie prêtée aujourd'hui, une somme qui doit être la même dans tous les temps.

____

(1) J'ai vu un propriétaire vendre un domaine valant 40,000 liv. écus, moyennant 250,000 liv. assignats, qu'il comptait bien recevoir en écus, et que, dans cette illusion, il a entièrement perdus.

La valeur réelle est celle déterminée par l'aloi ou le fin des diverses pièces, qui en fait autant de pièces de marchandises en compte. Lorsque la valeur dénommée exprime bien la valeur réelle, celle-ci est prise de confiance, et cela ôte la nécessité des vérifications dans chaque opération de compte, mais la monnaie étrangère n'est toujours dans la vérité qu'une marchandise.

D. Quelle est donc la raison de cette vue de commerce?

R. C'est qu'outre que chaque pièce n'est comptée que pour sa valeur réelle, cette valeur, devenue celle de toutes les marchandises, hausse ou baisse, suivant le besoin que l'on en a, et selon qu'elle est plus rare ou plus commune dans les comptoirs.

D. Comment se fait-il que cette considération entre dans la monnaie comme dans les autres marchandises?

R. C'est selon que l'état est chargé de plus ou moins de dettes envers l'état avec lequel il se trouve en rapport. Par exemple, si la France doit à l'Angleterre, les écus de France seront moins chers par rapport à la guinée, monnaie d'Angleterre qui y répond, parce qu'il ne s'en trouvera pas de libre circulation dans une somme égale au solde.

D. Il y a donc un grand désavantage à être débiteur?

R. Toujours le débiteur voit augmenter sa dette, par cela seul qu'il éprouve de l'embarras à s'acquitter ; la baisse des monnaies est l'escompte de la banque.

D. Comment l'embarras du payeur fait-il la baisse de la monnaie du débiteur?

R. C'est parce que, ne pouvant payer que dans la monnaie légale du comptoir, il faut payer par change, dans lequel cette monnaie marchandise n'est prise que pour une valeur convenue, nécessairement inférieure au prix, et faisant l'effet de l'escompte du crédit.

D. Quelle est donc, en dernière analyse, la fonction de la monnaie par rapport aux contrats?

R. C'est de donner le prix des choses, qui consiste toujours dans une somme de monnaie, qui est plus ou moins haute, suivant que la marchandise est plus ou moins nécessaire, plus ou moins rare.

D. Il y a donc de la variation dans le prix?

R. Oui, on distingue le prix cher ou haut, le prix bas ou vil, et le prix moyen.

D. A-t-on quelque droit de réduire le prix d'un achat, vendu ou acheté à une juste évaluation?

R. Non, le prix est toujours ce qu'il a plu au vendeur et à l'acheteur de déterminer, selon le besoin que chacun a eu ou de la chose ou de l'argent, et l'attachement du vendeur à la chose : mais quand il s'agit d'un prix que la justice doit déterminer,

c'est toujours au prix moyen qu'elle s'arrête, parce
que c'est celui que l'équité indique.

CHAPITRE XIX.

*Des contrats commutatifs ou de la vente, du louage
de la société, et du gage.*

§. I. *De la vente.*

D. QU'EST-CE que la vente?

R. C'est le contrat par lequel une personne promet à une autre de lui faire avoir ou de lui transporter une chose à titre de propriété, moyennant
un prix que celle-ci promet de payer.

D. Pourquoi dites-vous, promettre de faire avoir
ou transporter?

R. C'est parce que la fonction du vendeur n'est
pas de rendre propriétaire, mais seulement de
transporter la chose, si elle est en son pouvoir, et
de céder sur elle tout le pouvoir moral qu'il y a. Il
promet de faire avoir la chose, si elle n'est pas en
son pouvoir.

D. Quelles sont les choses qui forment la substance du contrat?

R. C'est la chose, le prix et le consentement.

D. Quelles sont les conditions que le consentement doit remplir?

R. Il doit tomber de part et d'autre sur la même

chose, et l'exprimer telle qu'elle est dans sa substance. S'il y a erreur sur la substance de la chose, ou sur l'objet même du consentement, le contrat est nul; cependant, comme on l'a vu, l'erreur n'annulle pas le contrat de plein droit; il faut qu'elle soit prouvée pour le faire annuler.

D. Qu'est-ce qu'il y a à dire sur la chose?

R. Ce qui en a été dit, au chapitre ci-dessus de la convention et du contrat; si la chose n'existe pas, ou si elle n'est pas déterminée, il n'y a point de contrat.

D. Quel doit être le prix?

R. Il doit être d'une somme de deniers fixée par les parties, ou qu'elles ont remise à fixer par un tiers dénommé, et dans ce cas, il faut que l'évaluation du tiers s'ensuive; sans quoi il n'y a point de vente.

D. Pourquoi faut-il que le prix soit d'une somme de deniers?

R. Parce que la monnaie est le terme commun de toutes les valeurs, qui fixe le prix des choses; cependant on n'observe pas à cet égard la particularité du droit romain, dans lequel, au cas où le prix était d'une autre chose que d'une somme d'argent, il n'y avait point de vente; ce qui n'était relatif qu'à leur système de la spécialité des actions: la valeur de cette autre chose, dans ce cas, s'estime en argent et forme le prix.

D. Quel est l'effet de la vente par rapport à la chose vendue?

R. Si la chose était au pouvoir du vendeur, et s'il a consenti que dès lors l'acheteur en prît possession, celui-ci est censé avoir la chose du moment qu'il a pu s'en saisir; et si elle périt, c'est à ses risques, de quelque manière qu'elle ait péri. Il en est autrement s'il y a une réserve au vendeur, ou si la vente dépend d'une condition qui la suspende.

D. Quelles sont les obligations qui naissent des ventes de part et d'autre?

R. Celles du vendeur sont de délivrer la chose à l'acheteur, de la mettre en son pouvoir, et au reste d'en garantir la jouissance paisible.

Celle de l'acheteur est de payer le prix.

D. Quand et comment la délivrance doit-elle être faite?

R. Elle doit l'être du moment du contrat, ou au terme stipulé. La chose doit être délivrée dans l'état où elle a été vendue et où elle se trouve si elle n'est pas détériorée par le fait ou la faute du vendeur, qui en est le gardien et qui en répond jusqu'à ce qu'il l'ait délivrée, ou qu'il ait mis l'acheteur en demeure de la recevoir.

D. Qu'est-ce que de garantir?

R. C'est de faire cesser toute éviction ou tout trouble que l'acheteur éprouve dans sa jouissance, et d'indemniser l'acheteur de la perte de la chose en cas d'éviction, ou même du tort qu'il a éprouvé en cas de trouble.

D. Qu'est-ce que l'éviction?

R. C'est lorsqu'une personne qui se prétend propriétaire de la chose, l'ôte à l'acheteur et l'empêche d'en jouir. Il y a éviction non-seulement en ôtant la chose à l'acheteur, mais encore en exerçant dessus des droits qui en diminuent la jouissance et dont l'acheteur n'est pas chargé, ou encore lorsque la chose a des vices qui en ôtent l'utilité ou en diminuent considérablement la valeur, si ces vices sont cachés et n'ont pas été déclarés à l'acheteur.

D. Le vendeur peut-il être contraint de délivrer la chose, ou peut-il s'en rédimer en offrant les dommages et intérêts?

R. On a mis cela en question par rapport aux subtilités du droit civil, qui a induit quelques juristes à appliquer à ce cas la maxime, que l'on ne peut être contraint pour un fait. Mais il est certain dans le droit naturel que le vendeur qui a promis de livrer, y est strictement obligé, la chose étant en son pouvoir; et l'offre d'une indemnité est un acte de mauvaise foi, puisque c'est une infraction méditée du contrat. Il n'y a rien de commun entre l'obligation à un fait de la personne et l'obligation de délivrer, qui ne fait qu'ôter de vos biens ce que vous avez transporté et ce qui ne vous appartient plus. L'acheteur peut donc, en usant des formes requises, vous faire enlever la chose et s'en faire saisir.

D. Quelle est la suite du défaut de paiement du prix?

R. Le prix étant la cause de l'obligation du vendeur, il s'ensuit que si le vendeur n'en est pas rempli, ou n'est pas satisfait par des sûretés que le vendeur lui a données, il a le droit à la nullité de son engagement, qui est resolu comme tout contrat synallagmatique, qui se résout par le manque de l'une des parties à ses engagemens.

Cependant l'intérêt du commerce à la circulation des biens a fait modifier cette règle relativement aux intérêts des tiers; c'est pourquoi l'on a inventé la clause commissoire, pour donner à ce droit de résolution une précision à laquelle nul autre intérêt ne peut s'opposer.

D. Qu'est-ce que la clause commissoire?

R. C'est la convention de la résolution à titre de peine, en cas d'inexécution du contrat et surtout de non paiement dans un délai déterminé: alors la faute est commise et la peine encourue.

§. II. *Du louage.*

D. Qu'est-ce que le louage, et quel rapport a-t-il avec la vente?

R. Par le contrat de louage, le maître d'une chose s'oblige à en faire jouir un autre pendant une certaine période de temps, moyennant un prix annuel ou sous une condition qui le représente; il diffère de la vente en ce que le locataire reste maître de la chose qui est à ses risques. Il convient avec elle en ce que le contrat a pour substance le consentement, la chose et le prix.

D. Quel est le résultat de ce rapport et de cette différence pour la consistance et l'exécution du contrat?

R. C'est, 1°. que dans le louage, le contrat se forme par la réunion de la chose, du prix et du consentement, que, par conséquent, c'est un contrat consensuel.

2°. Qu'il y a du côté du bailleur la même obligation qu'au vendeur de délivrer la chose, à l'effet d'en jouir, et celle de la garantie.

3°. Cependant que, dans le louage, la délivrance n'est pas à l'effet de faire avoir la chose en elle-même, mais seulement pour maintenir la jouissance au preneur.

4°. Que la garantie n'est pas due sur le simple trouble, mais seulement sur celui qui, élevé sur un prétendu droit de propriété, tend à ôter et ôte effectivement la jouissance au preneur, comme elle n'est due pareillement pour les droits et charges sur les biens qu'autant qu'il en résulte que le preneur ne peut exercer la jouissance qui lui est cédée.

D. Le locataire qui a fait la délivrance de la chose louée, a-t-il encore quelque engagement envers le preneur?

R. Il a celui de mettre et entretenir la chose en tel état que le preneur puisse en jouir.

D. Le locataire a-t-il quelque chose à faire de son côté pour cela?

R. Il est tenu de souffrir les réparations nécessaires, pourvu que la manière et le temps de les faire ne le privent pas totalement de la jouissance; car, dans ce dernier cas, il a droit de demander la résolution du contrat.

D. Le locataire est-il tenu de contribuer à quelques parties des réparations?

R. Il est tenu des menues réparations dont le besoin résulte de l'usage journalier, et que l'on appelle réparations locatives. Ce sont les vitres, carreaux, âtres et contre-cœurs de cheminées, réparations aux serrures des portes et ouvertures.

D. Le contrat de louage lie-t-il le bailleur au point de l'empêcher de vendre la chose louée?

R. Non, et même les jurisconsultes romains ont pensé que la vente rompait le louage du côté de l'acquéreur, qui n'était tenu de le reconnaître, si le vendeur ne l'en avait pas chargé.

D. Cela est-il un résultat nécessaire de la collision des deux contrats du côté du propriétaire?

R. Non : l'interprétation romaine suppose un cas de rupture du bail sous-entendu, à la charge d'une indemnité; il semble qu'il n'était pas moins naturel, en laissant subsister le bail, de suppléer dans la vente la charge implicite du bail subsistant en étant subrogé aux droits du vendeur, vis-à-vis du locataire : notre nouvelle jurisprudence s'est arrêtée au dernier parti.

D. Quels sont les biens sujets au louage?

R. Toutes les espèces de biens corporels, meubles ou immeubles, biens de ville ou ruraux. Le louage des biens de ville et des meubles est le bail à loyer. Le louage des biens ruraux est le bail à ferme. Chacun a ses règles propres outre les règles communes que l'on vient d'expliquer. Le dernier se distingue en bail à ferme, quand il est à prix d'argent ou moyennant une quantité fixe de denrées : il se contracte aussi sous la condition du partage des fruits par moitié, et s'appelle alors bail de métairie.

D. N'y a-t-il pas quelque distinction par rapport au bail de choses mobilières?

R. On distingue les animaux dont certaines espèces qui se rapportent à la culture, forment ce que l'on appelle le bail à cheptel.

D. D'où vient ce terme?

R. Dumoulin l'a tiré du mot *capital*, parce que le cheptel forme un capital; mais d'autres l'ont tiré du mot celtique ou bas-breton *chatal*, qui signifiait *troupeau de bétail*. Cette étymologie est naturelle, puisqu'elle représente la chose dans le mot.

D. Quelle est la nature et quelles sont les conditions principales du bail à cheptel?

R. On y donne les bêtes aratoires et autres par individus ou couples, ou par troupeaux, pour être soignés par le preneur, et soit sous une estimation sous laquelle on rend le même nombre jusqu'à concurrence de la valeur ou la somme de l'estimation à la fin du bail, soit à titre de partage du gain ou de la perte, pour lequel on fait pareillement une estimation qui sert à fixer le gain à partager, ou la perte à contribuer. Les bêtes en troupes devant être reçues dans le même nombre, les nouveau-nés remplacent les anciennes bêtes qui manquent. Les veaux, agneaux et autres nouveau-nés, et les laines ou poils sont le profit; le lait appartient au cheptelier. Le premier de ces baux s'appelle cheptel de fer ou cheptel mort; le second s'appelle cheptel vif ou cheptel ordinaire. Il admet aussi d'autres conditions. Le premier met les bêtes aux risques du preneur; le second, aux risques communs : c'est une espèce de société.

D. Le contrat de louage reçoit-il d'autres applications?

R. Oui : on peut aussi louer les services ou travaux de l'homme, ou son industrie, dans des entreprises de différens ouvrages.

D. En quoi ce louage diffère-t-il des autres?

R. En ce que c'est celui pour lequel les services ou le travail sont promis, et qui en promet le salaire, qui y est appelé le bailleur, et l'autre le preneur; cela ne signifie rien en soi, mais marque seulement, que c'est celui qui a l'initiative et l'intérêt principal du contrat; que, par conséquent, c'est contre lui que le contrat s'interprète, en cas d'obscurité et de doute.

D. Quelles sont les obligations du louage des services?

R. Elles ont été expliquées en la seconde partie ci-dessus. Quant aux conditions naturelles de ce lien entre les hommes, il reste à dire que le prix du louage se divise par jour, et est dû en proportion de sa durée.

D. Le serviteur ou le maître est-il, l'un en quittant, l'autre en congédiant, obligé à quelque indemnité pour l'inexécution du contrat?

R. On distingue le louage pour le service de la personne ou de la maison dans lequel le terme arrive tous les jours, au gré de l'un et de l'autre, et celui pour un travail déterminé dans lequel le serviteur ouvrier est tenu d'accomplir son temps, et le maître de remplir de même le temps convenu, et si l'un ou l'autre rompt, il y a lieu aux dommages-intérêts.

D. A quoi oblige le bail d'entreprise d'ouvrage?

R. Il oblige l'ouvrier ou l'entrepreneur à exécuter de bonne foi l'ouvrage convenu, conformément aux devis et projets qui en ont été arrêtés, ou à l'usage ordinaire.

D. L'ouvrier répond-il des pertes fortuites qui arrivent dans la chose pour laquelle l'ouvrage est entrepris?

R. On distingue, si l'ouvrier a entrepris de faire et fournir un ouvrage dont tout ce qui y sert est entre ses mains, ou s'il n'a entrepris que la main d'œuvre, ou si, ayant entrepris de faire et fournir, il s'agit d'appliquer des matériaux sur le fonds du maître. Au premier cas, il est comparé à un vendeur dont la chose est à lui, jusqu'à ce qu'il ait dû ou pu la livrer, auquel cas la perte par cas fortuits est à ses risques, *res perit domino*. Au second cas, l'ouvrier ne perd que son travail, et les matériaux, par la même règle, périssent au compte du maître. Au troisième cas, une autre règle forme la base de la décision : c'est d'abord, que l'édifice construit sur un fonds, en fait une partie intégrante, *edificium solo cedit* ; ensuite, que celui qui applique ses matériaux à une construction sur le fonds d'un autre, fait ses matériaux, la chose du maître du fonds, au fur et à mesure qu'ils y sont employés dans les constructions; d'où il suit que si l'ouvrage est détruit par un accident imprévu et de force majeure, avant l'achèvement des constructions, il périt aux risques du maître du fonds, pourvu qu'il ne puisse pas justifier de défauts dans la construction pour lesquels l'ouvrage n'aurait pas été reçu.

§. III. *De la société.*

D. Qu'est-ce que la société?

R. C'est un contrat différent de la vente, par lequel on se propose seulement de mettre des choses dont on convient en commun, pour en tirer un profit, qui se partage entre les associés. Ce contrat n'a point pour objet de transporter la propriété, nul ne s'y dessaisit de rien.

D. Quelle est la règle fondamentale de ce contrat?

R. Elle est que les mises et les parts de profit et pertes, doivent avoir une base égale, et se proportionner les unes par les autres.

D. Les mises sont-elles nécessairement déterminées?

R. On met ce que l'on veut, et chacun entre dans la société pour ce qu'il est convenu d'y apporter. Il peut n'y apporter que son industrie et son travail et même son crédit. Tout ce qu'il y a d'essentiel, c'est que nul ne doit y avoir de profit sans perte, c'est-à-dire, ne recevoir de profit sans déduction des pertes, qui seraient rejetées sur les autres associés. C'est ce que la fable du lion et des animaux, d'Ésope, a fait appeler *société léonine.*

D. Cela peut-il se dire de la société où quelqu'un

est admis par son travail avec condition d'avoir, en cas de bénéfice, telle part dans les bénéfices, et de ne point contribuer aux pertes?

R. Non : une telle convention est légitime, parce que, d'un côté, la part de profit qui lui est promise ne s'entend que déduction faite des pertes ; d'un autre côté, parce que, si la société est en perte, il y contribue réellement par la perte de son travail.

D. Combien distingue-t-on d'espèces de sociétés?

R. On distingue les sociétés en générales ou universelles et particulières, et les premières en générales de tous biens et seulement en société de tous gains. Toutes ces espèces ont chacune leurs règles propres dans le droit civil.

D. Quel droit les qualités d'associé donnent-elles sur les biens de la société?

R. Les associés ont tous un droit égal sur les biens de la société, soit pour les régir et administrer, quand aucun n'a été spécialement désigné, soit pour s'en servir, pourvu que ce soit sans nuire au pareil droit des autres, et sans troubler l'ordre de l'administration ; c'est pourquoi il est utile de régler d'abord cet ordre.

D. Quels sont les droits et les obligations des associés, relativement à la société?

R. Ils profitent de tous les bénéfices qui se font, ils répondent des pertes qu'ils causent, et cela sans pouvoir faire entrer en compensation de ces pertes les bénéfices qu'ils ont procurés d'ailleurs.

D. Comment se dissout ou cesse la société?

R. 1°. Elle se dissout par la volonté de chaque associé, qui peut s'en retirer quand bon lui semble, pourvu que sa renonciation ne soit pas intempestive, comme s'il se retirait dans le cours d'une affaire périlleuse dont il aurait espéré du profit.

2°. Elle cesse par la mort de l'un des associés; les héritiers ne sont pas associés par leur titre, et la société ne continue pas en leurs personnes ; mais ils ont droit au réglement des comptes de la société, et ils profitent de ce qui y a été acquis à leur auteur, comme ils répondent aux engagemens qui ont été contractés, et dont il a été tenu.

3°. Enfin la société finit encore par la cessation de l'affaire qu'elle a eue pour objet, et par la perte des choses qui en font le fonds.

§. IV. *Du gage.*

D. Qu'est-ce que le contrat du gage?

R. C'est une convention par laquelle, sans aliéner la chose qui nous appartient, nous la faisons servir à nos affaires, en la remettant à une personne, pour lui répondre d'une dette contractée envers elle, et par conséquent demeurer en ses mains jusqu'à l'entier acquittement de la dette.

D. Le gage n'emporte-t-il pas une aliénation de la chose, et quel droit donne-t-il sur elle?

R. Il emporte une espèce d'aliénation en ce sens qu'il n'en peut être fait aucune disposition ni aucun emploi ultérieur au préjudice du créancier qui le détient; que celui-ci a le droit de le faire vendre au terme convenu, s'il n'est pas payé, et qu'il est préféré à tous autres, sur le prix qui est retiré par la vente.

D. Le propriétaire du gage ne peut donc pas le retirer?

R. Il ne le peut qu'après le paiement intégral de la dette, et il ne peut pas diviser en se faisant rendre une partie du gage proportionnée à celle de la dette qu'il offre ou qu'il paie; c'est ce qui fait dire que le droit de gage est indivisible.

D. A quoi le créancier qui a reçu et détient le gage est-il tenu à son occasion?

R. Il est tenu de le conserver, et il répond de toute perte qui en arriverait autrement que par cas fortuit.

D. Quels biens peuvent être donnés en gage?

R. Toutes sortes de biens : cependant les immeubles qui sont sujets à des soins d'administration et de régie, et qui produisent des revenus dont il faut compter, sont plutôt l'objet du séquestre que du gage.

D. Qu'est-ce que le séquestre?

R. C'est la remise d'un bien susceptible de régie et d'administration comptable pour le rendre dans le cas et dans le temps prévus par l'acte.

D. N'y a-t-il pas eu un moyen d'engager des biens-fonds sans donner au créancier la charge de la régie ni le soumettre à un compte?

R. Ç'a été l'objet de l'invention de l'hypothèque, dont on parlera dans la suite. C'est l'affectation d'un bien au droit et à la sûreté d'un créancier sans l'ôter des mains du débiteur, et par le seul consentement de celui-ci. On feint la chose livrée au créancier et remise par lui au débiteur pour le tenir à titre précaire à l'égard du créancier jusqu'à l'acquittement de la dette, et avec le même droit de faire vendre le bien au terme, faute de paiement, pour être payé sur le prix.

D. Le créancier peut-il devenir le propriétaire du gage?

R. Non, on a exclu toute convention qui aurait pour fin de lui en transporter la propriété, à cause du défaut de liberté qu'on suppose au débiteur vis-à-vis du créancier pour pouvoir faire avec lui un véritable acte de commerce des choses engagées; le créancier ne peut donc avoir que le droit de faire vendre et d'être préféré sur le prix, comme on l'a dit.

CHAPITRE XX.

Du change et des autres actes du commerce de la nature du contrat commutatif.

D. Qu'est-ce que le change?

R. C'est un acte de commerce né parmi les modernes, qui n'a pas moins de droit d'être rangé dans les contrats du droit des gens, parce qu'il est d'un usage universel; il consiste essentiellement à recevoir des valeurs pour d'autres, soit par transport d'une place en une autre, soit échange de monnaie d'un état dans un autre. Ainsi il y a deux sortes de change : celui par voie de traite ou lettre de crédit, et celui des monnaies l'une contre l'autre.

Art. Ier. *Du change par voie de traite, ou de la lettre de change.*

D. D'où est venu l'usage des lettres de change?

R. On en attribue plus ordinairement la cause aux persécutions que les juifs éprouvèrent lors de leur expulsion de la Lombardie, qui leur donnèrent lieu de chercher des expédiens pour sauver leur fortune.

D. Quels furent ces expédiens, et comment ont-ils amené l'invention de la lettre de change?

R. Ils consistèrent à vendre leurs biens mobiliers et immobiliers, et à en déposer le montant à des amis qui avaient des correspondans dans des lieux libres où ils se retiraient, et leur donnaient des lettres et mandemens pour recevoir d'eux, par ces correspondans, les capitaux déposés.

D. Comment cela devint-il un établissement public, et fit-il une nouvelle espèce de contrat, et une nouvelle matière de droit?

R. C'est que l'on reconnut bientôt de quelle utilité et de quelle commodité pouvait être, dans le commerce, ce moyen si simple et si facile d'opérer le transport des dettes et capitaux du commerce, d'un pays ou d'une ville en une autre.

D. Comment en est-il né un contrat?

R. Parce que l'on a regardé comme une obligation l'acte de tirer la lettre, comme une autre obligation l'acte d'accepter, et même comme un véritable transport le permis de payer à un troisième ou un quatrième la somme portée dans la lettre tirée.

D. Ce contrat exige donc plusieurs personnes qui y soient parties?

R. Il en exige au moins trois, qui sont : le tireur ou celui qui crée la lettre, l'accepteur ou celui sur qui elle est donnée, et le porteur ou celui à qui elle est donnée; la quatrième qui y intervient ordinairement est celui à l'ordre duquel elle est déclarée payable par l'endossement ou la note écrite au dos.

D. Qu'est-ce que la lettre exige encore pour sa substance?

R. Que l'argent soit tiré d'une place sur une autre, ce que l'on appelle remise de place en place : c'est l'objet principal du négoce.

D. N'y a-t-il pas encore une partie qui peut y intervenir?

R. Une caution qui est au contrat comme donneur d'aval; c'est-à-dire que la caution n'est partie au contrat que par la forme de l'aval, qui en répétant le contenu de la lettre, témoigne qu'elle entre dans l'obligation même du contrat de change ; autrement elle n'est que caution d'une obligation ordinaire.

D. Quels sont les vrais élémens du contrat de change?

R. C'est, d'une part, un transport de dette avec mandat de recevoir le montant, et, d'une autre part, le mandat de payer avec subrogation du porteur aux droits du mandant; au moyen de quoi tout est consommé par la lettre, et la somme est la propriété du porteur.

D. D'où naît l'obligation de l'accepteur?

R. De ce qu'il est supposé précédemment obligé envers le tireur, ou avoir reçu de lui la provision. Tout débiteur d'une dette de commerce envers une personne qui tire sur lui, est obligé d'accepter si la dette est actuellement liquide et exigible, ou d'accepter en compte si la dette peut devenir liquide par le compte.

D. Quelle est la forme du titre de la lettre de change?

R. C'est d'être exécutive, de constituer la dette par la seule écriture, et de comprendre dans une seule et même obligation solidaire les tireur, accepteur et endosseurs. C'est un vrai contrat littéral, en ce que ceux qui s'y sont obligés ne peuvent s'en exempter, sauf leur recours en cas de défaut de dette de leur part.

Art. II. *Du change des monnaies.*

D. Qu'est-ce que le change des monnaies?

R. C'est une négociation qui a lieu dans les comptoirs d'état à état, qui consiste à échanger les monnaies de l'état payant contre celles de l'état partie prenante, pour acquitter ce que le premier doit au second.

D. Quelle est la base du change?

R. C'est d'abord l'aloi de la monnaie qui en fixe la valeur réelle ou intrinsèque. Il consiste, comme on l'a déjà dit, dans le degré de fin qui entre dans chaque pièce dénommée, ensuite la valeur de convention.

D. En quoi consiste la valeur de convention?

R. Elle est réglée par le cours de la place, qui

hausse ou baisse suivant les circonstances dans lesquelles on se trouve respectivement, soit par la fluctuation du commerce, soit par les rapports des états entre eux.

D. Quelles sont les circonstances principales qui fixent la valeur de convention?

R. C'est l'état de dettes et crédits respectifs des deux états : celui qui est débiteur a besoin de la monnaie de l'état créancier, qui, au contraire, n'ayant nullement besoin de la sienne, tient plus élevé le taux de celle qu'il donne en échange, ou reçoit sur un pied plus bas celle qui lui est payée. La valeur nominale n'entre pour rien dans ces arrangemens; elle sert de désignation aux espèces, mais elle n'oblige pas ceux qui sont étrangers à la puissance qui la garantit. Cependant quand le titre est bien assuré, elle l'indique aussi; et le titre étant une valeur réelle, sert de base à tous les marchés, et la hausse ou la baisse n'est qu'une fluctuation momentanée. Il arrive aussi que le change se fait au pair, c'est-à-dire, selon le rapport vrai du titre de chacune des monnaies coéchangées.

Art. III. *Des autres actes de commerce, et du commerce en général.*

D. Comment envisage-t-on le commerce en général?

R. On doit l'envisager sous deux points de vue :
1°. sous celui de l'intérêt des sujets d'un même
état, pour qui il est le moyen de tirer de l'utilité
de leur industrie et de pourvoir à leurs besoins,
par les ventes et achats qu'il leur procure; enfin,
pour qui il est encore un moyen de distribuer les
biens et les richesses, en en favorisant la circulation, ce qui ne peut tendre qu'à les accroître.

2°. Sous le point de vue de l'intérêt des états
entre eux, par l'usage des importations et des ex-
portations, qui utilisent les productions respectives
de leur industrie; mais cet intérêt a aussi son re-
vers, qui est d'exciter des jalousies, d'où naissent
souvent des procédés nuisibles et même de véritables hostilités.

D. Cet état de circonspection de différens états
est-il sans remède?

R. Il semble que les prohibitions respectives, dont
on s'arme tous les jours, l'aggravent de plus en
plus, et elles font un tort d'autant plus inutile,
qu'il se balance entre tous et ne produit aucun
bon effet : vous voyez que toutes les fabriques et
les ateliers se désertent par le défaut de débouchés
que ces gênes produisent. Chaque gouvernement
calcule son avantage, qu'il croit avoir trouvé, lorsque l'expérience vient démontrer le contraire.

D. Quelle serait la marche naturelle pour le bien-
être commun?

R. Il semble que tous seraient plus heureux si

la même liberté de fabriquer et de vendre régnait,
et à l'intérieur et à l'extérieur. L'avantage naturel et
juste serait pour les fabrications les plus parfaites
et les produits les moins chers; mais il y aurait une
balance d'un genre d'industrie avec un autre, par
laquelle une sorte d'équilibre s'établirait. Les droits
d'entrée seraient partout un juste moyen de taxer
la consommation ; mais les droits de sortie, qui ne
taxent que l'industrie, pourront paraître, partout,
un procédé contraire au bien que l'exportation
doit produire.

D. Quels sont les actes de commerce qui n'ont
pas de dénomination et de règle propre parmi les
contrats civils?

R. Ce sont les actes qui ont pour objet de parvenir à l'expédition et au solde des négociations, par
les voies simples et promptes, propres à les favoriser : tels sont les billets à ordre, qui prennent du
change l'autorité de la circulation et la forme exécutive des transports, par endos de billets au porteur, et autres semblables opérations de la banque,
qui sont très-utiles quand la bonne foi y préside;
la bonne foi est l'âme du commerce; sans elle, il
ne saurait avoir de véritable prospérité.

CHAPITRE XXI.

Des contrats aléatoires.

D. Qu'est-ce que le contrat aléatoire?

R. C'est une convention dans laquelle on s'engage, en considération d'un événement qui forme une chance de hasard, par laquelle on peut avoir plus ou moins que la valeur de ce à quoi l'on s'engage. Cette chance de hasard tient lieu de l'équivalent du contrat commutatif : l'espérance ou le risque que l'on envisage, fait la cause de l'engagement qui forme le contrat.

D. Qu'est-ce que cette convention demande pour la validité du contrat?

R. Elle demande que l'espérance ou le risque ait un juste fondement; par exemple, s'il s'agit d'une vente de fruits à naître, il faut qu'il y ait un champ ensemencé ou une préparation quelconque, d'où ces fruits doivent naître; si ce sont des risques comme ceux de la mer, il faut que le navire y ait été exposé en faisant le trajet expliqué.

D. Quelles sont les espèces de contrats aléatoires?

R. Elles sont à l'infini; cependant on les réduit à quatre principales, dont deux sont du commerce

maritime, savoir : l'assurance, et le prêt à la grosse ;
et deux du droit civil, ou du cours ordinaire des
affaires, savoir : la rente viagère, et le jeu ou la gageure.

Du contrat d'assurance.

D. En quoi consiste ce contrat?

R. Il consiste à s'engager, moyennant une prime
convenue, de répondre des pertes ou avaries d'un
navire et cargaison mis en commission, et par conséquent exposé aux risques de mer.

D. Qu'est-ce qui est de l'essence du contrat?

R. C'est que le navire assuré ait été réellement,
soit au temps de la convention, soit dans un temps
marqué, exposé aux risques et accidens de mer ;
sans cela il n'y a point de contrat.

D. Ce contrat n'a-t-il lieu que pour les risques
de mer?

R. On assure aussi des biens sur la terre relativement à des accidens qui arrivent fréquemment,
comme les édifices contre les incendies, et les récoltes contre les accidens d'intempéries, comme
la grêle et autres semblables.

§. II. *Du prêt à la grosse.*

D. Qu'est ce que le prêt à la grosse?

R. On appelle ainsi le prêt que l'on fait à un

navigateur d'une somme sur le corps et quille, agrès et apparaux, et même marchandises d'un navire en course ou en commission, pour cette somme n'être rendue et avec un profit stipulé qu'en cas d'heureux retour ; et au contraire être perdue ou n'être rendue qu'en partie ou simplement sans profit, en cas de perte ou d'avarie considérable du navire et autres choses soumises au prêt.

D. Quelles sont les conditions essentielles de ce contrat?

R. C'est, d'un côté, que le corps et quille et autres objets donnés sous une évaluation aient existé, et se soient trouvés conformes à la déclaration qui a dû en être faite; d'un autre côté, que le navire ait été réellement exposé aux risques de mer, qui fait l'objet de la convention.

§. III. *De la vente à vie, ou de la constitution de rente viagère.*

D. Comment ces actes entrent-ils dans les contrats aléatoires?

R. Comme rien n'est plus incertain que le terme de la vie, toutes les fois que quelqu'un a vendu à une autre personne un bien pour sa vie ou pour en jouir sa vie durant, moyennant une somme convenue ; ou qu'une personne a, moyennant une somme qu'elle a reçue, créé sur la tête d'une autre personne une rente qui doit être payée pendant sa vie seulement, dans l'un et l'autre cas, le contrat est aléatoire. Celui qui a payé le prix ou celui qui l'a reçu fera plus ou moins de gain sur ce prix, selon que la jouissance viagère ou la mort subsistera plus ou moins, par la durée plus ou moins prolongée de la vie de l'acheteur ou du titulaire de la rente.

D. Qu'est-ce que ce contrat demande comme chose de son essence?

R. Il est de l'essence de ce contrat que la personne dont la vie en fait la chance, soit hors du risque présent et visible d'une mort prochaine au temps de la convention.

D. Quelle est la nature de la somme qui en fait le prix?

R. Elle est moins de la nature d'un véritable prix de vente ou d'un capital de constitution de rente, qu'elle n'a le caractère d'une prime convenue pour un risque prévu, et à ce titre elle est irrévocablement acquise du jour même de la convention. Jamais on ne peut prétendre à la faire rapporter à titre de résiliation ni autrement.

§. III. *Du jeu et de la gageure.*

D. Le jeu est-il véritablement un contrat?
R. Les auteurs l'ont mis au rang des contrats,

sous le rapport de cette idée, que toute convention forme un contrat. Mais cette idée est inexacte, comme on l'a vu. La convention ne forme un contrat qu'autant qu'elle contient promesse ou engagement sur une chose utile dans le commerce de la vie. En vain cherchera-t-on cette utilité dans le jeu, c'est une de ces conventions de pur amusement, que l'esprit de bonne compagnie fait concevoir; mais il exige toujours de la fidélité dans ses suites.

D. Mais peut-on le comparer aux contrats qui naissent des négoces utiles dans le commerce de la société?

R. Non : car si l'on en fait une affaire sérieuse en spéculant, par exemple, un gain considérable, c'est moins un contrat qu'un acte illicite digne de l'animadversion des lois, parce qu'il n'est propre qu'à allumer l'une des passions les plus funestes dont le cœur humain puisse être as-siégé.

D. Tous les jeux sont-ils indistinctement compris dans cette résolution?

R. On distingue les jeux d'adresse et d'exercice, et ceux de hasard; c'est principalement sur ceux-ci que l'observation tombe dans son véritable objet. Cependant, les premiers conduisent au même résultat; si le même esprit de spéculation s'y mêle, toute distinction cesse. C'est pourquoi la loi civile dénie l'action en justice aux jeux de hasard, et ne l'accorde aux autres que pour une modique somme.

D. Quel rapport le jeu a-t-il avec le contrat aléatoire?

R. Il n'est pas un véritable contrat aléatoire; mais s'il ne passe pas la mesure d'un simple amusement, les chances du hasard y sont observées comme dans tout contrat aléatoire.

D. Qu'est-ce que la gageure a de commun avec le jeu?

R. Elle repose sur le hasard d'un événement ignoré, dont l'arrivée ou la défaillance forme une véritable chance; et puisqu'elle a le même fondement, elle reçoit l'application des mêmes règles.

D. Que sont les loteries?

R. Ce sont de véritables jeux de hasard. Elles ont le danger d'engager par une vraie séduction, jusqu'à consommer la ruine des personnes qui s'y adonnent: elles sont donc véritablement illicites.

D. Mais pourquoi, dans ce cas, sont-elles mises et autorisées en établissemens publics?

R. L'on ne peut que déplorer les considérations qui y ont conduit, en reconnaissant l'inutilité des prohibitions; on préfère donc d'en faire un établissement dans lequel, au moins, on est garanti des fraudes qui accroissent le mal dans les loteries privées. C'est un des cas dans lesquels on trouve dans l'aberration des mœurs, que l'on contient et que l'on dirige, quelques ressources pour les dépenses publiques, dont les sommes ne seraient pas moins perdues pour les familles, et même avec une bien plus grande profusion.

C'est un jeu auquel, quoique à regret, on donne au moins une marche régulière.

CHAPITRE XXII.

Des contrats de bienfaisance.

D. Quest-ce que le contrat de bienfaisance?

R. C'est celui par lequel on s'engage à quelque chose en faveur de quelqu'un, dans la vue de l'obliger et de lui faire un bon office, sans en attendre ni prix ni récompense.

D. Quelles en sont les espèces?

R. Il y en a trois : le dépôt, le mandat et le prêt.

D. Pourquoi n'y comprenez-vous pas la donation?

R. Parce que la donation n'est point par elle-même un contrat : *Non est obligatio eocasu quo donatio est* (L. 18, *ff. de Donat.*). Celui qui donne ne s'engage pas; celui qui reçoit sans aucune charge ne s'engage pas non plus : mais par ses véritables analogies, la donation nous a paru devoir se placer parmi les actes de dispositions des biens.

§. I. *Du dépôt.*

D. Qu'est-ce que le dépôt?

R. C'est un acte qui consiste à remettre une chose à quelqu'un, qui se charge gratuitement de la garder et de la représenter à toute demande.

D. Est-ce un véritable contrat?

R. Il n'y a de contrat que dans l'engagement que prend le dépositaire de garder et de rendre : l'acte de celui qui dépose est la cause de cet engagement.

D. A quoi oblige l'engagement du dépositaire?

R. A représenter et rendre la chose, pour laquelle il n'a rien à faire : aussi il ne répond que de sa négligence excessive, ou de son dol : par exemple, s'il a exposé la chose à une occasion de perte à laquelle il n'aurait jamais exposé une chose de la même nature lui appartenant.

D. Y a-t-il plusieurs sortes de dépôt?

R. Il y a le dépôt volontaire, qui est celui auquel les règles ordinaires s'appliquent, et le dépôt nécessaire, celui fait dans des circonstances de quelque désastre qui n'a pas laissé le choix du dépositaire : il a des règles plus strictes; la négligence ou la mauvaise foi y est d'autant plus coupable, que c'est un abus du malheur d'autrui.

D. Quelles sont les obligations du dépositaire par rapport à la chose déposée?

R. Elles sont, de la rendre aussitôt qu'elle est réclamée; la moindre hésitation, le moindre retard volontaire, constituent le dépositaire infidèle. Le dépositaire ne peut rien en retenir, ni de ce qu'elle a pu produire.

D. Peut-il réclamer les dépenses qu'il y a faites?

R. Oui, si elles étaient nécessaires pour la conservation de la chose, et s'il n'a pas pu en avertir le maître, et le mettre à même d'y pourvoir lui-même.

§. II. *Du mandat.*

D. Comment se forme le mandat?

R. De la charge qu'une personne donne à une autre, de conduire une affaire qui l'intéresse, et de l'acceptation de celle-ci.

D. A quoi oblige le mandat?

R. Il oblige le mandataire à remplir le mandat avec exactitude et fidélité, à en rendre compte et rapporter au mandant tout ce qu'il a recueilli en exécution du mandat.

D. Le mandataire ne peut il pas renoncer au mandat?

R. Il le peut, tant que les choses sont entières; il ne le peut plus quand il a entamé l'affaire, à moins qu'il ne soit montré que le mandataire, par une circonstance survenue et imprévue, en recevrait du préjudice.

D. Le mandant est-il obligé envers le mandataire?

R. Le mandataire a droit de demander au mandant:

1°. De le tenir indemne des engagemens qu'il a pu prendre pour l'exécution du mandat;

2°. De le rembourser des dépenses qu'il a faites légitimement pour le même objet.

D. Le mandataire a-t-il droit à une récompense? et s'il reçoit quelque chose, cela est-il contraire au mandat?

R. Le mandat est gratuit en ce sens, que s'il n'a rien été convenu, le mandataire n'a rien à demander; mais rien n'empêche d'allouer une récompense au mandataire. si même il y avait un salaire convenu, le mandat change bien de nature, en tombant dans ce que les latins appellent *locatio operarum*, louage de service; mais tout ce qui peut en résulter, c'est que la responsabilité du mandataire relative au résultat de ses fautes et négligences, serait plus sévère.

D. De quoi le mandataire répond-il ordinairement?

R. Il répond des soins que tout homme exact a coutume d'apporter à des choses semblables; mais cela ne doit pas être ordinairement pris avec une trop grande rigueur, *non amaré*; et dans les cas où il est tenu plus strictement, on lui impute les torts qui résultent de la moindre négligence; c'est surtout ce qui arrive quand il a recherché le mandat, parce qu'il a écarté toute personne qui aurait pu y mettre cette grande exactitude dont on le taxe.

§. III. *Du prêt.*

D. En quoi consiste le prêt?

R. Il consiste à permettre à quelqu'un, l'usage d'une chose ou d'une somme, pendant un temps, à la charge de la rendre,

D. Y a-t-il plusieurs sortes de prêts?

R. On distingue le prêt à usage, et le prêt de consommation, dit *mutuum.*

D. Qu'est-ce que le prêt à usage?

R. C'est celui dont l'objet consiste dans une chose corporelle et individuelle.

D. Qu'est-ce que le prêt *mutuum?*

R. C'est celui dont la chose prêtée se confond dans les biens de l'emprunteur, comme sont les choses fungibles.

D. Quel est l'objet de la distinction?

R. C'est que, dans le prêt commodat ou à usage, l'objet prêté demeure la propriété du prêteur; d'où il suit, 1°. qu'en cas de perte par cas fortuit, elle périt à ses risques; mais l'emprunteur répond de toute perte par sa faute;

2°. Que l'emprunteur est obligé de la rendre en espèce, et ne peut s'acquitter par aucun équivalent.

Dans le prêt de consomption, par cela que la chose se confond dans les biens de l'emprunteur, si elle est perdue, c'est à ses risques, et il rend *tantundem*, c'est-à-dire, une même quantité de choses de la même qualité.

D. La gratuité du prêt est-elle de la nature ou de l'essence du prêt?

R. Elle est de sa nature, elle est bien de son essence, en ce que suivant l'usage romain le prix du prêt détruit le prêt, et le fait passer en louage à l'égard des choses corporelles et individuelles. Mais ces règles ne concernent que la nature des actions; et dans le droit naturel on peut dire que quoique le prêt ne soit pas annulé, un prix mis au prêt est contre la nature du contrat; il aurait l'effet contraire au mandat intéressé, qui serait de porter contre le préteur les règles de la responsabilité, moins rigoureuses alors envers l'emprunteur.

D. Quel serait l'effet d'un intérêt mis au prêt d'une somme d'argent ou d'une quantité de choses fungibles?

R. Ce serait d'établir l'intérêt ou le prêt à intérêt, dont nous parlerons au chapitre suivant.

D. Quel droit le prêt à usage donne-t-il à l'emprunteur sur la chose prêtée?

R. Le droit d'user de la chose selon la condition du prêt ou l'usage auquel elle est naturellement propre ou destinée.

D. Comment répond-il des pertes qui y arrivent?

R. Il ne répond pas des accidens de la nature, comme de la mort d'un corps mortel, ni des accidens de force majeure, ni même des diminutions qui ne sont que la suite naturelle de l'usage qu'il a dû en faire.

CHAPITRE XXIII

De l'usure.

D. Qu'appelle-t-on usure?

R. C'est l'intérêt exigé d'une somme prêtée pour être rendue à terme ou à volonté.

D. Pourquoi ce mot représente-t-il une chose odieuse?

R. On a été prévenu par une idée d'iniquité sur cette exaction par deux causes :

La première, par la police du peuple hébreu, qui la prohibait sur les prêts faits à leurs co-religionnaires et concitoyens : mais par-là même elle leur était permise contre les étrangers, ce qui montre que l'intérêt de l'argent prêté n'était pas une exaction inique par elle-même.

L'évangile recommande expressément la gratuité du prêt : *Mutuum date nil inde sperantes.* Mais on voit, par le canon XVII du concile de Nicée, que l'église, en répétant la prohibition de l'usure, ne s'adresse qu'à ceux compris dans le canon, c'est-à-dire aux membres du clergé, et qu'elle ne fonda cette défense aux clercs que sur le psaume 14, qui rappelle la loi hébraïque, et non sur le verset de l'évangile, qui n'est pas cité.

La seconde cause, c'est que l'usure, portée à de grands excès chez les Romains, y fut pour cela très-réprouvée, et fut l'objet de beaucoup d'agitations et de lois portées dans des temps de trouble.

D. Quel a été parmi nous le résultat de ces lois et de ces causes de réprobation?

R. Que la perception des intérêts sur toutes obligations à terme a été interdite jusqu'au décret de l'assemblée nationale de 1789 qui l'a permise, mais à la charge de se conformer au taux légal qui existait alors, le même qui existe aujourd'hui.

D. Que doit-on penser du décret de l'assemblée nationale de 1789? est-il conforme ou contraire au vœu de la loi naturelle?

R. Il n'y a pas lieu de chercher dans la loi naturelle ce qui peut porter à censurer ou justifier l'usage de l'intérêt du prêt d'argent, parce que cet usage est fort éloigné de la nature; mais c'est dans les convenances sociales que l'on peut en chercher le principe : il est, sans doute, dans les conséquences et de l'établissement du droit de propriété et de celui du système monétaire.

D. Comment le principe de la perception des intérêts sur un prêt à terme d'une somme d'argent, est-il dans les conséquences de l'établissement de la propriété et du système monétaire?

R. L'invention de la monnaie n'a été, comme on l'a vu, que celle d'un terme moyen de la représentation de la valeur de tous les biens dans le commerce. Il s'en est suivi que la possession d'un capital, par exemple, de 100,000 francs, était égale dans la main de celui qui l'avait au bien même porté à cette valeur, puisque la somme, par cela même qu'elle donnait toute la valeur du bien, pouvait le faire avoir ou en procurer un semblable à toute heure.

Or, comme ce bien de 100,000 francs peut aussi bien être donné et pris à loyer ou à ferme qu'être vendu, il semble que la somme qui le représente peut, sans difficulté, avoir elle-même ce même sort.

Ainsi la question se réduit à un point très-simple, qui paraît justifier pleinement le décret de l'assemblée nationale de 1789, et la loi qui s'y est conformée depuis.

D. Mais au moins y a-t-il nécessité que l'intérêt du prêt soit naturellement fixé par la loi, et est-ce un délit que de l'excéder?

R. On voit que l'intérêt ne se légitime que par cette considération, qu'il représente le produit de la chose que l'on peut se procurer avec la somme qui forme le capital; la conséquence qui doit s'en déduire, c'est que tout intérêt exigé au-delà de

cette mesure est une exaction inique; et c'est cette
mesure que la loi donne en fixant le taux auquel
l'intérêt peut s'élever, et qu'il ne doit pas excéder.

D. Pourquoi chacun étant libre d'affermer ou
de louer un bien ce qu'il lui plaît, n'en serait-il
pas de même du capital que l'on prête?

R. Toutes les choses qui sont dans le commerce
ont la mesure de leur valeur en elles-mêmes : c'est
dans le profit ou l'utilité quelles peuvent donner; au
lieu que l'argent n'a d'autre mesure de sa propre valeur, d'autre utilité en lui-même, que cette propriété
de représenter la valeur des choses. Sans doute que,
dans les marchés, il y a du plus ou du moins relativement à des vues personnelles qu'on ne peut
apprécier; mais la valeur qui donne la mesure de
l'utilité de l'argent est la valeur commune mesurée sur l'utilité des choses pour tous. C'est cette
valeur commune que donne le taux légal des intérêts qui n'en est que la déclaration.

D. Quel est donc l'inconvénient réel de l'excès
du taux des intérêts?

R. C'est de faire que l'argent, qui n'est rien en
lui-même et qui ne produit rien par lui-même,
devienne le prix de sa propre possession, ce qui ne
peut pas être sans impliquer l'idée d'une double
ou triple restitution de la somme prêtée.

Le taux légal suppose le doublement du capital
en vingt ans : cela suppose qu'un fonds a produit
dans le même espace de temps, par ses fruits ou

son utilité dans le commerce, l'égal de sa valeur vénale.

Si, au lieu d'égaler le capital en vingt ans de perception d'intérêt, vous l'égalez en dix ans en percevant 10 pour cent, c'est certainement une double restitution du fonds dans la moitié de cet excédant; mais si vous l'égalez en sept ans, en quatre ans, en percevant 20 ou 25 pour cent, vous vous faites rembourser deux fois les deux tiers ou les trois quarts de votre capital, en ayant égard à l'intérêt légitime. Or, cette double exaction, contre laquelle aucune spéculation de bénéfices ne peut tenir, et qui n'est accordée que par l'irréflexion ou le besoin pressant, ou même l'emportement de quelque passion, est un vol manifeste.

D. Comment supposez-vous que ce qui est accordé volontairement, soit un vol du côté de celui qui le reçoit?

R. Je ne le suppose pas seulement, mais je l'établis positivement, en montrant qu'il n'y a que l'emportement de quelque passion funeste, qui puisse conduire à s'engager dans de tels emprunts.

En effet, une personne raisonnable calcule ses intérêts, et ne s'offre pas volontiers pour un marché dont tout le résultat est de payer deux fois au-delà du profit qu'il peut retirer.

Mais un homme livré à des passions funestes, comme le jeu, un goût de dépenses immodérées, ne calcule rien; une illusion le séduit et le fait se précipiter dans la misère.

Le capitaliste avide qui spécule sur l'usure, est comme dans un guet-apens, vis-à-vis de pareils emprunteurs, qu'il enferme dans ses filets, et dont il dévore toute la substance.

Il y a d'autant moins de différence entre cette espèce de déprédation, et le vol proprement dit, que les lois de Rome condamnaient, pour le larcin, à la restitution du double, et pour l'usure, à celle du quadruple.

D. Comment établit-on que le taux légal représente le produit commun des biens?

R. Une loi romaine donnant la règle pour la computation d'un simple revenu donné ou légué dans le règlement de la retenue de la quarte falsidienne accordée à l'héritier dépouillé par des legs ou un fidéicommis universel, évalue ce revenu comme donnant le produit de la valeur du fonds, sur le pied de 4 pour cent.

Le jurisconsulte Dumoulin montre dans son Traité des Intérêts, en raisonnant sur ce point, que de son temps, de 1550 à 1570, les fonds étaient dans la province, à cent lieues de Paris, évalués sur le pied du denier 20, ou de 5 pour cent, et ceux à Paris, sur le pied du denier trente, ou de 5 et demi.

Or, aujourd'hui les biens ruraux ne sont pas

estimés sur le pied d'un revenu de plus de 4 pour
cent, et ceux de ville de 5 pour cent.

Cela montre une fixité dans le rapport des revenus avec le fonds, qui n'a rien de commun avec
la variation des biens, et des valeurs en elles-
mêmes. Ce qui montre que le taux de 5 pour cent
est bien en rapport avec cette évaluation, c'est
qu'on a vainement tenté de l'abaisser sous Louis
XV; on a été obligé de rétablir le taux à cette valeur, où il est demeuré.

D. Mais puisque les biens ne montrent qu'un revenu commun de 5 et demi ou 4 pour cent, pourquoi le taux est-il fixé à 5 pour cent?

R. C'est parce que les biens-fonds ne sont pas les
seules valeurs que l'argent représente, et qu'on doit
faire un taux commun qui représente une sorte
de compensation des diverses valeurs.

D. Ne peut-on jamais excéder ce taux de 5 pour
cent?

R. On a excepté les prêts pour affaires de commerce, dans lesquels la loi permet d'élever le taux
à 6 pour cent, que l'on regarde comme celui du
commerce.

Mais il y a, à cet égard, l'usage des places, où
l'escompte varie, et auquel l'assemblée législative
avait renvoyé cette espèce d'intérêt, ce qui eût
peut-être été plus juste.

CHAPITRE XXIV.

Des obligations indépendantes des conventions.

D. Quel est l'objet du présent chapitre?

R. Il y a des obligations contractées qui ne procèdent pas d'une volonté directe et actuelle de s'engager, mais qui nous sont imposées, soit comme des devoirs de situation, soit comme des conséquences de certains actes qui font présumer la volonté de s'engager,

D. Quelles sont les obligations qui nous sont imposées comme des devoirs de situation?

R. Ce sont d'abord celles qui sont la conséquence des devoirs des pères et mères envers leurs enfans, et réciproquement de ceux-ci envers eux, comme la dette des alimens.

2°. Celles des tuteurs envers leurs pupilles; des maris et femmes l'un envers l'autre.

3°. Celles qui dérivent de ce que plusieurs sont copropriétaires d'un même bien; elles consistent à devoir le partager, et se faire réciproquement raison des revenus et émolumens qui ont pu y être perçus, comme des justes dépenses qui y ont été appliquées.

4°. De ce que plusieurs ont des propriétés contignés, ce qui les oblige à en reconnaître et assurer la limite de part et d'autre.

5°. Celles qui résultent de la situation respective de leurs biens, qui les oblige à en supporter les servitudes naturelles, comme l'écoulement ordinaire des eaux du lieu haut dans le lieu inférieur.

D. Quelles sont les obligations qui sont les conséquences de certains actes qui induisent des engagemens présomptifs?

R. C'est, 1°. lorsque l'on a entrepris de faire l'affaire d'un absent ou d'une personne qui n'y pouvait pas veiller elle-même. Cette espèce d'entremise impose des obligations semblables à celles du mandat, savoir : de continuer l'affaire entreprise, d'en rendre compte, de rapporter ce qui a pu en être retiré. Elle impose aussi au maître de l'affaire l'obligation de rendre le gérant indemne de toute obligation par lui prise utilement, et de le rembourser des dépenses aussi utilement faites.

2°. Lorsque l'on a reçu quelque chose comme due et qui ne l'était pas, étant payée par erreur par celui de qui on l'a reçue, on est naturellement obligé de rendre à celui qui a ainsi payé par erreur; il faut qu'il n'y ait point eu de principe d'obligation ni civile ni naturelle, et que le paiement ait été fait par erreur.

Celui qui a reçu de bonne foi n'est tenu de rendre qu'autant qu'il est enrichi de ce qu'il a reçu; de sorte que ce qui a été légitimement consommé, ou qui s'est perdu naturellement et sans faute de sa part, n'entre point dans cette obligation.

D. Y a-t-il d'autres causes d'obligations indépendantes des conventions?

R. Il y a encore celles qui naissent des délits, et quasi-délits. On les a expliquées dans la seconde partie du présent cours, chapitre II, sous le titre *des devoirs de la justice.*

D. Toutes ces obligations ont-elles leur principe dans la justice naturelle?

R. Cela n'est pas douteux, et la plupart qui n'avaient point de place dans les lois positives ont été réglées par des édits des préteurs, et ont leurs règles dans l'édit perpétuel dont j'ai parlé.

Elle ont aussi leurs règles déduites dans notre code civil, qui s'est conformé à leur égard aux principes expliqués par les lois et les décisions qui ont servi de commentaires à l'édit.

CHAPITRE XXV.

Des droits que donne la propriété; de ses modifications, et des charges que l'on peut y imposer.

D. Qu'est-ce que la propriété en elle-même?

R. C'est une qualité de la chose dans son rapport avec la personne, qui a un caractère d'unité et d'indivisibilité. La propriété est une et indivisible : une, en ce sens que quand on l'a une fois, on ne peut pas l'acquérir davantage : *quod meum est, meum ampliùs fieri nequit*. Ainsi un second titre qui donne la propriété n'ajoute rien au premier, si celui-ci est parfait, à la différence de l'obligation, qui peut exister à divers titres.

Elle est indivisible en ce sens, que plusieurs à qui une chose appartient ensemble, n'ont toujours qu'un seul et même droit de propriété, qui, supposé qu'ils fassent le partage de la chose, se multiplie en s'établissant le même sur chaque portion attribuée à chacun d'eux.

D. Quelles sont les modifications de la propriété?

R. Son premier objet ayant été de faire servir les choses à satisfaire à nos besoins, on a pu en distinguer le service, l'utilité, l'usage qu'elle donne. C'est ce qui a donné la faculté de séparer cette utilité de la chose, en l'engageant ou l'aliénant pour un temps défini, au lieu d'aliéner la chose pour toujours, par le transport de la propriété elle-même.

D. Quelles sont les différentes formes de la disposition que l'on peut faire de l'utile des choses, sans en aliéner le fonds?

R. Nous avons déjà vu qu'à côté de la vente des biens est le louage, qui donne le droit d'en prendre et percevoir les fruits et revenus, moyennant un prix annuel, pendant un temps convenu. Mais on peut aussi aliéner la jouissance pour un temps indéfini; et comme cette aliénation emporterait toute la propriété si elle n'était pas limitée, on l'a bornée au temps de la vie, et le droit ainsi modifié s'appelle l'usufruit.

D. On distingue donc sous ce nom un droit séparé de la propriété?

R. Oui, l'usufruit est un droit par lequel l'utile de la propriété, la jouissance et l'usage, en est détaché pour le temps de la vie de l'usufruitier, pendant lequel celui-ci use et jouit de la chose aussi absolument que le propriétaire, mais à la réserve de l'intégrité du fonds, qu'il ne peut pas altérer ni changer en rien, laquelle demeure au propriétaire, et à laquelle l'usufruit se consolide et se réunit lorsqu'il s'éteint : il y a alors deux droits distincts, celui de l'usufruit et celui de la nue propriété.

D. Cela donne donc une distinction de la propriété?

R. On distingue la propriété en pleine propriété, lorsque l'usufruit y est réuni ou n'en a pas été détaché, et en propriété nue, c'est-à-dire, dont l'usufruit est détaché.

D. Quels sont les droits respectifs du propriétaire et de l'usufruitier?

R. L'usufruitier a le droit, pendant sa vie ou tant que l'usufruit dure, de jouir de tout ce que la chose peut produire, et d'en tirer tout l'utile et tout le service qu'elle peut donner, à la charge de souffrir la déduction de toutes les charges annuelles qui s'imposent sur les fruits et jouissances, et de faire toutes les réparations d'entretien, et aussi de ne pouvoir faire aucun changement au fonds, même en vue de l'améliorer.

Le propriétaire conserve la propriété, est obligé aux grosses réparations, et est dans l'expectative de la réunion de l'usufruit à l'extinction des droits de l'usufruitier.

D. Comment s'établit et s'éteint l'usufruit?

R. Il s'établit, 1°. par la convention, en le vendant, ou en vendant un fonds sous la réserve de l'usufruit; 2°. par donation ou par une disposition testamentaire, en léguant l'usufruit ou un fonds à la charge de le souffrir en faveur de quelqu'un; 3°. et enfin par la loi, qui l'établit en certains cas en faveur des pères sur les biens de leurs enfans. ou d'un certain ordre d'héritiers sur une partie des biens recueillis par d'autres.

Il s'éteint par la mort; par la consolidation, qui arrive quand la nûe propriété et l'usufruit se réunissent dans la même main; par la renonciation; par la perte du fonds; par son changement de forme incompatible avec le droit, tel qu'il est constitué; par le non usage ou la prescription.

D. N'établit-on sur les biens que l'usufruit?

R. On y établit aussi l'usage et l'habitation.

D. Qu'est-ce que l'usage?

R. C'est le droit de se servir personnellement d'un fonds ou d'une chose en en prenant du produit ou de l'utilité ce qui est nécessai e pour la personne, d'où l'usage diffère de l'usufruit en ce que l'usufruit attribue tous les fruits à l'usufruitier, et que l'usage ne lui attribue que ce que sa personne peut consommer ou ce qui peut lui servir.

D. Qu'est ce que l'habitation ?

R. C'est le droit d'avoir son logement dans un édifice désigné, soit pour sa vie, comme lorsqu'il est indéfini, soit pour le temps déterminé par le titre de création du droit.

D. Quand on dit que l'usage et l'habitation est pour le besoin personnel, cela le restreint-il toujours à ce qu'il faut pour une personne seule?

R. Non : quand l'usager a femme et enfans, ou quand c'est une femme qui a un mari, l'usage de la personne s'entend toujours de celui de la famille, c'est-à-dire, du mari, femme et enfans.

D. Quelles sont les charges que l'on peut imposer sur la propriété ?

R. Ce sont les servitudes et les droits de gage et d'hypothèque. Ces différens droits sont des droits réels, parce qu'ils s'attachent à la chose dont ils forment des qualités qui la suivent dans toutes les mains où elle passe.

D. Qu'est-ce que la servitude?

R. C'est un droit imposé sur une chose qui fait qu'elle sert ou à une autre personne ou à une autre chose.

D. Comment la chose peut-elle servir à une personne autre que le propriétaire?

R. C'est par les droits d'usufruit et d'usage, que l'on appelle aussi des servitudes personnelles.

D. Quels biens sont susceptibles de recevoir les droits de servitudes personnelles?

R. Toutes sortes de biens meubles et immeubles.

D. Quelle est cette distinction des biens meubles et immeubles?

R. Les biens meubles sont ceux qui peuvent se porter d'un lieu dans un autre.

Les immeubles sont, au contraire, ceux qui ne peuvent se changer de place, comme le sol et tout ce qui y tient et y demeure, ou doit y demeurer attaché.

D. Quels sont les biens susceptibles de l'espèce de servitude dans laquelle une chose sert à une autre chose?

R. Les seuls biens immeubles. C'est pourquoi cette seconde espèce de servitude s'appelle *servitude prédiale* ou *réelle*, prédiale du mot *prædium*, qui signifie fonds, héritage.

D. Comment un fonds sert-il à un autre fonds?

R. En souffrant par son propriétaire des su-

jétions qui augmentent la commodité ou l'agré-
ment du fonds auquel la servitude est due.

D. Comment dans cet état distingue-t-on les
deux fonds?

R. En fonds dominant, celui à qui la servitude
est due ; et fonds servant, celui qui la doit.

D. Qu'est-ce qu'il faut pour qu'une servitude
réelle ou prédiale puisse être établie?

R. Il faut deux fonds ou biens immeubles qui
appartiennent à deux différens propriétaires.

D. Pourquoi faut-il deux différens propriétaires?

R Parce que le bon sens dit qu'on ne peut être
le débiteur de soi-même; on ne peut pas, par conséquent, avoir un droit spécial de service sur sa
propre chose, puisque le droit de propriété vous
donne dessus le droit le plus absolu, *nemini res
sua servit*.

D. Quelles sont les différentes espèces de servitudes?

R. Elles se distinguent suivant la différente nature des biens. Il y a des servitudes urbaines, ou
de ville, qui sont celles établies sur les maisons
d'habitation et leurs dépendances, quelque part
qu'elles soient situées : telles sont les vues, les gout-
tières, les égouts quelconques, la mitoyenneté des
murs, les droits d'assise de poutres, d'appui, et
autres semblables.

Il y a aussi les servitudes rurales ou de cam-
pagne, qui sont établies sur les fonds ruraux, c'est-

à-dire, les terres, prés, bois, et autres semblables héritages : elles consistent dans les droits de passage, d'aquéduc et d'irrigation, de pacages de troupeaux et de prises d'eau, et autres semblables.

D. A quoi oblige la servitude quand elle exige quelque ouvrage?

R. Elle n'oblige qu'à souffrir; c'est à celui qui le prétend à faire toutes constructions et opérations nécessaires, pour se mettre en état d'en jouir.

D. A quoi sert la distinction?

R. Elle a servi dans le droit romain, parce que comme les servitudes de ville sont presque toujours continues, et par conséquent susceptibles de l'application de la possession ou quasi-possession, on y reconnaît de la différence d'avec celles rurales, qui ne sont pas de même quant à l'établissement et à l'extinction par la prescription.

Mais dans notre nouveau droit, on s'est arrêté à la distinction précise des servitudes continues et discontinues, d'où, quoiqu'on ait aussi conservé celle des servitudes urbaines et rurales, elle n'est presque plus d'aucune utilité.

D. Comment s'établissent et s'éteignent les servitudes?

R. A peu près par les mêmes moyens que l'usufruit et l'usage; mais cela est expliqué par le droit civil, et est susceptible de discussions qui ne peuvent entrer ici.

D. Comment la propriété est-elle grevée des droits de gage et d'hypothèque?

R. Le droit de gage a été expliqué ci-dessus; l'hypothèque, dont on a déjà dit un mot, le sera ci-après.

D. Y a-t-il d'autres distinctions de la propriété?

R. Il y a encore la distinction en directe et utile.

D. D'où part cette distinction?

R. Elle part des bornes que l'on peut mettre à l'aliénation de la propriété. On peut n'en concéder que l'utile, et se réserver un droit de suprématie, et même le retour éventuel; c'est ce que l'on a nommé *propriété directe*.

D. Qu'est-ce que l'utile dans cette acception?

R. C'est non-seulement la perception des fruits et émolumens de la chose, mais c'est cette perception absolue et sans réserve, telle que l'a le propriétaire lui-même en vertu de la pleine propriété, c'est-à-dire, en y faisant tous les changemens qu'il lui plaît dans la vue de l'améliorer, sans pouvoir néanmoins la dégrader ni en diminuer la valeur.

D. Que reste-t-il au propriétaire dans ce cas?

R. Le droit de surveiller la jouissance, afin seulement qu'elle ne soit pas préjudiciable aux droits que le propriétaire s'est réservés.

D. Quels sont les actes où cette distinction se trouve?

R. C'est dans le contrat d'emphytéose et dans les concessions en fief et roture qui ont eu lieu et ne subsistent plus, mais qu'il est essentiel de connaître.

D. Qu'est-ce que l'emphytéose?

R. C'est un contrat qui a eu pour objet de concéder, sous une modique redevance, à perpétuité ou à long temps, des biens ruinés et improductifs, à la charge de les rétablir et de les remettre en bonne valeur.

D. Quels sont les droits du bailleur et ceux du preneur?

R. Le bailleur, dans l'emphitéose perpétuelle, n'avait que le droit de veiller à ce que le preneur remplisse les conditions, en mettant le fonds en état de toujours assurer la redevance, et il avait le droit de rentrer en deux cas dans le cas de commise, par défaut de paiement de la redevance, et quand le fonds n'était pas dans un état tel qu'elle pût être assurée.

Dans l'emphitéose temporaire, il a de plus le droit de veiller à ce que la chose soit mise dans l'état de valeur dont le preneur s'est chargé : il y a pareillement commise dans les deux cas.

Le preneur a le droit de jouissance le plus absolu, même de changer et d'améliorer, mais en se conformant aux conditions du bail.

D. Qu'est-ce que les concessions en fief et roture ?

R. C'est un établissement civil qui ne subsiste
plus, et avec lequel est tombée aussi l'emphitéose
perpétuelle.

D. D'où est venu cet établissement civil ?

R. De l'état de guerre dans lequel l'Europe a été
à la suite de la destruction de l'empire romain,
dont des nations et des bandes guerrières se sont
disputé long-temps les anciennes dépendances.
Cela a commencé par de simples récompenses militaires, qui ont consisté à attacher à des gouvernemens, à des fonctions militaires, des pays avec
tous les revenus qui pouvaient s'en tirer : ces récompenses, accordées à vie avec leurs fonctions,
s'appelèrent des bénéfices.

D. Comment cet état de choses se changea-t-il
en un mode de gouvernement ?

R. Parce que ceux qui eurent les bénéfices furent assez riches et puissans pour se faire des créatures, en concédant eux-mêmes des dépendances
de leurs fiefs. L'usurpation succéda à l'entreprise,
et depuis le dernier degré jusqu'aux marches
du trône, l'usurpation et des biens et de la puissance forma une hiérarchie qui divisa le pouvoir
et anéantit la souveraineté du monarque.

D. Comment se faisait la concession ?

R. Elle se faisait à la charge de l'hommage et
du service militaire.

D. En quoi consistait ce service?

R. A s'obliger à venir au secours de son seigneur, avec les hommes, chevaux et attirails de guerre déterminés.

D. Quel fut l'effet de ces concessions par rapport à la propriété?

R. Les conditions de la concession emportèrent une réserve qui mit le seigneur qui concédait dans un droit de supériorité sur le concessionnaire, avec le droit perpétuel de retour aux choses concédées, en cas d'infraction des conditions de la concession : c'est ce que l'on a appelé la directe.

D. En était-il de même des concessions en roture?

R. Les concessions en roture consistaient à concéder sous la retenue d'un cens, qui était le signe perpétuel de la domination du seigneur, qui avait un pareil droit de directe, c'est-à-dire, de surveiller les conditions de la concession, d'empêcher les aliénations qui y faisaient préjudice, et encore de rentrer en cas d'infraction des conditions du bail. Le concédant avait donc la directe, et le concessionnaire la simple propriété utile. C'est, comme on l'a dit, une distinction abolie, si ce n'est pourtant par rapport aux emphitéoses à temps, qui paraissent toujours subsister.

CHAPITRE XXVI.

Des différentes manières d'acquérir la propriété.

D. Quels sont les moyens d'acquérir la propriété?

R. Il y a les moyens d'acquérir par les actes du commerce dont il s'agit ici, et par les actes de transmissions, par succession, donation et testament, que nous renvoyons au chapitre suivant.

D. Quels sont les actes de commerce par lesquels on acquiert la propriété?

R. Ce sont les actes de transport moyennant un prix ou des conditions qui en tiennent lieu.

D. Quels sont ces actes?

R. On a vu ci-devant le contrat de vente, sa nature et ses conditions; c'est le premier des actes dont on parle ici, auquel se joignent tous les actes de transport sous toute autre condition.

D. Que fait-on par la vente et autres actes de transport?

R. Celui au profit de qui on les fait, acquiert d'abord, par le consentement du propriétaire à céder tout le pouvoir moral qu'il a sur la chose, ce que donne le droit de propriété auquel il renonce en sa faveur.

D. Le consentement suffit-il pour acquérir?

R. Non : il a fallu en outre la remise de la chose

ou la tradition, pour que la propriété ne fût pas in-
certaine, et qu'on ne se servît pas de son titre pour
tromper les tiers. La loi civile a fait dépendre le
transport, des formes extérieures de la tradition,
pour faire connaître à tous le changement de
maître. Mais ces formes extérieures n'ont rien d'essentiel, si ce n'est pour l'assurance de ce fait du
passage de la propriété de l'un à l'autre; afin que
ceux avec qui l'un ou l'autre avait à traiter, sous
l'ombre de cette propriété, ne fussent pas exposés
à être trompés.

D. Y a-t-il eu pour cela une forme nécessaire?

R. Non, elle a varié suivant les législations, et
même elle n'est point encore bien fixée.

D. Que faut-il pour que le transport ait son effet?

R. Il faut qu'il y ait une cause, telle qu'une vente
ou un acte équipollent, comme le don en paiement, dans lequel il faut distinguer l'acte du débiteur, qui se libère, du transport même: car si le
transport n'est fait que pour le seul effet de libérer
le débiteur, il n'est accepté, et la libération n'est
consentie qu'autant que la chose passe incommu-
tablement dans la propriété du créancier. On considère donc lequel des deux actes doit prévaloir;
parce que si c'est le paiement en cas de défaut de
délivrance, ou en cas d'éviction, l'obligation primitive demeure entière; si c'est au contraire la
vente, et si la compensation de l'obligation avec le
prix opère simplement le paiement du prix, en

cas d'éviction ce n'est pas l'obligation qui renaît, elle est éteinte par une novation parfaite; mais le créancier, simplement acquéreur, a les actions en délivrance ou en garantie assurées à tous les acheteurs contre les vendeurs.

D. Qu'arrive-t-il si la condition n'a pas une cause valable?

R. Elle n'opère pas le véritable transport, elle est nulle, et donne plutôt lieu à la répétition.

CHAPITRE XXVII.

De la transmission des biens du mourant au survivant, ou du testament et de la succession ou l'hérédité.

D. PEUT-ON mettre en doute si les droits de tester et de succession sont du droit naturel et des gens ou du droit civil pur?

R. Il semble que c'est mettre en doute si le droit de la nature et des gens reconnaît ce qui est dans les suites nécessaires de l'établissement de la propriété; qu'eût été en effet cet établissement, si, borné à un droit purement personnel, les biens fussent revenus à tout instant à l'état d'incertitude qui l'avait rendu nécessaire?

D. Quel doit être le premier effet de l'établissement de la propriété?

R. On a vu que, n'étant que la conséquence de la faculté naturelle que chacun eut d'appliquer son industrie à faire fructifier les choses nécessaires au soutien de la vie, sa première suite dut être de pouvoir passer de l'un à l'autre par des actes de la volonté. Le premier de ces actes fut le transport d'une personne à une autre par des conventions, ou qui offrirent un équivalent ou qui eurent l'objet de gratifier cette autre personne par un acte de libéralité. De tels actes entre personnes vivantes ne purent avoir de difficulté.

D. A-t-on pu conclure de cette faculté de transporter entre personnes vivantes, pour celle de transmettre en mourant?

R. Il semble que, comme c'était une nouvelle occasion de rentrer dans l'incertitude des propriétés, il n'y avait pas de difficulté d'admettre ce droit du mourant de transmettre, au survivant d'abord, dans la vue de désigner celui que le propriétaire voulait pour successeur; et en second ordre, de suppléer à cette volonté par la loi en suivant le vœu de la nature, en appelant le plus proche dans les affections du mourant. C'est ainsi que les successions testamentaires et *ab intestat* se sont établies.

Elles ont été consacrées universellement par les peuples civilisés de la plus haute antiquité; c'est ce qui a rangé cette double voie de transmettre les biens parmi les actes du droit des gens.

D. Pourquoi mettez-vous la succession et le testament dans la même explication?

R. C'est parce que l'une est la suite de l'autre. L'autorité du testament admet la succession *ab intestat,* ou à défaut de testament en est une suite naturelle.

D. Ne trouvez-vous pas de la difficulté à admettre que dans le testament l'homme peut se survivre dans la simple déclaration d'un désir, d'une volonté sur ce qui arrivera après lui? Peut-il compter sur la fidèle observation de cette volonté? Quelle garantie en a-t-il?

R. Il est certain que la volonté qui ne peut s'exécuter qu'après qu'on ne sera plus, est un ordre transmis, qui suppose une autorité, un pouvoir que nos derniers momens nous donnent; cela ne peut être que par le respect des personnes vivantes sur lesquelles nous pouvons à peine compter naturellement, car le respect ne se sépare pas du souvenir qui s'efface, tandis que l'on veut que la volonté soit perpétuelle; c'est pourquoi les anciens faisaient munir leurs testamens du serment des personnes dont leur exécution devait dépendre.

D. Cela infirme-t-il l'autorité du testament?

R. Non : rien n'est plus certain que l'accord universel sur le respect dû aux actes de la volonté des mourans pour régler la succession et la transmission des biens. Une vue d'utilité s'y est jointe :

c'est l'émulation qui en naît pour acquérir; c'est aussi d'y attacher une des grandes douceurs de la vie, en donnant à ceux dont nous avons besoin d'être assistés et auxquels la nature nous lie, des motifs d'attachement dans l'espérance de succéder à nos biens.

D. La politique n'y a-t-elle pas aussi mêlé ses vues?

R. C'est en envisageant dans ces institutions les moyens du soutien du droit de famille, qui se lie si essentiellement au soutien de l'état.

D. Quel en fut l'effet chez les Romains?

R. Ce fut un ressort de la plus grande force. Le père de famille y fut considéré comme souverain, par la puissance suprême qu'il eut sur tout ce qui composait la famille, pour laquelle sa disposition en mourant fut une loi, mise en quelque sorte au rang des lois de l'état. C'est pourquoi les cérémonies en étaient aussi augustes que celles qui avaient pour objet de créer les lois mêmes. La famille fut toute la propriété du citoyen : esclaves, enfans, tout fut l'objet d'une domination sans bornes, qu'il transmettait en mourant à celui qu'il choisissait pour lui succéder dans ce pouvoir même.

D. En fut-il de même chez les Germains et les Gaulois?

R. Non, la loi envisage autrement la succession qu'elle défère elle-même, en réglant le sort des biens de manière à en faire le soutien, non sim-

plement du droit de famille, mais des liens de la
parenté, dans lesquels la société civile avait fondé
sa défense et son maintien ; c'est ce qui fait que le
droit des propres s'est opposé à celui du testament, qui n'y fut point admis.

D. Quel est l'effet de la transmission à titre d'héritage ?

R. C'est que le défunt transmet tous ses biens
et ses droits avec toutes ses obligations ; l'héritier
s'identifie avec le défunt au point qu'il n'y a point
à distinguer en lui les biens et les dettes : tout se
confond avec ses propres biens et ses propres
dettes.

D. Cette confusion n'apportait-elle pas un grand
danger et un grand désavantage à l'héritier ?

R. Aussi on en a prévenu l'excès par l'établissement de l'inventaire ou catalogue des biens et des
titres, qui empêche la confusion, et fait que l'héritier n'est engagé que jusqu'à concurrence de
l'émolument : on appelle cela bénéfice d'inventaire.

Cependant le respect pour la mémoire du défunt fait que souvent on se fait un devoir de remplir ses obligations : c'est ce que l'on appelle faire
honneur à la mémoire du défunt.

D. Comment les héritiers se règlent-ils lorsqu'ils
sont plusieurs à la succession ?

R. Ils partagent les biens et les charges ; les
moyens en sont réglés par la loi civile.

CHAPITRE XXVIII.

De la donation entre vifs, et de celle testamentaire.

D. A quoi se rapportent ces actes de libéralité?

R. Ils sont dans les moyens de transmission de biens.

D. Pourquoi ne sont-ils pas enveloppés dans le chapitre précédent?

R. Le chapitre précédent n'a présenté que la transmission des biens à titre d'hérédité : on peut transmettre les biens sans donner la succession, c'est ce qui résulte des donations entre vifs et des legs ou autres dispositions à cause de mort. La connexité de ces différens actes en a fait faire ici un article à part, et un seul article.

D. Qu'est-ce que la donation en général?

R. C'est un acte par lequel on gratifie quelqu'un des biens que l'on désigne, sans qu'aucuns motifs préexistans nous y aient obligés; c'est ce que signifient les mots *don, donation;* c'est un acte de pure libéralité.

D. Qu'est-ce qui distingue la donation entre vifs, de celles testamentaires et des autres?

R. C'est que par la donation entre vifs, celui qui donne se démet de la chose qu'il donne, et il en saisit actuellement et irrévocablement le donataire;

c'est la donation la plus véritable, puisque le donateur se dépouille en faveur du donataire.

D. Il est donc nécessaire, pour la validité de cette donation, que le donataire se dépouille?

R. On a regardé comme n'étant d'aucun effet la donation non suivie immédiatement du dessaisissement du donateur, et du saisissement du donataire. On a imaginé, dans le droit civil, divers expédiens, soit pour donner à la donation l'effet d'obliger le donataire à faire la délivrance, soit même pour que la donation eût par elle-même l'effet du saisissement, et pour suppléer la délivrance.

D. En quoi la donation testamentaire diffère-t-elle de celle entre vifs?

R. En ce que, par la donation testamentaire, c'est la succession du donateur qui est dépouillée, et le donataire n'est saisi que par l'héritier. C'est pourquoi l'on a distingué l'effet d'attribuer la propriété au légataire qui est indépendant de l'héritier, et celui d'avoir la possession et les fruits, qu'il est obligé de demander à l'héritier.

C'est pourquoi encore cette donation, qui, par le peu d'intérêt qu'y a le donateur qui ne perd rien, pourrait être facilement surprise, n'est bien assurée que par la rigueur des formes du testament. Aussi cette donation a pour condition essentielle la survie du légataire au testateur, sans quoi le legs est caduc, c'est-à-dire, sans effet. Il y a d'autres causes de caducité, qui s'expliquent dans le droit civil.

D. Ce droit est-il du droit naturel?

R. le droit de se dépouiller par la donation entre vifs n'a pu faire aucune difficulté, mais celui de donner par testament, est, comme on l'a vu, dans les conséquences de la propriété.

D. N'a-t-on pu donner qu'entre vifs ou par testament?

R. Il y a dans le droit une troisième espèce de donation, celle à cause de mort; participant de la donation entre vifs, en ce qu'elle se faisait par actes entre vifs, et du testament, parce qu'elle ne s'exécutait ou n'était irrévocable qu'après le décès; de sorte que comme dans le testament le donateur avait plus en vue de dépouiller son héritier que lui-même, on n'a pu considérer cet acte que comme un acte équivoque, et propre à prêter l'occasion d'abuser de ces volontés vacillantes qui sont trop communes, et de spolier les successions sans que la volonté des disposans soit bien assurée; aussi nos praticiens ont rejeté cette donation, comme disposition vulgaire, et ne l'ont reçue que pour des causes de faveur particulière, celle du mariage.

D. Les dispositions libérales, nécessaires, se font-elles toujours par voie directe?

R. On les fait aussi par voie indirecte et en chargeant quelqu'un à qui l'on donne l'autorisation de remettre à une autre personne : c'est le fidéi-commis.

D. Quelle est l'utilité du fidéicommis, et comment est-il venu dans les dispositions des biens?

R. L'utilité du fidéicommis a été de faire passer les biens, par celui que l'on nommait, à une personne qui ne pouvait les recevoir directement.

D. Comment une telle disposition put-elle avoir effet?

R. C'est fut en indiquant la personne au légataire direct qui paraissait seul dans la disposition.

D. Quelle fut l'occasion de cette espèce de déguisement?

R. Elle fut dans des temps de troubles où des lois de circonstances déclaraient des incapacités qui n'auraient pas eu lieu en temps ordinaire.

D. Comment cette disposition inventée pour éluder la loi, devint-elle une disposition ordinaire?

R. C'est que, sous Auguste, ces lois odieuses ayant perdu leur force, il en résulta que les fidéicommissaires abusaient de la confiance, pour s'approprier des biens dont ils n'étaient que dépositaires. Auguste, voulant remédier à ces désordres, institua une action pour les forcer à remettre les dépôts, et alors le fidéicommis garanti par une action et un droit de contrainte, est devenu une disposition ordinaire.

D. N'a-t-il pas eu une tendance qui en a fait chez nous une partie considérable du droit?

R. Lorsque le fidéicommissaire avait la jouissance de son vivant, et était tenu de remettre le bien à une classe particulière de successeurs sans le laisser à la succession ordinaire, c'était la substitution oblique ou fidéicommissaire; elle a eu des degrés à l'infini en chargeant chaque appelé de remettre aussi, et le faisant ainsi grevé comme le premier.

D. Cette disposition a-t-elle été favorable?

R. Oui, elle a été considérée comme un moyen de perpétuer les biens dans les familles. Cependant, dans notre droit moderne, on en avait fixé la durée à deux degrés compris l'institué; ce fut par l'ordonnance d'Orléans de 1565 et l'édit de 1749; mais depuis on l'a entièrement abolie.

D. Mais n'avait-elle pas une utilité réelle?

R. Oui. C'était, d'un côté, en servant à obliger des pères dissipateurs à conserver une partie de leur patrimoine à leurs enfans; d'un autre côté, en assurant les terres considérables qui étaient la dotation de titres honorifiques et héréditaires.

Mais ces deux usages sont rappelés : le premier, en faveur des petits-enfans du disposant; le second, par l'institution des majorats.

D. Qu'est-ce qui caractérise la substitution?

R. C'est lorsque la propriété est donnée pour en jouir, et cependant la remettre après la jouissance à des personnes désignées, au lieu de la laisser à l'héritier. C'est le repos de la propriété sur la tête du grevé avec droit de jouir et condition de rendre après sa jouissance.

CHAPITRE XXIX.

De la prescription.

D. Qu'est-ce que la prescription?

R. C'est la confirmation d'un droit tenu et l'exclusion de toute recherche pour un droit prétendu, quand le droit a été tenu et a été négligé avec les conditions et pendant le temps défini par les lois.

D. La prescription est-elle dans le droit naturel?

R. Non, elle ne s'est introduite comme un moyen du droit des gens que dans les progrès de la jurisprudence.

D. Comment s'est-elle établie dans le droit romain?

R. D'abord, les législateurs de Rome ne songèrent qu'à rendre stable la propriété des biens du citoyen. Ils ont établi parallèlement à la *manucapion*, qui était la forme de l'acquisition, l'*usucapion*, qu'ils admirent comme la continuation de la possession, quand elle avait une juste acquisition pour principe, et qu'elle avait subsisté publiquement et sans réclamation pendant le temps déterminé par la loi.

D. A quoi s'appliqua l'usucapion?

R. Elle s'appliqua aux biens meubles et immeubles, et elle ne comprit pas les droits qui n'étaient point susceptibles de possession. Il y eut même une loi pour en exclure les servitudes urbaines, qui, par leur cause continue, pouvaient avoir une apparence de possession.

D. Comment cette législation changea-t-elle?

R. Ce fut quand les acquisitions s'étendirent à des biens qui ne recevaient que les règles du droit des gens; on reconnut la possession du long-temps, comme une cause de prescription, et elle comprit les droits à la faveur de la quasi-possession.

D. Comment la prescription vint-elle dans les progrès de la jurisprudence?

R. On reconnut d'abord l'ancienneté, *vetustas*, comme une juste présomption d'un droit acquis et formé; c'est ce qui amena ensuite la prescription du très-long temps, qui résulta d'une possession publique et paisible de la plus longue durée et qui surpasse la mémoire de l'homme.

D. A quoi s'étendit cette prescription?

R. Elle n'embrassa pas d'abord les obligations: on pensa que dans les règles du droit il fallait que leur accomplissement fût justifié ou reconnu; c'est pourquoi on les dit perpétuelles et imprescriptibles. Mais on revint de cette rigueur : comment obliger un débiteur à garder les preuves de sa libération au-delà de la mémoire des hommes? cela parut trop contraire à la tranquillité des personnes et à l'ordre de la société; et l'on reconnut enfin qu'il n'y avait ni possessions, ni obligations, ni droits quelconques imprescriptibles.

D. Quel est donc le jugement que l'on doit faire de la prescription, en dernière analyse?

R. Si l'on n'a pas trouvé dans les lois naturelles le fondement des prescriptions, les convenances sociales les ont suggérées. Elles ont commencé par être une mesure du droit civil, pour assurer la propriété; ensuite on a trouvé que l'ancienneté était un motif de repos sur ce qui est, et qu'il n'y a point de raison pour relever de leur oubli ceux qui ont souffert d'autres personnes jouir publiquement et paisiblement du bien sur lequel ils prétendent des droits, comme ceux qui ayant un titre de créances ou des droits à faire valoir, ne les ont pas fait valoir dans le temps opportun, pour venir ensuite troubler dans leur sécurité des possesseurs ou des débiteurs dont le repos si longtemps respecté témoigne ou fait présumer la libération; enfin, pour qui l'ancienneté a dû être un témoignage d'une acquisition ou d'une libération dont ils peuvent avoir négligé de conserver les preuves, que d'ailleurs le temps seul a pu détruire.

D. Quel est, dans ce dernier état, l'idée qu'il faut avoir de la prescription?

R. On doit la regarder comme un juste expédient par lequel la loi admet la confirmation par le temps de l'opinion de la juste possession que l'on a, ou de la libération de dettes dont on pouvait être tenu, ou enfin de l'affranchissement de droits réels dont on pouvait être grevé.

D. La prescription embrasse donc plusieurs objets distincts?

R. Oui : d'un côté la confirmation d'une acquisition à la faveur du juste titre et de la bonne foi : *usucapio est adjectio dominii*; d'un autre côté, l'exclusion de toute demande de propriété, droits et obligations non réclamés pendant le temps de la plus longue mémoire : *præscriptio est exclusio petitionis*. L'une s'appelle prescription pour acquérir; l'autre, en tant qu'elle embrasse les droits et obligations, prescription pour libérer. Cette exclusion de demande part aussi d'une présomption de propriété bien acquise contre tout prétendant à cette propriété qui l'a négligée pendant tout le temps de la plus longue prescription.

D. Quelles qualités la possession doit-elle avoir pour être le fondement de la prescription?

R. Elle doit être à titre de propriétaire; car celui qui a possédé à un autre titre, comme de fermier, ne peut jamais changer lui-même la cause de sa possession, qui emporte la reconnaissance du droit d'autrui.

Elle doit être publique et non équivoque, parce que celui qui se cache et qui a une possession commencée par des actes clandestins, donne lui-même l'idée de l'usurpation et du vol, qui ne peuvent fonder une juste possession.

Elle doit être paisible, parce que celui dont la possession est contestée, ne peut pas s'en faire un titre.

Enfin, elle doit être continue et non interrompue : continue c'est-à-dire, que celui qui a une fois cessé de posséder ne peut plus se prévaloir de cette possession abandonnée, même à la faveur d'une possession actuelle; non interrompue, parce que lorsque la possession vous est ôtée par un prétendant droit à la chose, elle est totalement effacée, et ne peut servir.

Ainsi, vous voyez dans cet exposé, avec les causes de la possession utile, les vices qui y sont contraires.

D. La possession n'est-elle utile et la prescription ne s'invoque-t-elle que dans les biens et le droit privés?

R. C'est, au contraire, surtout dans les titres publics que l'ancienneté a plus de poids, et a été plus respectée; une ancienne dynastie régnante n'a point à considérer les caractères d'usurpation que l'on pourrait, même sur le témoignage de l'histoire, reprocher au chef de cette dynastie, dans son élévation à l'empire, qui remonte à des siècles antérieurs, et l'ancienneté est une aussi bonne garantie de la légitimité que tout autre titre sur lequel elle peut se fonder. C'est là où la paix publique, le repos et la sûreté de la société, sont le plus fortement intéressés au maintien de la prescription.

CHAPITRE XXX.

De l'acquisition par droit d'accession.

D. Quelle est cette espèce d'acquisition? et quelles sont les choses qu'elle embrasse?

R. Toutes les acquisitions, ci-devant expliquées, sont celles par voie directe; maintenant ce sont celles dérivées, ou qui se font par voie de conséquence. Les premières, dont le présent chapitre s'occupe, sont les accessions, c'est-à-dire, l'acquisition des accessoires des choses qui nous sont déjà acquises.

D. Qu'entendez-vous par accessoires?

R. On entend, les choses qui n'existent que par rapport à une autre chose qui existe par elle-même, et que nous appelons chose principale : soit qu'elles en soient le fruit ou la production, soit qu'elles soient un accroissement qui s'y fait comme de soi-même, soit qu'elles y aient été ajoutées de main d'homme pour lui donner une nouvelle forme ou une meilleure consistance, ou même, pour faire un complément de son être.

D. Les fruits sont donc nécessairement dans la propriété du maître du fonds qui les produit?

R. Cela est vrai en général; cependant on distingue, 1°. le cas où il a été constitué un usufruit sur le fonds, auquel les fruits appartiennent à l'usufruitier; 2°. le cas où un tiers possède le fonds de bonne foi, en vertu du transport qu'il en a eu d'une personne qui s'en montrait le maître : auquel cas les fruits lui appartiennent, mais toujours comme une accession de la propriété, qui est censée résider sur la tête du possesseur; et la perception en a fait un droit acquis dans sa personne, que le retour du fonds au vrai propriétaire ne peut révoquer; c'est ainsi que le possesseur de bonne foi gagne les fruits, sans que cela déroge à l'établissement du droit de propriété.

D. Y a-t-il quelque chose dont le produit procède du même principe que les fruits, dans ce droit d'accession?

R. Le croît des animaux procède de la même manière que tous les fruits des fonds; le croît des animaux, c'est ce qu'ils produisent par la naissance et par les autres gains qu'ils donnent, comme la laine, le poil; il augmente le fonds des bêtes ou du troupeau, et après que l'on a d'abord compensé les pertes qui résultent de la mortalité. Dans cet état, il appartient au maître du fonds que forment les bêtes ou le troupeau, comme un juste gain de sa chose, et une récompense due à ses soins.

D. Quelle est l'accession par l'accroissement naturel qui se fait à la chose?

R. C'est l'alluvion, qui est une augmentation qui se fait insensiblement aux fonds qui bornent une rivière, par l'action continuelle de l'eau qui y apporte des terres et autres sédimens qu'elle détache des bords opposés. Le jurisconsulte Dumoulin a très-bien expliqué comment la portion accroissante s'identifie avec le fonds accru, prend la même nature et demeure soumise aux mêmes droits réels, par le résultat de la confusion invincible, et de l'impossibilité de marquer la mesure de cet accroissement dans quelque temps donné que ce soit.

D. Toute espèce d'accroissement par l'action des eaux forme-t-elle l'alluvion?

R. Non : il n'en est pas de même de l'augmentation qui arrive par le fait de l'enlèvement qui s'est fait par une irruption subite d'une portion de terrain d'un bord qu'elle jette sur un bord opposé; l'ancienne propriété demeure la même, à moins d'une coalition soufferte pendant le temps, autrefois de la prescription ordinaire, et aujourd'hui nouvellement déterminé par la loi, ce qui nous oblige à en renvoyer le détail à l'étude du droit civil.

D. Qu'y a-t-il à dire sur l'accession industrielle?

R. Qu'elle est entièrement réglée par le droit ci-

vil, qui a dû séparer les entreprises sur la propriété
d'autrui, du droit acquis sur des fonds ou des matières, par un établissement ou une élaboration
faite avec la sécurité de la bonne foi : ce sont des
règles d'équité que l'on explique, et dans lesquelles
le droit de propriété primitive et celui que donne
le travail sur son produit, sont exactement balan-
cés et également conservés.

D. Où est le fondement de cette jurisprudence
équitable ?

R. On trouve dans la jurisprudence romaine,
aux titres comprenant les moyens légitimes d'acquérir les biens, une sévérité et une roideur de
principes que le retour de la jurisprudence moderne à la pure équité a justement réformées : c'est
de porter le principe de l'accession du bâtiment
au sol, *edificium solo cedit*, jusqu'à maintenir la
construction non faite de bonne foi sur le sol d'autrui, comme un don fait au propriétaire du sol.
On ne voit aucune règle qui justifie le gain qu'en
ce cas on fait faire à l'un par l'injustice de l'autre
à son égard. C'est au contraire une infraction au
principe sacré, *que nul ne doit être enrichi de la
perte d'autrui;* que l'on fasse perdre au constructeur de mauvaise foi ses dépenses, dont le fonds
n'est nullement accru de valeur, cela est naturel :
mais si le fonds s'en est amélioré, l'amélioration,
malgré l'injustice de son dessein, lui appartient.

D. Mais le propriétaire qui n'a pas de moyens

pour payer cette valeur de l'amélioration, devait-il pour cela être dépouillé de son héritage?

R. On a mieux répondu à cette difficulté dans une loi récente, en donnant au propriétaire du fonds construit, l'option, ou de retirer la construction en en payant, dans ce cas, le prix des matériaux et main d'œuvre, ou d'obliger le constructeur à remporter ses matériaux, en démolissant à ses frais, et en remettant les lieux dans le premier état.

D. Y a-t-il d'autres espèces d'accession dont on puisse ici donner l'idée et la règle fondamentale?

R. On a pu encore considérer comme espèces de l'accession, la consolidation de l'usufruit au fonds dont il a été détaché quand il s'éteint; mais cette explication déjà donnée, a été mieux placée au chapitre XXV ci-dessus, touchant les droits qui s'asseyent sur la propriété; il n'y a plus à y revenir.

CHAPITRE XXXI.

Des droits d'occupation et d'invention.

D. N'a-t-il pas été déjà traité de l'occupation, et qu'y a-t-il à en dire ici?

R. On a parlé de l'occupation, pour dire qu'elle n'a été primitivement que l'initiative de l'acquisition en propre à chacun des choses communes à tous ; que chacun a pu se les approprier en y appliquant son industrie, son génie inventif et son travail. Il s'agit ici d'un tout autre point de vue : l'intérêt public à ne pas laisser incertaines les propriétés dont le droit se trouvait établi et fixé, a fait de l'occupation un moyen du droit civil d'acquérir les biens sans maîtres, dont on a pu se saisir. C'est ce que l'on a appelé le *droit du premier occupant.*

D. Qu'est-ce qu'il faut pour que ce droit soit valablement exercé et soit efficace?

R. Il faut que le bien qui en est l'objet ait réellement été sans maître, soit qu'il en ait eu un qui l'ait abandonné ou perdu, soit qu'il ait été un don de la fortune qui se soit offert, n'ayant point encore été l'objet d'une propriété particulière.

D. D'où ce droit est-il tiré, et est-il toujours le même?

R. Ce droit est établi dans les lois romaines et y est un des moyens d'acquérir du droit civil. Mais dans les lois modernes, ce moyen d'acquérir a été tout-à-fait retranché; et les biens sans maître ont été attribués aux domaines des états, le monarque étant investi de tous les droits du peuple. Dans cette vue, il n'y a plus eu de droit du premier occupant.

D. Mais les bêtes que l'on prend à la chasse ne sont-elles pas dans ce droit du premier occupant?

R. On observera que les mêmes lois romaines ayant fait de la chasse même un moyen d'acquérir particulier, il n'y avait pas à y parler d'occupation, et cela se justifie, parce que la chasse est une espèce d'industrie qui est le principe de l'acquisition, dans laquelle la force et l'adresse entrent pour beaucoup. On la représentait, avec raison, comme un des premiers moyens qui se sont offerts à l'homme pour soutenir son existence.

D. La chasse a-t-elle encore et chez nous le même caractère?

R. Elle est, au contraire, bien dénaturée. D'abord, parce que tout y étant en culture, les pays étant fort peuplés, les bêtes sauvages qui en sont l'aliment sont devenues bien plus rares ; en second lieu, parce que les fonds ou les grandes masses de bois appartiennent à l'état : la chasse n'y est pas libre aux particuliers; aussi la loi ne s'en occupe que pour dire qu'elle est réglée par des lois particulières, qui ne peuvent être que des réglemens de police, pour en concilier l'exercice ou le plaisir avec les ménagemens dus par rapport aux fruits de la terre qui croissent dans les champs et aux récoltes.

D. La pêche n'est-elle pas, comme la chasse, ou un moyen d'acquérir, ou un objet de l'occupation?

R. La pêche ne peut offrir d'objet d'utilité susceptible d'occuper les lois que dans les grandes

rivières qui, comme les forêts, appartiennent à
l'état; il n'y a que les petites rivières qui appartiennent aux riverains, et dont l'intérêt est fort peu
considérable. Il faut donc dire que ce que l'on
prend à la chasse et à la pêche est moins dans
l'occupation que dans le droit particulier de ces
genres d'exercices, qui, s'ils avaient pour nous le
même intérêt que pour les anciens, seraient, comme
dans leurs lois, dans les nôtres, un moyen d'acquérir.

D. Qu'est-ce que l'invention?

R. C'est un moyen d'acquérir par lequel des
choses offertes par la bonne fortune appartiennent
à celui qui en a fait la découverte; telle est du
moins la définition qu'on en a dans les lois romaines.

D. Ce droit est-il le même chez nous?

R. Il n'en est pas de même dans nos lois modernes, où le souverain, ou ceux qui, dans le régime féodal, avaient usurpé ses droits, s'étaient
approprié les produits de ce droit d'invention,
suivant les différens objets auxquels il pouvait
s'appliquer.

D. Quels sont ces objets de l'application du
droit d'invention, dont le domaine a été investi
ou que les seigneurs ont usurpé?

R. Il y en a eu trois : le droit d'épaves, le droit
de varech et le trésor.

D. Qu'est-ce que le droit d'épaves, et quelle est la disposition actuelle du droit sur ce point?

R. Le droit d'épaves est la découverte de tout ce qui peut se trouver dans l'intérieur du pays et qui n'a point de maître connu. Le mot d'*épaves* vient de ce que les coutumes, fort multipliées, et qui avaient plus en vue les campagnes, se sont fixées sur les bestiaux, dont les bêtes égarées ont fait un objet plus fréquent de découvertes que toute autre chose, et comme elles étaient présumées séparées du troupeau par l'épouvante, on leur donnait ce nom d'*épaves* ou *bêtes épouvantées;* mais ce mot s'est appliqué à toute espèce de choses trouvées comme à l'abandon; la règle a été de les rapporter à la justice du lieu où elles étaient gardées un temps réglé pour en faire l'annonce, et donner le moyen de retrouver le maître, et ensuite elles étaient vendues; car l'état, ou le seigneur, n'en avait l'acquisition, que faute d'en trouver le maître, et comme bien sans maître. Ce même droit est aujourd'hui à l'état, et sous la disposition générale qui déclare que tous biens vacans et sans maître lui appartiennent.

D. Qu'est-ce que le droit de varech?

R. C'est le droit d'acquisition de tout ce qui peut se découvrir et s'amasser sur le rivage de la mer, comme pierres précieuses, perles, coquillages, et les herbages que le flux et reflux y porte et y délaisse.

D. D'où vient cette dénomination du droit de varech?

R. C'est, soit de ce nom même que l'on prétend être celui d'un herbage qui croît sur les rochers, et que l'eau en détache, charrie et délaisse sur les bords : cette herbe est précieuse et fait un objet de commerce. D'autres prétendent que ce mot signifie simplement *choses abandonnées;* et en effet le droit de varech comprend non-seulement les choses que la mer donne elle-même, dont l'herbage est la plus considérable, mais encore les débris, effets et marchandises mis à flot par le malheur des naufrages.

D. A qui ce droit de varech a-t-il appartenu et est-il encore attribué?

R. Il a appartenu, comme celui d'*épaves,* soit au domaine de l'état, soit aux seigneurs, suivant les prétentions plus ou moins heureuses de ceux-ci, et maintenant il est dans la même loi des biens vacans et sans maître. On y suit le même ordre d'en déposer ou dénoncer les objets à la justice ou aux agens du domaine, afin d'y observer les formalités requises au moins quant à ceux de ces objets qui ont eu maître, et d'en faire la vente en la forme usitée.

D. Qu'est-ce que le trésor?

R. Le trésor est un amas de monnaies ou autres choses précieuses enfouies, et dont l'enfouissement est assez ancien pour que nulle personne vivante ait pu en avoir connaissance, de sorte que le maître ne saurait s'en découvrir ; car s'il y avait quelque trace du recèlement, il n'y aurait pas lieu de le qualifier trésor, et tout propriétaire en pourrait poursuivre le recouvrement selon les règles communes : c'est donc l'ancienneté, l'impossibilité de découvrir le maître des choses ainsi enfouies qui constitue le trésor.

D. Quel est le droit d'acquisition du trésor ?

R. Il est considéré comme un don de la fortune qui appartient à celui qui a fait la découverte. Mais si celui-ci est étranger au fonds, le propriétaire du fonds entre en partage avec lui. On dit le propriétaire, pour exprimer celui qui tient le fonds à ce titre, soit qu'il en jouisse, ou que la jouissance en soit reportée à un autre ; d'où il suit que le fermier, l'usufruitier même n'y ont aucun droit.

Dans l'ancien droit, on faisait aussi entrer en partage avec l'inventeur et le propriétaire, l'état ou le seigneur ; mais dans les lois nouvelles, on a fait justement renoncer l'état à ce droit qui n'avait aucun fondement. L'état a le droit du propriétaire quand le trésor est trouvé sur un domaine public.

D. A quel droit appartient ce règlement des droits sur le trésor ?

R. Il n'est ni dans l'occupation ni dans l'accession, puisque l'un et l'autre eussent exclu le partage ;

on a donc dû le ranger dans l'invention, ou en faire même un moyen particulier d'acquérir. Le propriétaire paraît y être admis, parce que, maître du lieu, la découverte est censée faite en sa présence; et, présent au don de la fortune, il est juste qu'il en profite.

CHAPITRE XXXII.

Comment on perd les biens, ou du droit du créancier sur les biens du débiteur.

D. N'y a-t-il que le droit des créanciers qui puisse être la cause de la perte des biens, dans la force du terme?

R. Il y avait dans l'ancien droit la confiscation générale, qui avait été mise dans l'ordre des peines. C'était une usurpation de la puissance due à l'avidité des despotes qui en furent les inventeurs; et les états modernes en avaient adopté le droit par suite de l'adoption trop illimitée de tout ce qui était écrit dans les anciens codes. Les législateurs modernes ont été ébranlés sur ce point; et la magnanimité du roi Louis-le-Désiré en a consacré l'abolition dans la loi fondamentale dont il a fait la charte constitutionnelle de son état, dans lequel il est rentré par le bienfait de la restauration, que

Dieu a daigné nous accorder dans un de ses jours de bonté et de justice les plus éclatans.

D. En quoi consiste le droit des créanciers, et quel en est le fondement?

R. Si la propriété a été assurée à chacun comme une juste récompense de ses soins, de son industrie et de son économie, à l'effet d'en tirer des moyens pour sa subsistance dans une vie commode, il n'a pas été moins juste de les regarder comme des moyens de satisfaire aux obligations contractées, et d'assurer dessus les droits des créanciers, c'est-à-dire, de ceux qui avaient confié leur argent ou leurs biens aux possesseurs, moyennant leur promesse de les leur rendre. Ainsi les dettes ont dû être considérées comme une cause de déduction nécessaire de la valeur des biens, suivant l'adage : *non sunt bona, nisi deducto ære alieno.* Les biens sont donc naturellement affectés envers les créanciers de leurs propriétaires, au paiement des dettes de ceux-ci.

D. Comment les créanciers sont-ils satisfaits sur les biens?

R. Ils ont un droit égal au partage des biens du débiteur, qui doit en être dépouillé jusqu'à la concurrence du montant de leurs dettes; c'est ainsi que les dettes sont une principale cause de la perte des biens.

D. Quels sont les moyens de dépouiller le débi-

teur, et de parvenir à ce partage entre les créanciers?

R. Les moyens sont, ou une vente consentie par
le débiteur au gré des créanciers, qui ensuite font
entre eux la distribution à l'amiable; ou une saisie
suivie de la vente de l'autorité de justice, qu'on
appelle vente forcée.

D. Quel est le moyen de ce dernier expédient?

R. Ce sont des annonces et publications, à l'effet
d'attirer des personnes que la convenance porte à
offrir le prix et à enchérir l'une sur l'autre, afin
de faire monter le bien vendu à un assez haut prix,
pour concilier l'intérêt du débiteur de n'être pas
dépouillé sans avoir le prix de la chose pour se libérer, et celui des créanciers d'être payé de ce
qui leur est dû, le surplus, s'il y en a, devant être
remis au débiteur.

D. Comment se fait la saisie, et comment dépouille-t-elle?

R. Elle consiste dans un acte d'un officier public signifié au propriétaire, portant que le bien
dont il porte la description est saisi et mis sous
la main de la justice, pour être procédé à la vente
et au paiement consécutif. C'est la dénonciation
faite en suite de cette saisie et des formalités dont
elle est suivie, qui opère le dépouillement ou l'expropriation. Elle fait que le propriétaire saisi est
dès lors dépouillé de tout le pouvoir moral que la
propriété lui donnait; d'où il suit que s'il continue

de régir et administrer, c'est sous l'obligation de rendre compte des fruits et revenus, et qu'il ne peut plus rien entreprendre des actes du propriétaire d'où suive le moindre changement sur le fonds.

D. Quel est le principe du partage des créanciers, et comment s'opère-t-il ?

R. On sait la rigueur des anciens législateurs de Rome contre les débiteurs en faveur des créanciers, qui, suivant l'expression de la loi des douze tables, pouvaient exercer le droit barbare de partager le débiteur, en le coupant en morceaux et se distribuant ces horribles lambeaux. Mais suivant cette expression ramenée à une meilleure interprétation, ils pouvaient au moins réduire le débiteur à l'esclavage, le vendre pour partager entre eux le prix de sa personne : les créanciers peuvent donc à plus forte raison partager le prix de la vente de ses biens. C'est donc un droit équitable que celui qui autorise la simple appréhension et le simple partage des biens, qui se fait par une distribution des deniers proportionnément au montant des créances respectives, chacun, en cas de défaillance du prix, recevant sa part contributive, ainsi mesurée. Il faut avouer qu'il y a cependant des dettes qui par leur nature exposent le débiteur à être mis en état de captivité : ce sont les dettes du commerce, ou des dettes civiles accompagnées de délits, comme le stellionnat.

D. Qu'est-ce que le stellionnat?

R. C'est la fraude d'un vendeur qui livre comme lui appartenant, ou étant libre dans ses mains, un bien qu'il sait ne pas lui appartenir, ou être grevé de dettes et de charges qu'il dissimule.

D. La règle du partage entre les créanciers par une contribution proportionnelle au montant des créances de chacun d'eux est-elle invariable?

R. Le partage proportionnel aux créances, dans le cas du déficit sur le prix, est la règle commune et que l'équité et le bon sens indiquent d'eux-mêmes; mais il peut y avoir des causes de préférence, qui naissent soit de la faveur de la cause de la dette, soit de l'ordre du temps dans lequel chaque créancier a acquis ses droits.

Ces causes de préférence, qui sont les priviléges et l'hypothèque, seront expliquées dans le chapitre suivant.

CHAPITRE XXXIIII.

Des causes de préférence entre les créanciers dans la distribution des biens du débiteur, ou des priviléges et de l'hypothèque.

D. Qui sont les causes de préférence, ou les priviléges et l'hypothèque?

R. Ces droits sont une exception à l'ordre naturel de la distribution entre les créanciers de la substance du débiteur, en proportion du montant des créances de chacun.

Les priviléges sont, comme on l'a dit, des causes de faveur qui font préférer les dettes qui en sont l'objet à toutes les autres, même à celles assurées par l'hypothèque.

L'hypothèque est le droit acquis de l'affectation du bien à l'obligation que le créancier a contractée, laquelle étant une espèce d'aliénation, et faisant que le propriétaire n'a pu disposer à son préjudice, fait préférer le créancier à toute affectation postérieure par le même droit d'hypothèque.

Le privilége et l'hypothèque sont donc des droits distincts dont il faut traiter séparément.

Art. Ier. *Des dettes privilégiées.*

D. Quelle est la source des dettes privilégiées?

R. Si vous remontez au principe de l'établissement de ces droits, vous voyez le gage comme le premier moyen d'assurer les dettes; il fut juste, sans doute, que celui qui avait obtenu cette sûreté fût préféré à tout autre créancier sur le gage dont il était saisi.

D. N'y a-t-il pas eu d'autres causes que le gage?

R. L'importation des meubles et effets d'un locataire dans des bâtimens ou cénacles loués, parut une espèce de gage remis au locataire; en tout cas, il y eut une affectation tacitement convenue de ces choses à la sûreté du paiement du loyer. C'est ce qui a donné l'idée de l'hypothèque tacite, et même ce qui a fait naître la pensée d'affecter les biens dans la main même du débiteur et par son seul consentement; c'est donc ce qui a amené le droit d'hypothèque.

D. Mais ces deux exemples ramenant à l'hypothèque, n'établissent pas réellement la nature et la différence de la dette privilégiée?

R. Nous parlons de l'origine des choses, d'où l'idée du privilége s'est déduite, où on voit que le droit du gage et celui du locataire sont devenus de vraies dettes privilégiées, très-distinctes de celles hypothécaires; mais dans les progrès du droit, on a trouvé d'autres causes dont la faveur était au moins autant prononcée, telles, par exemple, que celle d'une vente faite moyennant un prix dû et non payé; le vendeur qui ne se dépouillait que pour avoir ce prix dut être conservé dans le droit, ou de reprendre la chose vendue, ou d'être payé en faisant vendre sur l'acheteur, sur le prix, par préférence à tous autres créanciers à qui la chose acquise nouvellement à son débiteur ne pouvait se trouver engagée avant d'être payée.

D. Quelles ont été les autres dettes dont le privilége a été établi depuis?

R. Le plus recommandable des priviléges aux yeux de l'humanité fut de considérer tous les biens, toute la substance du débiteur comme affectés aux dettes contractées envers les serviteurs de la maison, les fournisseurs des subsistances immédiatement avant la mort, les frais des dernières maladies, les derniers devoirs qui durent lui être rendus, enfin les frais de justice.

Ces causes de priviléges expliquées dans le droit civil ont leur principal fondement dans les secours que l'humanité réclame, et les idées naturelles d'ordre et de justice qu'elle recommande. Il y en a d'autres, sans doute, créées par des lois particulières.

ART. II. *De l'hypothèque.*

D. Comment l'hypothèque s'est-elle établie?

R. On a vu que, par l'exemple de l'hypothèque tacite, on a senti l'utilité et la convenance d'affecter les biens aux dettes et d'en faire de véritables gages, sans les sortir de la main du débiteur; ce qui a eu le double avantage et d'éviter au créancier l'embarras de l'administration et d'en rendre compte, et de ne pas priver le débiteur de la jouissance de ses biens, sans que cette privation eût une véritable utilité pour le créancier.

D. Qu'est-ce en conséquence que l'hypothèque?

R. C'est l'affectation consentie par un débiteur

ou établie par la loi, ou le jugement des biens du débiteur à la sûreté du paiement de ses dettes.

Cette affectation est une charge du bien qui le suit dans toutes les mains. Elle n'empêche pas le débiteur d'en disposer par donation ou vente : mais le tiers qui fait l'acquisition de l'une ou l'autre manière, demeure grevé comme tiers détenteur de cette charge du bien.

D. D'où vient cette dénomination d'hypothèque?

R. On croit qu'elle se rapporte à ce que les Grecs y procédaient, par une marque publique, une espèce de panonceau qui annonçait l'engagement du bien et le rendait public et notoire. Il paraît que les Romains, plus confians dans la bonne foi des débiteurs, ou qui attachaient moins de prix à l'engagement du bien, à raison de celui terrible de la personne, n'ont point adopté cet acte de publicité.

D. Quel fut l'effet de l'hypothèque?

R. Ce fut qu'une première affectation fut une sorte d'aliénation qui fit que celles successives qui pouvaient avoir lieu, ne purent être qu'à la charge de la maintenir; de là le principe *prior tempore potior jure* : et de même que le gage ne pouvait être retiré et devenir libre que par l'entier paiement de la dette, de même l'hypothèque ne put être ôtée et purgée que par une entière satisfaction de ses causes; elle ne peut donc l'être ni sur une partie du bien ou des biens, ni par le paiement d'une partie de la dette, ce qui a fait considérer l'hypothèque comme indivisible; ainsi elle est un droit réel et indivisible.

D. Tous les biens peuvent-ils être frappés de l'hypothèque?

R. Cela était ainsi dans le droit romain; mais chez nous on en a retranché les meubles, à cause, soit de la faveur du commerce, soit de ce que les meubles sont des biens fugitifs et sans assiette, dont la seule possession fait le titre de propriété.

D. Quelle est la suite de l'hypothèque?

R. C'est de conduire à la vente publique des biens hypothéqués qui doivent être précédés, comme on l'a dit, de la saisie du fonds et des criées et publications, et à laquelle les droits de tous sont conservés par des oppositions ou actes équivalens établis dans la pratique.

Ceux qui avaient des droits réels sur les biens saisis, et même les propriétaires dont les biens se trouvaient saisis par erreur comme étant ceux du débiteur, n'en furent pas exemptés : mais cette première invention s'est perfectionnée par des formes successives, dans lesquelles on a cherché à concilier les droits des propriétaires avec ceux des créanciers, ces formes ont établi ce que l'on appelle le *régime hypothécaire*, régime encore trop imparfait.

D. D'où procèdent ces établissemens?

R. De deux principes fondamentaux : le premier, que la propriété des biens est libre et donne le droit d'en disposer de toutes manières ; le second, que les biens sont le gage des dettes, qu'ils le sont encore plus quand ils sont spécialement affectés par le propriétaire. On doit concilier ces deux principes en faisant que nulle disposition ne puisse frustrer les créanciers, et que, d'un autre côté, les droits des créanciers ne soient jamais un obstacle à la libre disposition des biens dans le commerce et à leur circulation.

CHAPITRE XXXIV ET DERNIER.

De l'abandonnement libre, et de la cession judiciaire.

D. Ne perd-on les biens que par la saisie ou l'expropriation forcée ?

R. On les perd encore par l'abandon volontaire du débiteur à ses créanciers, qui s'unissent pour l'accepter, ou par la cession en justice, qui se fait à défaut de pouvoir faire accepter l'abandon par les créanciers unis.

D. Quel peut être l'objet de l'un ou l'autre de ces actes ?

R. C'est d'apaiser les poursuites rigoureuses des créanciers ; surtout, lorsque par le titre de la dette il y a lieu de réduire, comme on l'a dit, le débiteur à la captivité ou l'emprisonnement. Ces deux voies étant distinctes, on en doit traiter séparément.

Art. Ier. *De l'abandon des biens, fait par le débiteur à ses créanciers unis.*

D. Quel est le fondement de ce droit?

R. C'est que tout propriétaire étant bien libre de transporter ou délaisser sa propriété, mais ne pouvant le faire au préjudice de ses dettes, et ne pouvant préférer ses créanciers l'un à l'autre, le débiteur, en cas de difficulté et d'embarras, peut, pour éviter des poursuites rigoureuses, réunir ses créanciers et leur abandonner ses biens, s'il ne peut en obtenir des conditions plus douces.

D. N'est-il pas nécessaire pour cela que les créanciers soient d'accord, et comment procède-t-on s'il ne le sont pas?

R. Quand les créanciers ne s'accordent pas, l'équité a suggéré d'autoriser la majorité d'entre eux à conclure pour tous les arrangemens utiles, qui peuvent se faire en les faisant approuver en justice.

D. Comment la majorité s'estime-t-elle?

R. Ce n'est pas par le nombre des personnes, c'est par le calcul des intérêts. On prend la majorité en sommes de créances; elle doit former les trois quarts du total des dettes.

D. Quel est l'effet de l'abandon?

R. S'il est accepté par tous, c'est un contrat libre dont on observe les clauses et conditions que les parties ont jugé à propos d'y mettre.

Mais s'il n'est accepté que par la majorité, il n'a l'effet que d'un délaissement aux créanciers, pour être régis, administrés et vendus publiquement, au profit de la masse, et les deniers, tant des fruits et revenus, que de la vente, rapportés et distribués aux créanciers; l'excédant, s'il y en a, rendu au débiteur.

D. Quel est l'avantage de l'abandon volontaire?

R. C'est d'éviter au débiteur de subir les formes fâcheuses de la cession, et de pouvoir obtenir quelque adoucissement de la part des créanciers.

Art. II. *De la cession en justice.*

D. Qu'est-ce que la cession en justice?

R. C'est une grâce que la justice accorde à un malheureux débiteur, pour l'exempter des poursuites rigoureuses auxquelles il est exposé. On l'appelle bénéfice de cession.

D. Dans quels cas cette grâce s'accorde-t-elle?

R. A défaut d'abandon, ou de le pouvoir faire

accepter, lorsque le débiteur justifie de sa bonne foi, de ses malheurs et de sa bonne conduite.

D. Quel en est l'objet et la suite?

R. C'est d'arrêter toute poursuite, en mettant les biens sous la main de justice, et à la disposition des créanciers. La suite est de les faire vendre en la forme des ventes forcées, pour le prix être distribué comme on l'a déjà dit. En attendant, la justice pourvoit à leur administration, et les revenus sont aussi distribués.

D. Quelles sont les conditions de la cession judiciaire?

R. Elles sont déterminées par le droit civil.

D. Quelles sont les conditions pour son admission?

R. C'est, comme on vient de l'exprimer, des malheurs prouvés, et une bonne foi démontrée de la part du cédant.

D. La cession dépouille-t-elle le cédant?

R. Non absolument : elle ne le dépouille que pour parvenir à la vente, et au paiement des créanciers.

D. La cession peut-elle être révoquée?

R. Elle ne peut l'être qu'au cas où le débiteur se trouve en état de payer toutes ses dettes, ainsi que les frais, jusqu'au moment de la rentrée dans ses biens.

FIN DE LA TROISIÈME PARTIE.

TABLE

DES

CHAPITRES ET DES ARTICLES.

TABLE.

TABLE.

FIN DE LA TABLE DES TROIS PARTIES.

N. B. La quatrième Partie comprise dans l'annonce sera ajoutée incessamment, avec sa table particulière : elle sera donnée par continuation de la pagination.